让 我 们 一 起 追 寻

AGE

—— OF ——

秦汉文明

EMPIRES

历史、艺术与物质文化

Art of the Qin and Han Dynasties

孙志新 / 主编

刘鸣　徐畅 / 译 ·········· 徐畅 / 校

社会科学文献出版社

SOCIAL SCIENCES ACADEMIC PRESS (CHINA)

目 录

序 言

　　在悠久的中华文明史上，秦汉时代是改天换地的变革时代。从公元前221年秦兼并六国、统一天下，至公元3世纪初东汉灭亡的四百多年里，中国从纷乱争斗的战国转型为中央集权的统一国家，逐渐产生了对国家、民族和文化的认同。秦汉时代堪称古代中华文明的典范时代，与被称作古代西方文明典范的希腊罗马时代不仅在时间上相近，而且具有同样重大的历史和现实意义。古希腊罗马时代对西方的政治、思想、社会、文化和艺术有着深远影响，当时的许多理念至今仍存在于西方社会和人们的思想意识之中。与之相同，秦汉时代的重大变革深刻地影响了此后两千年里中国的政治制度、经济体系、社会形态和艺术文化，秦汉时代的一些思想和观念仍然在后人的意识中延续，直到今天。

　　半个多世纪以来的考古发现极大地丰富了秦汉历史的内容。难以数计的简牍补充了未见于史籍的关于秦汉官制、刑法、经济、军事、宗教信仰和社会生活的详细记载，成千上万的出土文物更是提供了物质文化的实证，展现了生动鲜活的社会形态和生活场景。秦始皇陵气势恢宏的兵马俑军阵折射出秦国力克群雄的强大军事实力；汉代诸侯王墓出土的精美的生活器具、建筑模型和陶俑揭示了上层社会的奢华，同时也反映了艺人的巧妙构思和精湛工艺。陆上和海上贸易路线的沿途发现的文物记录了秦汉时代频繁的中外交通；中外之间不仅仅是商品的交换，更是思想、文化和艺术的交流互动。在把本土的物产和文化输送到南亚、东南亚、中亚、西亚和欧洲的同时，中华文明也从域外引进了新的思想和文化，为中华的艺术带来了创作的灵感，为中华的文化注入了新鲜的活力。

　　美国大都会艺术博物馆在2017年举办的"秦汉文明"展览和伴随展览出版的图录《秦汉文明》正是得益于几十年来的考古发现和中外学者的研究，力图用具体的文物来呈现秦汉时代丰富的物质文化和精彩的艺术，以新的视角观察秦汉时代的社会生活，追寻秦汉时代的中外交流互动，理清历史、艺术和文化的发展脉络，探讨秦汉时代的历史意义，感受中华文明开放的心态和创新的精神。

"秦汉文明"展览包括来自国内三十多家博物馆和文物机构的 168 件（组）展品。图录编纂的工作规模宏大，邀请了海内外的知名学者通力合作，每人撰写一个章节，讨论秦汉的历史背景、政治体制、军事武备、都市建筑、大众信仰、美术工艺和中外交通等各个方面，以期能比较全面地阐述这个伟大的时代。

《秦汉文明》中文版的出版首先要感谢中社会科学文献出版社甲骨文工作室主任董风云先生，感谢他在众多的海外出版物中选择和推介《秦汉文明》；感谢本书的责任编辑李洋女士，在校订工作中不厌其烦地与大都会博物馆编辑部、各位作者以及译者联络沟通，精心细致地审定本书的文字和图版；感谢本书的译者刘鸣先生和徐畅女士，他们不仅力求译文的准确和通达，而且帮助校正了原文中的错讹之处。

《秦汉文明》的每一件文物都在讲述秦汉时代的一个故事，探讨和秦汉时代相关的一个问题，这一个个故事和问题汇集在一起，从众多方面阐释了中华文明史上的一段重要的历程，激发我们深思细想秦汉时代带给我们的历史真谛和启示，帮助我们回顾过去，认识现实，展望未来。

孙志新
2020 年 10 月

秦汉时代的政治模式和
文化认同的创立

孙志新

　　秦汉两朝是中国历史上翻天覆地的变革时代。在将近四个半世纪的时间里，背景各异的各地民众归中央集权政府的统一管理，新的"中国人"的共同身份的概念逐渐产生。正如古希腊罗马文明社会常常被称为西方古代文明的经典时代，秦汉帝国也堪称中华文明的经典时代，两者不仅在时间上大致相同，其历史意义也同样重要且深远。国祚短暂的秦代和立国长久的汉代创立的政治和思想体制，成为此后历朝历代的治国典范，同时从根本上重塑了中华民族的艺术和文化，其影响在此后的两千年里绵延不绝。

　　历史文献构筑了秦汉时代的编年框架，而五十年来的考古发现所揭示的物质文化则赋予其具体的形态和内容。引人注目的文物不仅证实了艺术起到了前所未有的作用，更重要的是如实地反映出公众生活中的政治、经济、社会、思想以及宗教等众多方面的深刻变化。

一

　　虽然在西方人的印象里，中国经常被看作是个"帝国"，但是实际上在秦灭六国并统一全国的公元前 221 年之前，中国的情形与所谓的帝国相去甚远。秦的敌国多是周代（前 1046—前 256）①王室的后裔，与之相比，秦的身世相当卑微。如同所有声名显赫的王朝一样，秦的起源也笼罩在传说的迷雾之中，秦人声称其祖先是远古神话中的帝王苗裔。较为可信的一种说法出自司马迁（约前 145—前 86）的著作《史记》，书中将秦人的先祖追溯至非子（约前 900—前 858）。[1] 他是一个小部族的首领，以擅长养马而闻名。周孝王（约前 905—前 895 年在位）授予他地处周朝西北边陲的一块封地，这块地位于今天的甘肃省天水市附近，那时秦人与当地频繁出没的游牧民族比邻而居。[2] 从近年来的考古发现来看，秦人很可能从游牧民族那里获得了养马和造车的方法和技能（图 1）。[3]

春秋早期，周天子的统治日渐式微，他沦为有名无实的君主，其早年分封的众多诸侯依靠攻占弱小的邻国扩张实力，渐次称雄。公元前 7 世纪，秦穆公（前 659—前 621 年在位）称霸，秦国开始崛起。公元前 4 世纪，当时既有远见又有胆识的政治家商鞅（前 390—前 338）辅佐秦孝公，锐意改革，大力推行史称"商鞅变法"的新政，成果昭著。至公元前 4 世纪晚期时，秦已经成为令人生畏的一方势力。公元前 350 年，在商鞅的主张下，秦迁都至距离今天西安约 20 公里的咸阳，与此同时，秦国的大部分国土被划分为 31 个县，每个县设县令或县长，这些县令或县长由秦王统一任命。[4] 此举有效地削弱了世袭贵族的权力和影响，使秦国向中央集权迈出了重要的一步。商鞅推行土地改革，向人口稀少的地区迁徙民户，并重组社会等级结构。除此之外，他要求每个体格健全的成年男子服兵役、参加军事训练，整个国家都被动员起来，形成了全民皆兵的局面。他同时建立了二十等的军功爵位制度——无论家庭背景如何，军人都能够通过在战场上英勇作战而获得身份等级的擢升——以奖励有功之人。

随着改革的持续进行，秦国的经济和军事实力稳步增长。公元前 316 年，秦国吞并了位于其南部的巴、蜀两国，占有了当地丰富的自然资源。此举不仅扩充了其经济实力，而且保障了其侧翼的军事防务，解除了此后进攻东方各国的后顾之忧。到公元前 247 年嬴政（前 260—前 210）即位时，秦国已是毋庸置疑的群雄之首，其经济和军事力量远超它的六个对手。秦在此后的九年里逐一灭掉六国。至公元前 221 年时，秦发现自己面临一个前所未有的局面：它已经把过去六国的全部领土纳

---

① 本文断代与国内通行的观点稍有出入，本书依照原文。——编者注

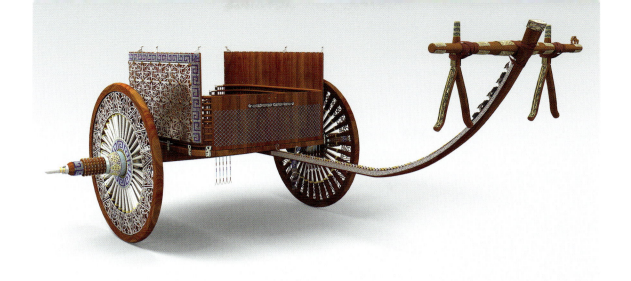

图1 2008年甘肃张家川马家塬出土的秦国马车复原示意图，战国时期（前475—前221），甘肃省文物考古研究所提供图片

于一统，需要创建有前瞻性的政治规划和行政机构，开启中华民族历史上一个全新的时代——天下一统的时代。

第一项工作是为统治者创立新的名号，以符合其独一无二的最高统治地位。秦王在各种建议中选取了"皇帝"的称号，意为"德兼三皇，功过五帝"，强调其与上古圣贤和天帝的联系。秦始皇因此宣称自己是"代理上天旨意的半神化的君主"。[5]为了彰显其尊位，他巡行全国的名山胜地，

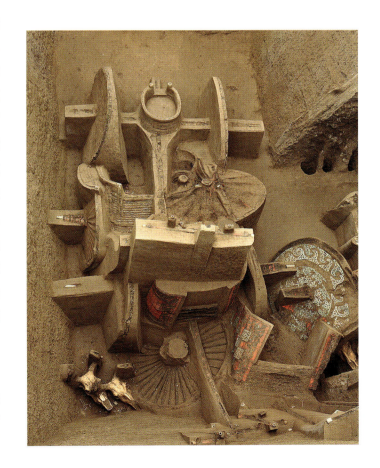

2008年甘肃张家川马家塬考古发掘现场，甘肃省文物考古研究所提供图片

刻石记功（图录 18），封禅祭祀，宣扬自己在"四海之内"无可置疑的权威。作为文明世界的最高主宰者，他就是国家的象征。他把治理国家的权力授予听命于他并仅仅效忠他一人的一套组织严密的官僚机构。

秦始皇坚决反对恢复以前的封建制度——将国土和权力分配给皇室成员——的提议，他认为这将会导致政治上的灾难。反之，他决心接受一种新型的中央集权的政府模式：将全国划分为 36 个郡，郡的长吏并非世袭，而是由朝廷直接任命；郡下设县，县的长吏亦由中央任命。这一变革影响深远，郡县制在此后所有的朝代得以继续推行，仅有些微小的调整，"最终演变为中国至今仍在沿用的省和县"。[6]

为了巩固中央集权，秦朝制定了诸多新政，其中涉及范围最广的是统一度量衡。政府统一铸造标识着重量、容积和长度单位的青铜度量器具，并将之分发给地方官吏，由他们监督推行。这一举措，尤其是其在商人中的应用，极大地便利了行政管理和贸易往来（图录 14、15）。政府发行了新型的金属货币作为统一的通货标准，废除了过去六国使用的大小、形状和面值各不相同的旧货币，同时也彻底取消了珍珠、玳瑁、贝壳、银和锡等作为货币的功能。秦代货币——圆形方孔的铜钱是一项伟大的发明，成为此后两千年里货币形式的统一标准（图录 16、17）。

秦代甚至规定了车辆两轮之间的标准宽度，这使得在全国道路上的车辆都能够沿着宽窄一致的车辙行进（图录 13a，b）。据历史文献推测，秦建立了规模庞大的公路交通网。其实，秦国在统一之前就已经开始建设公路——驰道，从咸阳通往北、东北、东、东南等不同方向。据粗略的统计，秦驰道的总长度达到6800 多公里，超过了罗马帝国鼎盛时期（约公元 150 年）5984 公里的公路总长度。[7]除了供皇帝巡行以外，秦的公路不仅用于派遣部队、官员和信使，也用于运输物资，这有效地支持了国家的防御。

当然，秦代最著名的工程首推长城（图 2）。秦动员了 30 万人的筑城队伍，将战国时期六国筑造的城垣连为一体，并加以扩充，使之成为统一的防御体系，以保护长城以南的农业社会免受北方草原游牧民族的侵袭。这个庞大的防御工程从东海沿岸一直延伸到西北地区荒凉的戈壁大漠，绵亘 3440 公里。[8]

图 2　山西省大同附近的雁门关汉代长城遗迹

　　秦代为促进统一施行的所有变革中，最雄心勃勃、影响最为深远的要数对文字的统一。汉字是一种表意文字，不用字母拼写。起源于公元前 2 千纪前后的汉字至公元前 3 世纪的秦代初年已经历了不小的变化，相同的文字在不同时期和不同地区产生了种种不同的写法。秦的改革是将这些文字标准化，同时淘汰过时的旧体字和异体字。全国各地的方言千差万别，人与人之间不能进行口头上的交流。因此，这项改革虽然剧烈，但是合理，也使得各地之间的书面交流成为可能。如此一来，中央政府颁布的法令可以在国土内最偏远的地区施行，即使当地的居民读这项法令时的发音与其他地方截然不同。正如鲁惟一（Michael Loewe）在《剑桥中国史》中所指出的，统一文字的重要作用无论怎样强调都不为过。

　　可以想象，如果没有秦的改革，数种不同的地区性文字很可能会永久性地沿用下去。如果这种情况发生，我们难以想象中国的政治统一能够永远地维持下去。在促成政治和文化统一的所有因素中，书面语言（与口头语言的多样性形成对比）统一的影响远超过其他任何因素。[9]

　　随着文字的统一，政府致力推行对于古代传承下来的政治与哲学经典的统一解释，因为统一的国家要有统一的思想纲领。政府企图通过限制人们获得经典文献的其他版本和注释来掌控政治话语权。不过，这仅仅是第一步。汉代继续推行秦代的做法，并进一步将儒家思想确立为正统思想。这种控制策略有助于防止反叛思潮的兴起，但毫无疑问的是，它也影响了思想的发展。

二

虽然秦朝拥有强大的政治和军事实力，但是其统治仅仅维持了不到二十年。秦灭亡的原因一直是学术界争论不休的话题。不过，最根本的原因很可能是，尽管秦进行了许多改革，但仍然不足以应对统一带来的剧烈变化。继秦之后崛起的汉朝（前206—公元220）并没有简单地继承秦的制度和举措，而是进一步将它们发展改进。所谓"汉承秦制"最主要的是汉继承了秦的行政体系。汉高祖刘邦（前202—前195年在位）虽将全国置于中央政府的直接控制之下，但他同时也做出了一些让步，即分封功臣和宗室，以获取他们的支持，维护国家的安定（图3）。

汉高祖清楚地意识到把权力下放给独立的诸侯的危险，因此采取诸多举措来削弱和控制他们的权力。在其统治时期，他成功地用同姓皇族取代大多数异姓诸侯。在此后的半个世纪里，继任的皇帝遵循他的做法，通过追缴反叛的诸侯国的土地、取消没有继承人的封国等措施，将过去分封的土地重新纳入国家的体系。

为了巩固政权、增强国力，汉朝在很多方面继续推行秦的政策：维护皇权至上，保障法令统一；调整税收以鼓励生育、促进生产；统一度量衡、货币和文字，并采用秦历。汉继续修

图3　河北省满城发现的汉中山靖王刘胜（卒于前113年）的墓室，河北博物院提供图片

建长城和道路等政府工程，以巩固基础设施，增强防御体系。

到公元前 2 世纪后期，这些巩固统一的举措的效果开始显现。中央政府的控制力得到加强，尤其是在诸侯王曾经互相争战的东部沿海地区。此外，有效的征税充盈了国库，高效率的通讯方式能够迅速动员广大民众。当汉武帝（刘彻，生于前 156 年，前 141—前 87 年在位）掌握实权，并想采取进取性政策时一切都已准备妥当，蓄势待发。

汉武帝在位期间向草原地区发动了几次大规模的征伐，在西域地区（从今天甘肃省的西部经过新疆直至中亚）设立都护府，驻军屯戍，并向域外派遣使节。他因此得以将游牧部落联盟的匈奴逐回北方的沙漠，将汉朝的影响力扩大到中亚地区的各国。汉武帝在国土的南方和西南方同样采取进取性的军事政策，汉朝的军队一直深入到当地少数民族的统治区域。

至公元前 1 世纪后期，汉朝拥有了空前广阔的疆域，其领土东起沿海的辽

东半岛，西至帕米尔高原，北起西伯利亚的南部草原，南至南海的港口城市。军事征战的胜利和外交探索的成功确保了国家的边界安全，造就了有利于经济繁荣的环境，也使新的贸易和交通路线得以开通。后来被称为"丝绸之路"的商路自东向西，横贯欧亚大陆，它不仅是举世闻名的贸易通道，也是前所未有的政治思想、宗教习俗、艺术和文化交流的通衢（图4）。

正是在这一时期，由于其雄厚的政治、经济和军事实力，以及四海一家的雄心，汉朝在全国各个地区培育起一种新的"中国人"的身份认同，一如罗马帝国各个不同地区的民众都认同自己是"罗马人"。"中国"（其字面含义原指地处中央之国）这一概念，作为国家名称在此时开始出现，并沿用至今。[10] 在华中地区出土的铜镜铭文（图录140）和西域地区出土的纺织品的纹样（图5）[11] 中都出现了"中国"两字，这表明这个概念在当时已经广为人知。

秦、汉王朝采用中央集权和自上而下、层级有序的官僚体制来治理统一的国家，这种政治模式一直沿用于后世，两千年来仅有细微的修正。政府在建立之初只是一个未经实践检验的模型，并且面临着坚守旧日治国方略的贵族的强烈反对。不过，到了汉代末期，在国家发展期间建立的制度已经成为公认的治理国家的准则。伴随着秦汉时期的政治制度、经济、思想、宗教、文学和文化的转型而发展出来的持久的政治理念和共同身份的认同，赋予了中国力量与智慧，使其在此后的分裂时期一次次得以重建、重组和重塑，且两千年来生生不息。

三

通过丝绸之路以及南海和印度洋的海上航线，中国与其远近友邻的交往日渐频繁，这对艺术和物质文化都产生了显著的影响，在当时的人体雕塑和装饰艺术中均有实证。1974年秦始皇帝陵兵马俑的发现在全世界引起轰动，数千尊和真人等高的军士俑列成庞大的战阵，排成战斗队形来守护着埋葬在地宫里的皇帝，确实是旷世奇观（图6）。由于不见于历史记载，兵马俑的发现更加令人震惊，而同样令人震惊的是兵马俑展现的高度写实的艺术风格，而在此次发现之前，人们认为这种风格在中国悠久的艺术传统中并不存在。[12]

图 5 带有"五星出东方利中国"字样的织锦护膊，东汉（25—220），1995 年新疆维吾尔自治区民丰尼雅 8 号墓出土，新疆维吾尔自治区文物考古研究所藏

兵马俑的服装、饰物和铠甲的细节制作得十分逼真，其面部的塑造更是惟妙惟肖。虽然俑的头部是用数量有限的模具塑成，但是每个俑的面部特征，包括眉毛、胡须、发式等，都是单独制作，因此它们看上去形态各异，给人千人千面的感觉。俑的躯干和四肢被分开制作，然后装上俑头，再施以彩绘，以表现出皮肤、头发、服装和铠甲等不同的颜色。虽然陶俑的大小与真人接近，但并不是完全精确的人体写实，因为它们的手臂和腿显得较为僵直，躯干和四肢也有些不成比例。然而，这些陶俑仍然能够显示出制作者对于人体结构的理解。

对人体结构更为成熟的理解体现在最近发现的一组陶俑上，考古报告中称之为"百戏俑"。[13] 这组陶俑出土于距离兵马俑坑不远的另一处陪葬坑，目前已经修复的有 11 尊。不同于身穿战袍和铠甲的兵马俑，他们身上的衣服很少，有些俑只在腰间系着一条小束带。他们裸露的身体展示出形态真实的关节、肌肉和肌腱。一个突出的例子是一尊身材魁梧的立俑（图录 24）。他肩宽背阔，胸部厚实，挺腹凸臀，腰间挂着一段管状的物件，左肩部有凹痕，双腿分开，立姿坚定，这些表明他是百戏表演团体中的一个力士。[14]

在此前或是同一时期的中国、东亚和北亚地区的艺术中都没有相似的例证，因此，这种近乎完美的人体造型不免令人联想到以高度写实的人体圆雕为特征的古希腊雕塑。然而，希腊人用了几百年的时间才把这种艺术形式发展到成熟的阶段，而中国的工匠似乎是"一夜之间"就掌握了这项技能。实际上确实如此吗？如果确实如此，这又是如何发生的呢？

维也纳大学的倪克鲁（Lukas Nickel）教授提出了一个颇有说服力的看法，他认为古希腊的人体艺术激发了秦俑艺术的产生。[15] 这不仅是学术上的推测，而且确实存在可能性。公元前 3 世纪为中国和古希腊的互相接触提供了特殊的历史机遇。虽然在漫长的欧亚大陆历史上，亚历山大大帝历时十一年的远征显得相当短暂，但他带来的艺术和物质文化产生了深远而持久的影响。随着亚历山大帝国扩张到帕米尔高原以西地区，古希腊的艺术、哲学和语言也被带到了远至今天阿富汗北部、乌兹别克斯坦、塔吉克斯坦和巴基斯坦北部的区域。

1960 年代，在阿富汗北部的昆都士地区发现了一个古希腊风格的边境小镇的遗迹，这表明在亚历山大远征之后相当长的时间里，该地区仍然保持着希腊化的传统及与地中海文化的密切联系。在中国西北边陲的新疆伊犁地区发现的青铜武士俑（图录 26）显示，古希腊文化的影响并未止步于帕米尔高原的西麓。[16] 这两件采集的青铜雕像的年代大约是公元前 5 世纪—前 3 世纪，其中一尊全身着装，另一尊上身半裸。虽然铸造得较为粗略，但其赤裸上身的骨骼和肌肉无疑体现了希腊艺术的特征。武士的头盔有凸出的前弯垂和弧形的护颊，与当时马其顿士兵佩戴的一种头盔别无二致。根据史书记载，汉代的使节张骞（卒于前 113 年）在公元前 2 世纪开辟了通往西方的道路，但是，历年来在中国西北地区的众多考古发现证实中国与亚洲其他地区的交流远早于张骞出使的时代。

人像雕塑并非仅用于皇帝的陵墓。据《史记》记载，秦始皇灭六国后，收集其青铜兵器，铸成十二尊金人，每尊重一千石（约三万一千公斤），被置于咸阳宫前。[17] 这些巨型的铜像高约 11.5 米，其脚长约 1.4 米，直到汉代末年仍然存在，且其中的两尊一直保留到几个世纪之后。秦代在宫殿前面陈列人像雕塑的做法很可能源于巴克特里亚（史称大夏），那里的寺庙前面都立有神像。

公元前 3 世纪末，秦帝国覆亡，这种写实性的雕塑似乎也随其而去。虽然汉代的皇帝沿用了秦始皇的传统，在其陵墓中放置数量众多的兵马俑，但汉俑的形象与秦俑迥然不同。大批量生产的汉俑不仅体量小，而且其造型高度程式化，完全不同于富有个性特点的秦俑。不过，根据细致观察汉景帝（刘启，生于前188年，前157—前141年在位）的阳陵出土的陶俑（图录35、36a—c），秦俑写实的造型风格在汉初仍有延续。用模具制作的俑头，前额宽阔、眼窝凹进、鼻梁挺拔、颧骨凸出，和真人的面容十分相似，与陶俑扁平、僵硬的身躯形成鲜明的对比。然而，这只是秦代艺术风格的短暂残留，不久之后，来自汉高祖故乡东部沿海地区的人体造型——没有个体特征的面孔和僵硬呆板的身躯——开始流行，成为主导此后几个世纪的艺术风格。

四

横跨欧亚大陆的贸易通道，通常被称为"丝绸之路"，长期以来一直是学者们关注的焦点。相比之下，连接东亚、东南亚、南亚和地中海的海上交通航路却经常被忽视。造成这种差别的原因显而易见：陆地上的古代遗迹，诸如烽燧、宫殿、庙宇、洞窟的废墟，以及历史文献，都为陆路交通的研究提供了丰富的信息，但是有关水路交通的资料则一直付诸阙如。不过，最近的考古发现，特别是在中国、越南、泰国、缅甸和印度的古代遗址考古，极大地改变了此前的研究困境。

随着秦朝、汉朝的扩张及其对华南沿海城市的控制，海上贸易迅速增多。除去恶劣天气与海盗的影响，船舶的运载量远远超过陆路的车队，而且也更适宜运输陶瓷和玻璃这类易碎的货物。为了驶向更远的印度洋，中国商人和外交使节雇用了来自东南亚地区的水手，这些水手在公元前5世纪前后已经掌握了复杂的航海知识和丰富的经验。[18]《汉书》中一段经常被引用的文字记录了当时的海上贸易，[19]讲述了朝廷派遣宦官和商人到苏门答腊、缅甸、泰国和印度等地，他们用丝绸和黄金换取珍珠、琉璃和其他奇石异宝。[20]

宝石，又称为硬石或彩石，是输入汉代数量最多的商品之一。虽然中国的宝石雕刻早在秦汉以前三千多年的新石器时代已经发端，但是所用的材料仅限于玛瑙、松石和玉石（角闪石）等，因为本地缺乏其他种类的材料。通过海上贸易，

图 6　秦始皇（卒于前 210 年）陵兵马俑 1 号坑，秦始皇陵博物院

许多新奇的材料，包括琥珀、水晶、紫晶、海蓝石、绿柱石、红玛瑙、榴石等，从印度和其他地区输入中国。随着宝石的输入，国外制作的雕饰也流入中国，包括大量的多面体珠子以及采用狮、虎、雁等动物造型的小件装饰（图录110；11a，b），[21] 其中雕成卧伏姿势的狮、虎使人联想到古代波斯的大型卧狮和卧虎石雕。这些动物形饰物的胸部都有细小的穿孔，表明它们是被串在一起用作串饰或项链。

在过去的几十年里，考古工作者在越南、泰国、缅甸和印度发现了许多类似的多面体串珠和动物形的雕饰，其年代约为公元前3世纪—前1世纪。[22] 在泰国的考古遗址中，串珠附近还发现了一些半成品。根据其技术特征分析，这个生产作坊的雕刻工人很可能是来自印度的移民，或是掌握了印度雕刻工艺的本地人。[23] 同类的串珠和动物形饰物在中国的河北、江苏、湖南、贵州、广东和广西地区的贵族墓中都有出土，其年代与南亚和东南亚的遗址大致相同。[24]

动物形的串饰体量很小，通常仅长1—1.5厘米，但确实是不折不扣的立体圆雕，其造型简单、刻纹疏朗，与同时代做工细致精巧的中国玉雕形成了鲜明的对比。其简约的艺术风格很可能对时代稍晚的中国玉雕产生了影响，东汉墓中出土的玉猪即是一个典型的例子，寥寥数刀就刻画出动物身体的特征（图7）。[25] 东汉时期的玉蝉也体现出同样的简约艺术风格，蝉的头部、腹部和翅膀也是用为数不多的几条深刻的线纹雕成的（图8）。[26]

海上贸易带来的不仅有商品，还有技术。例如，在广东、广西、湖南以及越南北部发现的玻璃制品，其化学成分不同于典型的中国铅钡玻璃，也不同于欧洲和西亚常见的钠钙玻璃。[27] 这类玻璃成分中含有钾，很可能是在中国南部沿海和越南北部地区生产的。年代略晚的中国文献中有关于用本地材料制作玻璃的记载，这恰好印证了考古发现。[28] 这类玻璃器不仅稀有，带有异域风采，而且制作工艺成熟，可能是出售给东亚和东南亚的市场的。

在输入的艺术风格和技术中，最引人注目的是精细的金粟工艺。考古发现显示，金粟工艺传入中国的时间在公元前3世纪—前2世纪，有可能是从两条单独的线路分别传入的。内蒙古杭锦旗的匈奴贵族墓中出土的一顶带有金粟的

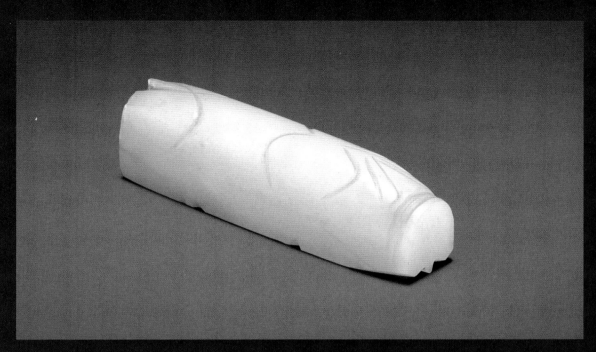

图 7　玉卧猪，东汉（25—220），长 10.3 厘米，1959 年河北
定州刘焉（卒于 90 年）墓出土；河北博物院藏

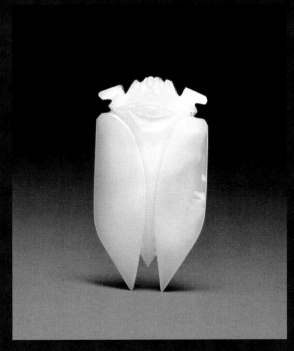

图 8　玉蝉，东汉（25—220），长 6.4 厘米，1959 年河
北定州刘焉（卒于 90 年）墓出土，河北博物院藏

图 9 镶绿松石鹰顶金冠饰，战国时期（前 475—前 221），高 7.1 厘米，宽 16.5 厘米，1972 年内蒙古杭锦旗匈奴贵族墓出土，内蒙古博物院藏

金冠（图 9）[29]，说明了从北方草原地带传入的途径。然而，在广东省广州市的南越王（赵眜，卒于前 122 年）墓和湖南、广西的汉墓中发现的别致的黄金空心珠，则显示出金粟工艺与海上贸易的联系。考虑到水路是当时南方的主要运输途径，这种独特的工艺通过海上传入的可能性更大。[30] 这类用黄金制作的金珠通常被称作十二面体珠或多面体珠，由十二个细小的圆环焊接而成，呈十二面空心球状，

圆环的焊接处饰有细微的金粟，营造出了精巧华丽的效果（图录112；113ab）。

近百年来的考古发现和研究显示，这类多面体金珠的传播路线始于巴基斯坦北部，经过印度、泰国、柬埔寨、越南，最终到达中国南方。[31] 巴基斯坦的塔克西拉遗址出土的一些金珠仍然带有残存的宝石，说明这类珠子曾经镶有色彩斑斓的宝石。[32] 在中国的汉墓中尚未发现相同的实例，但是隋代（581—619）的一座公主（北周皇帝与皇后杨丽华之外孙女）墓中出土了一串项链（图10），每颗保存完整的金珠表面都镶嵌着光泽璀璨的珍珠和色彩鲜艳的宝石，既体现了这类金珠原来的风貌，也显示了古代波斯艺术的影响。[33]

大一统局面肇始于秦、发展于汉，对当时的国际贸易和商业产生了巨大的影响。汉代辽阔的疆域从西北的中亚地区一直延伸到东海之滨，从北方的朝鲜半岛直抵南海的北部湾。社会的安定、经济的繁荣、国家的富庶都推动了奢侈消费商品的贸易，历年来的考古发现正在逐渐揭示其可观的规模。更重要的是，秦汉时代不仅创立了新的政治制度，为后来的历朝历代树立了一个持久的模式，而且培育了一个有国际情怀的社会，其吸收外来影响的能力恰是一个强盛、自信的中国的时代特征。

图10 珍珠宝石镶嵌金项链，隋代（581—617），长43厘米，1957年陕西西安李静训（卒于608年）墓出土，中国国家博物馆藏

皇帝立國，維初在昔，嗣世稱王。

討伐亂逆，威動四極，武義直方。

戎臣奉詔，經時不久，滅六暴彊。

廿有六年，上薦高號，孝道顯明。

既獻泰成，乃降專惠，親巡遠方。

登于嶧山，群臣從者，咸思攸長。

追念亂世，分土建邦，以開爭理。

功戰日作，流血於野，自泰古始。

世無萬數，陀及五帝，莫能禁止。

廼今皇帝，壹家天下，兵不復起。

災害滅除，黔首康定，利澤長久。

群臣誦略，刻此樂石，以著經紀。

秦汉政治体制与行政管理

叶 山

从大约公元前 4 世纪中期开始，到公元 220 年汉帝国崩溃，古代中国的政治制度、行政管理和社会基础的演变，经历了若干重要的阶段。[1] 起初，秦国发起了有关政治、军事、社会和经济的一系列改革，从而战胜了与其敌对的诸国，在公元前 221 年建立起第一个统一的帝国，这个帝国延续到公元前 206 年。尽管最终汉帝国作为一个独立的政治实体走向崩坏，但早期官僚体系的许多特性保留了下来并影响了后来的政体与王朝，甚至整个中国社会，这种影响一直延续至当代。

这些转变的第一阶段，是从由贵族支配的以世袭为秩序的青铜时代社会，到由具有至高权威的专制君主主宰的高度官僚化财政国家。[2] 秦国通过渗入家庭结构的核心，获取个体的劳动力和经济资源。国家垄断铜币的铸造，可能还垄断了铁器的铸造，这种政策与"郡县制"的地方及区域行政中心体系整合在一起。家庭按照"五家为伍"的形式被组织起来，每五家有一位指定的负责人（伍长），伍内每一个编户民对其他个体的行为负有法律责任——所谓的连坐制度。此外，所有的成年人，无论男女，作为履行赋税义务的一分子，必须承担法定劳役；所有成年男子都要到秦国军队服役，这种做法一直延续到东汉早期废除普遍征兵制为止。

在新建立起来的十七等到二十等爵制中，前八个爵位是为平民设立的，而更高的爵位则是为旧贵族成员保留的。爵级最初是为奖励军功而设立，军功在初期主要是以战场上斩获敌人首级的数量来衡量：斩获一个首级获得一级爵位，两个首级则获得两级爵位，以此类推。或许一个男子可以指定一名继承人，来继承他原有的或者低一级的爵位。爵位也可以用来换取各种各样的法律、经济和社会权利，这样就把所有的社会成员纳入一个单一的社会秩序中，从不被当人看待的奴隶、罪犯，到社会精英、国君，往上一直到天帝。这种对社会的彻底重建，需要建立与维持一整套复杂的关于户籍及其他数据的登记制度，这样，中央集权的政府就把一切均纳入它的权力范围。

公元前 210 年秦始皇的驾崩，加速了秦朝的崩塌，由此引发了激烈的内战。接下来是汉朝初期几位皇帝统治下的休养生息时期。汉朝由秦旧亭长刘邦（庙号高祖）于公元前 206 年建立。秦帝国统治者采用高度干预的政治哲学，即所谓的法家思想；而相比之下，西汉政权尽管保留了许多秦朝的改革措施，但一改前朝的治国理念，转向自由放任主义的黄老之学——字面意思即"黄帝与老子"之学派，是一种混合了道家和法家思想的新思潮，主张统治者遵循宇宙自身的规律，让社会实现自我管理。例如，国家根据爵位分配田产和房产，爵位越高分得的就越多。尽管这一做法在战时使得荒废的田地得到重新耕种，进而培育起以个体家庭为基础的小农经济，但允许自由买卖国家分配的土地，最终导致了大土地所有者的崛起。

在这一时期，帝国行政权可以直接管控的只有相对狭小的西部地域，而东方和南方则作为独立的王国，一些为皇亲国戚所有，一些为最初助力汉帝国崛起的将领所控制。这些王国对建立在都城长安（今西安）的统治中心的至高权力构成直接威胁。最终，汉景帝（前 157—前 141 年在位）接受了御史大夫晁错关于削藩的建议，从而引发了公元前 154 年的七国之乱，景帝随后进行镇压并重申中央的绝对权威，重新取得了对国土的直接控制。

接下来是第三阶段，从汉武帝（前 141—前 87 年在位）开始，国家重新回归秦朝（法家）模式，采取"重商主义财政思想"。[3]国家接管并实行盐铁专营——盐铁是当时最有效、最具营利性的私营手工业领域，同时垄断酿酒业，又雇用曾从事上述行业的商人作为国家的新兴官僚。[4]政府禁止私人铸铜钱，并用一种新型货币——五铢钱（图11）取而代之。富商大贾的资产都被国家攫取，统治中心积累了巨额财富，汉武帝因此有能力向遥远的南方扩张帝国的边界，平定了南越国（其都城在今天的广州）。他还向东北推进，在西北则到达中亚和今天的内蒙古、甘肃、新疆地区，在这些地方汉军曾与匈奴军队进行了长期的消耗战。在刘邦建立汉帝国的同时，匈奴游牧部落在北方草原也建立了帝国式的联盟国家。

汉武帝的开边之举导致了国家财政的破产，消耗了大量的金钱、人力与物力。渐渐地，在朝的中级官员间流露出对他的政策的反对意见，这些官员服膺儒家学说，主张仁政与财政节制。汉武帝否定黄老之学，采取更偏重法家的治国理念，同时通过设五经博士并鼓励他们向子弟传授经典而大兴儒学。儒学生徒中精通儒

图11 五铢钱，青铜，西汉（前206—公元9），每个直径约2.5厘米

家伦理，尤其是有孝行者，会被授予官职，这一举措最终导致了官僚系统的"儒家化"。公元前81年，汉昭帝（刘弗陵，前87—前74年在位）召集了一次会议，对汉武帝的经济政策进行彻底反省，其内容被载入《盐铁论》。尽管据说贤良文学（近来多被称作改革派）打败了干涉主义的法家（现世派），但依然持续国家对盐铁的垄断，仅取消了榷酒政策。[5]然而，在接下来的半个世纪或更长的时间里，

信奉儒学的官员在政治上占据了主导地位，同时大土地所有者通过兼并贫农和负债者的田地，在乡村建立起巨大的庄园。许多贫民沦为佃户，甚至世代成为豪族的仆人和奴隶。

公元 9 年，儒学改革者，刘氏的外戚王莽（约前 45—公元 23）篡位，建立新朝，开启了短暂的第四阶段。他企图重振中央政府的控制，采取了诸多措施却徒劳无获，其中包括限制土地及奴隶占有、发行新币，以及以恢复周初官制为名重组官僚系统。然而，土地所有者对改革措施的强烈反对，以及社会对新的财政政策缺乏信心而导致的恶性通货膨胀，阻碍了革新。最终王莽下台，并死于内战。

地主出身的汉光武帝刘秀（前 5—公元 57）在公元 25 年重新建立了汉王朝，并将都城东移至今天河南省的洛阳。从那时起到两百年以后汉帝国灭亡，官僚阶层都由儒生支配，同时，豪族将积累的土地作为财富并从中央政府手中夺取了对乡村的控制权，而中央政府既没有渠道，也无意向日渐减少的自耕农家庭征取税收。城市的规模缩小，尽管商业以及与官营作坊进行竞争的私营作坊依然繁荣。[6]在宫廷中，皇帝之位常由未成年儿童继承，这样的继位者被皇太后、皇后及其身后的外戚家族，以及宦官所支配，而儒学官僚、士人常与豪族联手，希望挑战他们的统治，但大都失败了。

秦汉的政治与行政系统

由于经军事征服所占领的敌国新地远离关中地区的统治中心，为了管理不断扩张的帝国，控制人口，开发人力、物力资源，并利用好新的占领地的自然资源，秦国不得不开发新的管理技术和通信系统。这些新措施中的许多内容——如果不能说是绝大多数的话——都被汉帝国采纳和改进，从而成为此后中国官僚制的实践基础。

然而，直到 40 多年前湖北睡虎地 11 号秦墓中秦律及其他文书的发现，这些改革措施才为今人所知。其他墓葬中包含的相似性质的资料是对这些珍贵的出土文献的补充，其中最著名的是由秦洞庭郡迁陵县的地方官署丢弃在 1 号井及县城护城壕（今天湖南西部边远的里耶镇）中的简牍与版（图 12）。其他的一些资料，可能盗掘于长江中游的一座或数座墓葬，由湖南大学岳麓书院和北京大学从香港古玩市场获得，目前正在整理与陆续发布中；它们也为观察秦代历史提供了宝贵的视角，尽管作为盗掘资料，使用起来可能面临道德与科学层面的质疑。此外，还有一些更为可靠的法律文书，发现于其他秦墓、考古发掘出的湖北江陵张家山 247 号西汉早期墓，以及汉代长城烽燧中。[7] 发现于江苏省连云港市的书佐师饶墓中记录东汉地方行政结构的资料显得更为引人入胜，其时代为公元前 1 世纪晚期。最近发现的有关汉代两个县的档案残简非常有价值，但目前仅有部分出版了。[8]

秦代新的中央集权行政体系，大致包含以下构成要素：

· 层级分明的国家政府机关。
· 每个政府机构及其官吏职责不同，俸禄等级有差。
· 针对每个机构的不同职位，创立官吏培训规范，建立官吏任命、转任、晋升、

图 12　1 号井的发掘现场照片，战国时期（前 475—前 221），湖南省龙山县里耶镇

图 13 描绘东汉时期（25—220）行政官署的壁画，1971 年内蒙古和林格尔汉墓出土

解职和禁用标准。

· 官府建筑的规模与其级别相适应（图 13）。

· 规定哪些机构可以互相沟通，以及各种信息（例如，自上颁布之诏令和来自基层的报告等）应该在什么时间、包含什么内容、采取什么方式来传递。

· 建立不同类型公文的制作规范。

· 建立适应不同类型公文或交流的标准化术语与书体。

· 建立书写公文所用的文具规范，包括其开本、材料、书写工具、用墨，并为其制作提供手段。

· 对不同类型的公文在书写材料上的展现加以标准化。

· 为确保公文内容的保密性并使其完好地到达目的地，创建一套文书密封方法并使其标准化。

· 为确保公文的真实性建立起封印体系，同时创立对涉及公文的延误、篡改、破坏、伪造封印等行为的惩罚机制。

· 为安全、快速地传递不同类型的文书，建立起陆路、水路交通体系，并役使男、女刑徒与官奴婢维护与保养之。

·建立符传制度，以允许不同类型的个人与物品通过新的交通网络转送，并规定其使用的具体交通工具，如车和船等。

　　·在交通网络沿线建立邮驿站点，并配备专人用于传递官方函件，同时为他们工作所需提供支撑。

　　·建立为往来于交通线上的人员提供食品补给的规范，规定什么人有权在驿站得到补给，并且为此提供手段。

　　在战国时代，七国可能都建立了类似的交通网络与技术体系，但相比秦代及大致在武帝统治时期的汉代的情况，我们对于秦统一中国之前的通信系统所掌握的信息甚少。新发现的考古资料使我们得以深入探讨一些构成要素。

　　第一，上述大部分程序与技术问题都由各种类型的法律法规所规定，特别是律、令，以及其他类别的文本，如式[9]、程。或许还有其他类型的规定，但缺乏明证。

　　第二，这一制度的各个组成部分由秦朝不同的官僚机构负责，因而管理它们的章程也散见于律令、法规等（图14；另见图录53）。

　　第三，尽管允许存在一些地方性的不同规定，例如关于简牍文书所用木材的种类，但寻求绝对控制权的秦汉帝国统治者，仍强制推行全国统一的标准，地方机构必须服从。

　　第四，秦帝国坚持向上级的呈请必须以书面的形式提交，这大概是为了便于对申请进行追溯，同时避免腐败和私人关系对官方决定的影响，尽管这种影响并不大。这项规定由《内史杂》揭示："有事请也，必以书，毋口请，毋羁请。"[10]这条规定简洁，看似直白，但对于秦汉帝国甚至后代的行政实践产生了巨大的影响，导致了官僚机构的迅速发展及其对书面交流与文本的重视。如果没有这些规定，在后世发挥功用的一套精细化文官制度就不可能产生。

　　第五，秦及后继的汉帝国皆颁布了有关转寄文书的法令《行书律》，其中两则规定保存在湖北省的睡虎地11号墓；另外一些见于岳麓藏品和张家山247号墓，前者除包括《行书律》外，还有《行书令》的相关条文。这使得我们可以

图14 《金布律》木简（墨书），西汉（前206—公元9），1983年湖北省江陵县张家山汉墓出土

很好地观察至少其中一部分律令是如何随着时间推移而演变的。与此类似，秦及后继的汉帝国皆颁布了有关驿传机构口粮发放的规定（《传食律》）[11]，以及建立了有关处理其他罪行的刑罚系统，这些举措都体现在不同的律或令中。据目前掌握的信息，秦似乎与汉帝国不同，缺乏规范与引导出入关津的独立法令（《津关令》），但这种缺失可能仅仅是由于缺乏证据。[12]

行政层级与职能责任

关于行政层级、职能责任以及每个官吏的薪俸等级，秦朝在相当早的阶段就建立了至少包含三个层级的行政系统：宫廷与中央行政机构；内史（京畿地区）和郡；县、道（包含相当数量蛮夷住民的行政单位）和都官[13]。附属于县并由县管理的机构有乡、里、五户构成的伍、独立的家庭（户），以及作为个体的民。

关于秦代中央层级的行政结构，我们知之甚少，而关于朝廷，知道的则更少。[14]而在这三级行政系统中，不同官府的级别以俸禄多少或等级为特点，这在《秩律》中都有规定，张家山247号墓出土了《秩律》的大部分，但并不完全。这些法规反映的是汉初而非秦代的情况，而且经过了许多改动与修订。[15]实际上，第三个行政层级即县级行政机构，在汉初依据薪俸进行了进一步的细分，可能多达五档。[16]所有的三级政府都被组织成各个具体的职能机构来处理日常业务。

不同行政机构的职责由涉及其职能的特定的"律"来规定，而犯罪者（刑徒）中的劳动力由司空统一支配。对特定机构所管理事务的更多细节规定由带有这一机构名称的"令"来明确。"程"是附属于令的规范，从里耶镇与睡虎地出土的证据来看，处理诸如赋税征收、柑橘进贡、服装发放、不同性别和年龄的工匠的生产定额以及刑徒的身份等问题。[17]从根本上来说，秦汉官方所做的所有工作，如工程建设、赋税与贡物的征收、手工业制作等，都有相应生产规范（例如所需的劳动量、生产工具数量、支出额度等）以达到既定的结果。这些额度都是由机构的书吏提前做预算，以确保生产过程中不存在贪污与物品短缺，并保证产出的质量。

类似的，帝国各个地方之间的道里数都经过测算，并依据交通方式和季节的不同确定所需时间。任何一级行政机构收到和发送的文书上都必须标明收发日期与时刻，以便国家衡量其所下达的任务是否被迅速而有效地执行，有稽留的情况则需上报与做出解释。否则，负责的官吏将依据其不同职位遭到处罚，或者是罚款，极端的情况会被罚做苦役。[18]因此，所有的办公机构都配置了计时的水漏（见图录49），而且水漏必须不停地校正。

官员与史的培训、任命、转任、解职以及禁用

秦代的书史似乎需要依据特定的法规《史律》进行培训，这一法律在汉初的修订本的一小部分在张家山247号墓中被发现。与此同时，对官吏任命和迁转的规定也被列入了其他一些法规汇编，例如关于官员设置的《置吏律》以及关于校核的《效律》。[19]

在秦代，"史"这一职业极有可能是世袭的，或许在汉代早期也一样。然而法规显示，史、卜、祝这些职位紧密相关，书写的知识和能力以及记诵能力，在决定个人职业发展方向上起到了一定作用。对史的训练从一个人年纪很小时就开始了，可能是在家中，史童需要根据一些教材学习一定数量的字，《史律》中所规定的5000字可能只是表示数目很大，并不是实际数字。[20]学童一旦被招入正式的学校，就处于负责他行为和能力的导师的监督之下，还必须接受每年一度的测试，以考核其总体知识和书写八种书体的能力，关于八种书体的详情我们尚难知晓。如果考核成功并被任命，那个人就必须接受这个职位，否则将面临大量的罚金。[21]公元元年前后，情况发生了转变，这一职业似乎开始对所有希望在官僚系统中谋生的人开放，而传世的史书显示，有些人从最底层起步，最终走到了统治阶层的顶端。

书史及稍高级别官吏的详细工作记录被保留下来，连以各种形式工作的天数、请假的天数和为父母服丧的天数都被记录在案。官员的功绩及服务年限也被记录下来，不过具体如何对官员进行评估，以及如何奖励表现良好的官吏，我们目前仍不清楚。未能遵循正当的办事程序或从事腐败活动的官员会受到惩罚，犯小错误者罚金，有严重罪行的，将面临诸如苦役、流放、解职以及此后禁止任职

等处罚。如太史公司马迁（约前 145—前 86）所遭遇的那样，在皇帝身边的官员们如果胆敢挑战皇权，甚至会被处以宫刑。

从迁陵县廷（现里耶镇）的档案可以明显看出，从咸阳的朝廷、都城到最低级的基层社会，秦帝国尽力用严格的法律法规规范行政金字塔上下级之间的文书传递。掌控信息流动是一项巨大且耗费财力的工程，之所以能够实现，部分得益于翔实而准确的记录保存。迁陵县通过文书与帝国的各个偏远角落保持联系，从北方的甘肃、内蒙古、河北延伸到西部的四川，再到东部的长江下游。地方官吏中秩级较高者都来自洞庭郡（迁陵县直属的上级行政单位）以外的区域，军吏及许多其他身份的情况也类似。[22] 大部分居民，甚至是女性，都被纳入这个信息交流系统，因为所有的家庭都必须将新生儿、死者及所有财务往来状况上报。同时，女性还可以作为户主，向政府负责。[23] 旅行并不容易，但通过步行或借助舟船、马、车等各种形式出行已经很平常，当然需要遵循相关规定。例如，女性不得乘坐官方车马出行，所有爵位低于第四级不更（字面意思是免于轮作的劳役）的平民必须承担法定劳役，有些时候（服役地）离家很远。同样的，男人经常会被分派到远离本郡的地方服兵役。因此，在帝制中国形成的早期，地方村落并非"封闭"的社区。[24]

此外，邮传制度系统能将民众不满及地方叛乱的消息快速传递至都城，以使中央政权进行军事增援或重新部署军事装备与人员，维持安全或镇压叛乱。在迁陵县的官方档案特别是在秦帝国建立初期的报告中，有不少这样的例子。很明显，发生在南方的一些叛乱并没有被司马迁记录在《史记》里。[25] 因此，一个庞大官僚机构与深远的文书流通体制的建立可能使帝国走向一体化，并在民众中树立起一种作为同一合法政体臣民的认同感。上述皆有助于建立一种关于时间和地域的共同观念，反过来也促进了文化的传播。

秦汉武备概说

杨 泓

古代中国，在公元前 221 年发生划时代的变革，秦王嬴政宣布自己为"始皇帝"，建立秦帝国，奠定了此后延续长达 21 个世纪的中央集权专制主义的统一帝国政权的基础。战国时期，秦能在战国七雄的争霸中，先后灭掉韩、魏、楚、赵、燕、齐六国，依靠的是其强大的国家机器和军事实力。战国时，中国正处于社会大变革的时代，各诸侯国都由靠血缘关系的贵族分权向专制主义的中央集权国家过渡，纷纷"变法"革新，但由于遭遇贵族的阻挠多不彻底 [1]，只有秦王利用商鞅变法，取得了成功 [2]，初步建成中央集权专制主义的国家机器。

秦朝同时对军队进行改革，推行以首功晋爵的制度，即按战斗中斩获敌军首级的数量来增进爵位。爵位分成二十级（最低一级是公士，最高一级是彻侯），各级可获得相应的政治经济特权，平民也可因功晋爵改变身份，这一做法彻底废除了原来由贵族按身份高低掌握军队各级指挥权的世卿世禄的旧制度。因此军中政令统一，士兵争功求战，军队的战斗力明显高于关东六国，尽管在军事装备上秦国并不占优势。例如在战国晚期，铁制兵器已出现在战场上，从目前已知的田野考古发掘资料，我们可以看到楚、燕等国的遗迹中有比秦国遗迹更多的铁兵器出土，不过尚缺乏战国时期秦国铁兵器的考古发现。然而，工艺技术方面的缺憾并没有阻碍秦军在战争中获胜的强劲势头。

在军队结构方面，战国时期各国军队的组成，已由西周、春秋时代传统的战车兵，开始改为车兵、步兵、骑兵并重，秦国也不例外，但到秦王朝建立时这一变革尚未彻底完成。秦始皇陵陶俑坑的考古发现，反映出秦王朝军队的组成仍以战车兵和与之配合的步兵为主，骑兵的比例较低，并未成为军队的主力兵种，且出土兵器还基本是青铜兵器。

秦王朝的统一是短暂的。公元前207年，秦末农民起义摧垮了秦王朝，继之出现了历时几年的楚汉战争，最终刘邦取得胜利，西汉王朝建立。在平息了各地异姓诸侯王的叛乱以后，公元前195年，汉高祖刘邦荣归故乡——沛县，悉招故人父老子弟纵酒。他一边击筑一边唱出了抒发心声的《大风歌》：

> 大风起兮云飞扬，
> 威加海内兮归故乡，
> 安得猛士兮守四方！

在夺取政权后，守卫国土四方就成为西汉王朝组建的军队的主要任务。汉代的武备，正是为完成这一主要任务服务的。

公元前2世纪—前1世纪，在世界的东方，正是秦王朝和西汉王朝建立和兴旺的时期。而同一时期，在世界的西方，古代罗马也同样如此。但是对比同一历史时期雄踞世界东西的两大古代帝国的军队，从军队的编成，到战略、战术乃至他们的兵器装备，都呈现出完全不同的面貌。

罗马是典型的奴隶制社会，由选举产生的元老院主政，然后元老院再选出执政官。罗马军团由罗马社会中的自由民组成，执政官是军团的统帅。而秦和西汉是在古代东方的农业社会基础上建立的中央集权专制主义的帝国，最高统治者是至高无上的皇帝，军队的统帅和将领由皇帝任命。西汉时，统军的将帅虽然多是贵族高官出身，但与此前东周至秦时有很大区别。他们是在推翻秦朝时出现的新贵，原来处于社会的底层，与东周时诸侯国中靠血统世袭的贵族不同。反秦义军中数量众多的下层小吏、屠夫、商贩等都成为统军名将，出现在战争舞台上，进一步改变了统军将帅的成分。

军队的成员是从西汉各地的农民中征召的。据《汉官仪》记载，当时的人在年龄到了 23 岁以后，开始被分为"材官"（步卒）和"骑士"（骑兵），他们在各地方官员的领导下练习军事技术，"习射御骑驰战阵"。每年 8 月，由太守带领地方官员对练习的成绩进行考核。直到 56 岁时，因为年老力衰，才可免除兵役训练。在邻水的地区，他们被征召为"楼船"（水军），练习行船作战。[3] 如果国家有事，他们则应召去参战。皇权至上，军队的统帅和成员成分的改变，促进了战略、战术的发展和军队组织方面的变革。

西汉与罗马在军队组训和战术等方面的不同，主要体现为两者战争目的上的差异。罗马军团除了为保卫政权而战（如抗御迦太基军队入侵罗马本土）外，主要是对外进行侵略扩张（使其统治范围从意大利半岛扩展到北非、近东乃至中东的广大地域），建立殖民城邦，将财富和奴隶运回罗马。反之，西汉帝国的军队，在完成国内统一的战争后，主要是抗御游牧民族的侵扰，其战争的目的是保家卫国、自卫反击。

西汉与罗马军队的组训和装备不同，还与两者承袭的历史渊源和民族传统有关。罗马军团的步兵方阵，承袭自古代欧洲希腊的步兵方阵乃至后来著名的马其顿方阵。但在古代中国，先秦时期盛行的是车战，诸侯国的军队以战车兵为主，国力以拥有战车的数量来区分，一次战役交战双方出动的战车从数百乘到多达上千乘。但在古埃及和古希腊，虽然军队中也有马拉的双轮战车，但并没有大规模车战的记载，战车只是把主将送至战场的运载工具，正像荷马在史诗《伊利亚特》中所吟咏的。

而受不同民族习惯的影响，世界的东方和西方所使用的传统兵器也有很大不同，各有特点。在夏商时期，主要的格斗兵器是戈，到先秦时期发展为将戈和矛两种兵器结合而成的戟。这类兵器在古希腊、古罗马军队的装备中是没有的，它们的士兵则大量使用能够投掷的标枪，这在古代中国军队的装备中也从未出现过。同样是手握的短柄格斗兵器——剑，东西方也并不相同。西方的剑是直体阔刃，适于劈斫；而中国先秦时期的剑，则侧刃呈两度弧曲，适于直刺（图 15）。身体的防护装具也有不同。古希腊勇士以裸体健美为荣，除铠甲保护的部位外，手臂和大腿都赤裸着。而古代中国则以裸露肢体为耻，铠甲下是战袍，除铠甲遮护部位外，臂、腿也都有衣袖和裤遮盖。铠甲也各具特色，古希腊和古罗马习惯用整体的胸甲和背甲，古代中国则使用甲片编缀的铠甲，从先秦时期的皮甲到西汉的铁铠都是如此（图录 12a）。

论述西汉武备的发展，首先要考察西汉王朝与匈奴的战争。早在战国时期，燕、赵、秦等国就受到北方游牧民族的侵扰，所以各国不断加强沿边的防御工事，分别构筑"长城"。秦统一中国后，更是动用 30 万大军，由蒙恬统领，收复被

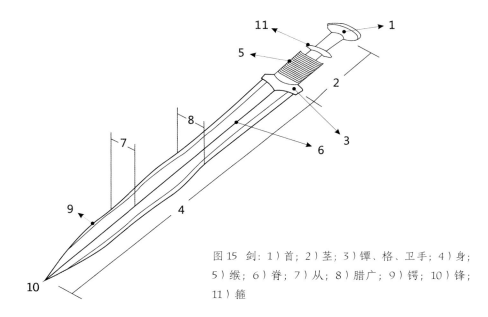

图 15 剑：1) 首；2) 茎；3) 镡、格、卫手；4) 身；5) 缑；6) 脊；7) 从；8) 腊广；9) 锷；10) 锋；11) 箍

匈奴侵占的地域，并修筑从临洮至辽东的长城以御匈奴（《史记·蒙恬列传》）。但随着秦王朝覆亡，对匈奴的边防不复存在。而此时的匈奴则处于冒顿单于强势兴起之际，破灭东胡、击走月氏、南并楼烦，日趋强盛，拥有超过 30 万的骑兵，不仅再次侵入被蒙恬收复的地域，更入侵燕、代地区（《史记·匈奴列传》）。汉高祖七年（前 200 年），匈奴围攻马邑，韩王信降匈奴。

匈奴因而挥兵南下，攻太原。汉高祖刘邦亲自将兵 32 万往击之，匈奴冒顿单于佯装败走，引诱汉军追击。汉军多为步兵，行动迟缓，以致汉高祖先到平城，但步兵未尽数赶到，即被匈奴骑兵包围于白登七天，汉兵内外不得相救。最后用陈平秘计，刘邦勉强逃出，大败而归，只得派遣刘敬与匈奴结和亲之约。"奉宗室女公主为单于阏氏，岁奉匈奴絮缯酒米食物各有数，约为昆弟以和亲。"（《史

记·匈奴列传》）此后，匈奴强劲的骑兵让西汉长期处于被动挨打的境地，边塞无力阻挡匈奴骑兵的入侵。到汉文帝时，"匈奴日已骄，岁入边，杀略人民畜产甚多，云中、辽东最甚"。文帝十四年（前166年）时，匈奴单于以14万骑兵入侵，直达彭阳，虏人民畜产甚多，甚至火烧汉回中宫，侦察兵更是迫近西汉都城长安，到达汉甘泉宫（《史记·孝文本纪》）。

汉文帝和汉景帝时期，朝廷面对匈奴的侵扰，只能临时发兵防卫，因为西汉初年军队仍沿袭秦制，由步兵和车骑组成，行军速度难与匈奴骑兵相比，仅取守势，屯军备战，待匈奴军自行出塞，无力追击。常是"汉兵至边，匈奴亦去远塞，汉兵亦罢"。究其原因，一方面因西汉初年经济凋敝，缺乏建立强大军队的经济基础。组建骑兵最起码的条件是需要有足够的战马，但是汉初马匹极度缺乏，连皇帝的马车都无法配齐四匹同样毛色的辕马，高官如将相都因缺乏马匹而只能坐牛车。另一方面在于汉初制度皆依秦制，军队的组成和兵器装备都已落后于形势发展的需要，为了获取抗击匈奴战争的胜利，西汉迫切需要改进军队的装备，改变组训和作战方式。上述两个方面的缺憾，到汉武帝时发生了根本的变化。

军队装备改进，其基础在于社会经济的恢复和发展，经过汉文帝和汉景帝的努力，西汉的经济很快恢复并有了很大发展，后世史家誉之为"文景之治"。文景时期，国家仓库中钱粮充足，同时民间养马业迅速发展（《汉书·食货志》）。充足的粮食和养马业的繁盛，为建立强大的骑兵部队准备了坚实的物质基础。文景时期恢复和振兴经济的政策措施，同样促进了钢铁冶炼技术和钢铁冶炼工业的发展，武帝时盐铁官营制度的建立，又进一步扩大了钢铁冶炼生产的规模，有利于工艺技术的提高。汉代钢铁冶炼技术的新发展，更提高了钢铁兵器的质量，这可从1980年代以来对徐州狮子山楚王陵、广州象岗山南越王墓[4]、河北满城中山王墓[5]等诸侯王陵墓出土的兵器材质进行的金相鉴定研究中得到证实。西汉钢铁兵器技术之所以获得较大发展，原因之一是先秦时已用于制作兵器的块炼铁、块炼渗碳钢技术，到西汉时更加成熟；原因之二是西汉时期创造了简易、经济的铸铁脱碳成钢的新方法，这种中国古代独特的生铁炼钢方法被称为固体脱碳钢；原因之三是炒钢的发明，这是西汉早期出现的关于钢铁冶炼技术的一项重大发明，炒钢用于制作兵器，无疑加速了西汉钢铁兵器发展的进程。此外，淬火、冷加工等多种热处理工艺也得到了广泛的应用，这表明当时工匠对钢铁性能的认识提高到了新水平。西汉前期社会经济的恢复和发展，为兵器的发展演变提供了丰厚的物质基础，而钢铁冶炼技术的进步，则为兵器从材质到性能的变革提供了技术保证。

西汉的诸王侯墓葬主要有山东淄博窝托村齐王（卒于前189年或前179年）墓①随葬坑 [6]、徐州狮子山楚王（可能卒于前175年）陵 [7]、安徽阜阳双古堆汝阴侯（卒于前165年）墓 [8]、广东广州象岗山南越王（卒于前122年左右）墓 [9]、河北满城陵山中山王（卒于前113年）墓 [10] 和山东巨野红土山昌邑王（卒于前87年）墓 [11]，通过对这些墓主人葬入时间先后分析其墓室中和从葬坑中随葬的实战兵器标本材质比例的变化，我们可以清楚地看到西汉时期钢铁兵器取代青铜兵器的演变过程，其中出土于巨野红土山墓的实用格斗兵器已没有青铜的踪影，这标志着兵器材质由青铜向钢铁的转化过程基本完成。[12] 除部分箭镞（图16）外，从都城长安武库 [13] 和未央宫等遗址获得的兵器标本都是钢铁材质，甚至通常使用青铜铸制的弩机（图17），在未央宫遗址中也出土有以铁制作的。[14] 这些充分说明兵器的设计和生产都已适应步兵和骑兵的需求，除还保留有部分青铜制品如弩机和箭镞外，其余兵器的材质皆以钢铁为主。从品种来讲，格斗兵器以戟、矛（或矟、铩，图18）、刀、剑为主，远射兵器是弓和弩，防护装具是盾和铠甲。格斗兵器虽然还沿用传统的名称，如戟、矛和剑，但因材质和制作工艺的改变，其具体形貌已与先秦时的同名青铜制品有明显的区别。

在军队建设方面，汉武帝彻底摒弃了秦和汉初的作战方式，为了抗击匈奴侵扰战争的需要，组建了强大的骑兵部队。车战退出战争舞台，骑兵成为军中主力兵种。西汉部队中骑兵的创建还要回溯到楚汉之争。汉高祖刘邦于沛县起兵反秦时，所组建的军队还是仿秦军旧制，以战车和步兵为主，骑兵很是薄弱。从沛县反秦直到进军咸阳，战车总是冲锋陷阵的主要力量，军中猛将多是"以兵车趣攻战疾"，或是"材官蹶张"，立功晋爵。

后来由于和项羽争雄，"军于荥阳，楚骑来众"，刘邦才认识到骑兵是战斗中不可缺少的兵种，从而组建了以灌婴为将的骑兵部队——郎中骑兵，同时开始设置统领骑兵的将领，如骑将、骑千人将、骑都尉、骑长等。这支部队在击败项羽和歼灭割据的诸侯王的战争中屡建奇功。

---

① 关于齐王墓的墓主身份，学界尚有不同的看法，这里依照原文。——编者注

图录 1 的细节图

最后垓下一战，项羽突围，汉军追击并最后消灭楚军余部、逼得项羽自杀的，正是灌婴统领的部队。即便这样，也并没有改变汉军主力还是战车兵的状况。直

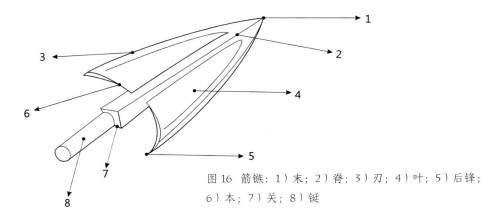

图16 箭镞：1）末；2）脊；3）刃；4）叶；5）后锋；6）本；7）关；8）铤

到汉文帝时，情况还是没有太大的变化。文帝十四年，匈奴入侵甘泉地区，抗御匈奴、防守长安的部队"以中尉周舍、郎中令张武为将军，发车千乘，骑十万"（《史记·匈奴列传》），虽车骑并重，排位仍以战车居前。迟到景帝平吴楚之乱时，部队也还是车骑并重。

决定性的变化发生在武帝时期，为了真正消除匈奴骑兵的袭扰，汉军骑兵才真正成为军队的主力部队和重要兵种，从而取得对匈奴骑兵由劣势到强势的根本性转折——不仅接连取得辉煌的战果，同时开始主动发起对匈奴的大规模远征。从元朔元年（前128年）到元狩四年（前119年）的十年间，汉军与匈奴军发生了好几次重大战役，双方动员参战的骑兵总数常常接近20万骑之多。汉王朝已有能力一次性集结10万之众的骑兵部

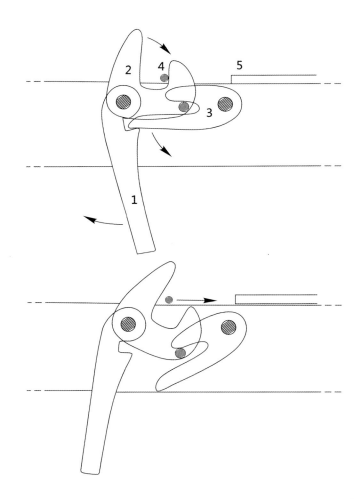

图17 弩机：1）悬刀；2）望山；3）钩心；4）弦；5）箭

队，如在元狩四年即如此，随军的"私负从马"竟多达14万匹。这时汉军的骑兵已能进行战略性的远程奔袭，创造了大规模使用骑兵集团机动作战的战例。同时，战车彻底退出战争舞台的中心场地，如公元前119年卫青击匈奴时"令武刚车自环为营，而纵五千骑往当匈奴"（《史记·卫将军骠骑列传》），武刚车即战车，当时只用于保障营地安全，或用于后勤运输。骑兵终于升为军队的主力，纵横驰骋于广阔的战场。骑兵的迅速发展，直接促进了适用于跨马作战的兵器、防护装具和马具的创制与改进，这些兵器或用具的材质由青铜转为钢铁，这导致汉代兵器的生产完全供骑兵和步兵之需。

西汉时为抗击匈奴所做的斗争——组建骑兵部队进行大规模长途奔袭，以消灭匈奴骑兵的有生力量，使其无力入侵——实际上还是属于自卫反击。与之并重的是在击退匈奴侵扰后，构筑起长城以不断加强边境的防御，建立完备的烽燧防御体系，实行屯田卫边政策。因此，汉代武备发展的另一特点是大力生产适于边防的兵器，特别是精坚的铠甲和威力大且射程远的强弩。

中国古代武备的历史，在翻过了先秦时期战车和成组合的供车战的青铜兵器雄踞战争舞台的一页后，开启了西汉时期以骑兵为军队主力兵种、钢铁兵器雄踞战争舞台的新篇章。

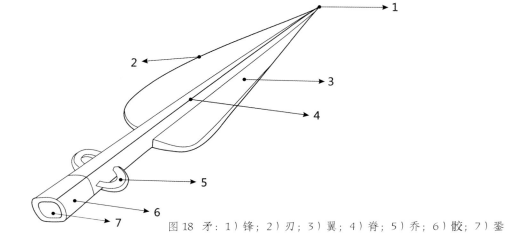

图18　矛：1）锋；2）刃；3）翼；4）脊；5）乔；6）骹；7）鋬

秦汉帝国的都城：
城市建筑的模式和形象构想

刘怡玮

在理解任何时代或任何文化背景下的城市及其建筑的过程中，我们都面临着一种双重困境：定义城市的本质属性与把握城市空间的整体性。[1] 城市的空间不仅仅表现为一个地理空间或在某个特定时段的建筑结构框架，它是一种更为广阔的、由无数的物质和非物质关系及其互动组成的现象，这些关系及互动设定了空间和时间的构造——那些对庇身之所、保护安全以及维持生计的需求，以及涉及美学、社会和政治关系、信仰和传统、品位和礼仪等观念。[2] 因此，尽管两座城市可能具有相似的外观，比如都有围墙，但其中一座城市的城墙可能起到的是区隔城市和乡村的作用，而另外一座的则是使城乡元素得以融合的"渗透膜"。[3] 城市更是不断变化的，所以历史上的某一时刻，一个城市中心的构思可能与另一时刻的构思存在差异。因此，城市空间可以从无数个角度被模型化和想象，这样一来，一座城市的任何表现形式，都只是从特定的且通常是主观的视角得到的一个局部掠影。[4] 这些因素，加上现存的考古和文献资料，有助于我们理解为何秦汉帝国的都城有多种多样的模式和形象，同时在理解这个问题时，我们也应把诸如城市与人体的大小与尺寸的相对关系，以及城市与食物和水这些必需品的关系等更多的因素考虑在内。

秦及西汉定都关中平原，渭河从此处穿过，向东汇入黄河。这片区域四面环山，因历史上进出此地的通道通过关口控制而得名"关中"，意为"四关之中"。秦帝国于公元前350年迁都咸阳，该地位于渭河北岸，在今天西安的西北方向大概20公里处，而秦帝国之后的西汉则在今西安建都，称为长安。公元23年，随着东汉的建立，都城也再次迁移，这次向东迁到位于关中以外的洛阳。

公元前221年统一全国之前，秦国曾在不同的地方建立都城。在秦孝公统治时期（前361—前338），都城始移至咸阳，由法家谋臣商鞅（前390—前338）监督建造（图19）。我们对咸阳的认知大多来自文献资料，这使得我们可以用任何方式塑造和设计这座城市。司马迁（约前145—前86）在《史记》中记载，公元前350年，商鞅负责咸阳冀阙及宫殿、苑囿的建造工作。此外，许多宗庙、宫殿及苑囿也在渭河南岸拔地而起。统一全国之后，秦始皇下令将新占领区域的豪族迁至咸阳，殿厦、复道和亭台也延伸到了宫城的东面。而到前212年时，皇帝认为咸阳人多地狭，开始在渭河南岸建立以阿房宫（见下文）——上林苑中的一组建筑——为中心的新城市地带，并横跨渭河修建了一条复道，把阿房宫和北岸原有的咸阳宫殿群连接起来。[5]

按司马迁的记载，这个横跨渭河两岸的广阔地域，其中"关中计宫三百"，"咸阳之旁二百里内宫观二百七十复道甬道相连"。[6]旧的北部区域中尚有始皇帝模仿被征服诸国建筑风格而营造的建筑，迁徙到都城的豪族可能在此居住。这些建筑沿着主宫殿北边的山坡分布，占据了外围区域，宛如从帝王所在的轴心发散出

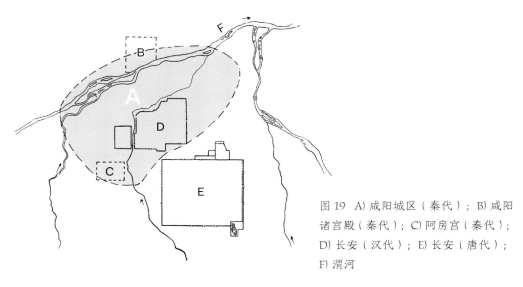

图19 A) 咸阳城区（秦代）；B) 咸阳诸宫殿（秦代）；C) 阿房宫（秦代）；D) 长安（汉代）；E) 长安（唐代）；F) 渭河

的一根根辐条。从这个意义上来说，咸阳可被看作帝国的缩影。尽管我们不知道当时宫殿群外观的详情，但清代的乾隆皇帝（1736—1795 年在位）在今天河北承德修建自己的避暑山庄时，在其北侧的山坡上仿照西藏风格修建了许多喇嘛教寺院作为附属，这些寺院所采用的可能就是这种空间模型。[7]

秦始皇致力于建造与帝国都城的体量更为匹配的新宫殿群，曾将宫殿区向西南方向继续扩张，一直到他的陵墓和兵马俑（图录 1—7）军阵的位置。司马迁记录了被称为阿房宫（或阿城）的前殿的尺寸——约为 675 米 ×112 米，大概相当于 12 个美式橄榄球场地的面积——其数字之大足以引起质疑。然而，考古工作者找到了一个夯土台基，可能正是阿房宫前殿建筑或建筑群的基础。令人惊讶的是，它遗留下来的面积——约宽 1119 米，长 400 米（相当于 71 个橄榄球场），高 8 米——大大超出了司马迁所记载的尺寸。[8] 司马迁还指出，阿房宫的修造并未完成，这也许可以解释为何我们找不到其主殿的任何遗迹。[9]

考古发掘出的其他的咸阳建筑遗址并不多，其中有一处建筑是一座巨大的基础平台，考古报告称之为"一号宫殿遗址"，有些学者认为它是商鞅所建造的冀阙。[10] 该遗址表现为一个多层的夯土心，这种方法适用于建造高大、多层的建筑，能使建筑显得更为宏伟。[11] 借助当代的建筑表现手法及其他的考古发掘线索，这座建筑可被假想复原为一座有双翼、三层高的雄伟结构（图 20），但是这种虚拟的想象是否贴近历史的真实，还有待审视。

考古工作者同时也在咸阳及秦国早期都城发现了其他一些秦宫建筑基址。[12] 夯土台基的规格与走向，以及墙体的遗迹和柱础，为推测性的复原提供了基础。考古人员在许多遗址中还发现了遗留的建筑元素，如壁画的残片，陶质排水管及水漏，顶瓦和有装饰纹样的瓦当（图录 19a，b；20a—c；21a—d），取暖炉，用于地面、墙面以及台阶的有图案的实心或空心砖（图录 22；23a，b）。尽管这些发现颇具魅力，但我们必须认识到遗留下来的证据是不完整的；比如，出土的这些排水管道与炉灶在整个给排水系统中是如何被使用的，仍然只是推测。淡水的来源如何？水塔及水的储存设施能否分别对水加压和过滤，是像巴尔米拉和庞贝等其他古遗址的情况那样吗？[13] 除此之外，经常出现的情况是，对于同一证据可以做出多种解读，在缺乏证据时就可能使得我们将同一建筑设想为不同的模式，或者看成不同的历史建筑。拿现在讨论的例子来说，一号宫殿遗址有人认为是冀

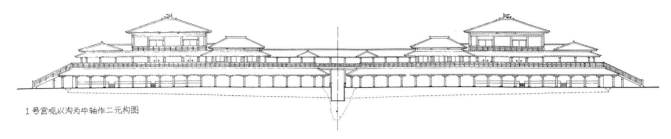

1号宫观以沟为中轴作二元构图

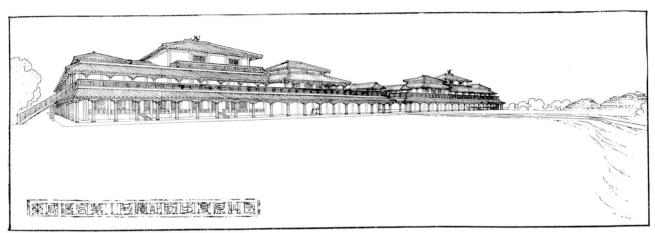

图20 秦咸阳"一号宫殿"的想象复原

阙，但陕西考古研究院仅声称"这个遗址可能是战国时期咸阳旧宫某殿的遗存，由于文献不足，现在所发掘的究属咸阳宫何殿，尚不清楚"。[14]

我们对于咸阳城市规划还有许多未知之处。司马迁提及互相连接的车道和步道，但文献与考古发现实际上给我们提供的关于城市布局的信息非常之少。这种不确定性容许了多样化的复原模型以及对它们的想象，它们分别与宇宙观、天文学、数字命理学或意识形态设计理念的可能性相对应。[15]确定无疑的是，咸阳城所占的面积很大，让后世各朝代都城的宫城相形见绌，其中也包括汉代的长安城，而汉长安城本身比北京的紫禁城还要大得多。[16]我们知道在渭河两岸分布着相当数量的宫殿、宗祠、庙宇、苑囿等，也知道有许多桥梁横跨渭河，但还没有发现任何城墙的痕迹。仅从咸阳城的庞大规模来看，存在城墙的可能性不太大，但并非完全不可能。而且，如果真的没有城墙，咸阳就将违背中国城市的惯用模式。[17]有说法认为由于环绕的群山为城市提供了天然屏障，因此人工筑墙没有必要，或者独立的宫墙已经足够。[18]

鉴于有关咸阳的许多问题都受制于不同的解读——实际上，学者们根据不同的证据链建构出截然不同的模型，或者针对相同的证据进行了不同的视觉想象——当代学者所要解决的是，如何增进对过去城市空间及其建筑的理解。各种不同的原始资料，包括考古发现、对建筑的描述、缩微模型、同时代或后世的文本，以及看待相同资料的不同的学科角度，为理解配置城市空间的无数关系与互动提供了无限的途径。加深对城市空间理解最清晰的方法是模型化与想象。通过这些程序，原始数据被筛选、简化、聚焦并抽象成可识别的模式、趋势、类别和形式。[19]但同时我们也需要考虑到原始材料往往是不完整的。[20]

模型化与想象：相辅相成的过程

模型化与想象的相互关联性使情况变得更为复杂。到底是我们在头脑中设想自己所知然后将之模型化，还是我们通过模型化得以知道想象的内容？前者假定从原始资料获得的信息让我们知道和想象中国城市形象具有一些特性，比如防护性城墙，在这种情况下，这种认识会得出一个有城墙的咸阳模式。在后一种取向中，模型化是经验过程的一部分，以告诉我们如何认知，因而也告诉我们如何想象。例如，如果我们接受城墙的缺失且将这一点视为考古发现的确凿证据，并据此来为咸阳城建模，这一认识或许会促使我们对早期中国城市的根本性质进行重新思考。

令人意想不到的是，早期城市不一定有围墙的观点在西汉长安城得到证实，人们通常认为长安是有城墙的都城，但实际上在其形成的初期并没有围墙。

随着公元前206年秦帝国的灭亡以及咸阳的毁灭，西汉帝国在它附近的东南方向建立了长安城（图21）并将它作为都城。[21]更多重要的考古遗迹展示出一个每边有三个门的不规则的方形城市。自城门进入城市内部，有南北向和东西向的笔直道路。这些道路长度不一，最长的可达5.5公里，宽皆45米，由两道排水沟间隔为三股道。据文献记载，中间道供皇帝使用，外面两道供平民使用。排

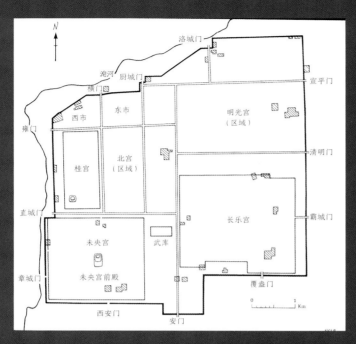

图 21　西汉长安城平面图（前 206—公元 9）

水沟可以把雨水导入城墙下方的拱形砖排水孔，这样雨水就可以汇入周围的护城河。出土的还有陶质输水管道与污水管道。管道横截面通常为圆形或五边形（图录 130），这种类型在咸阳也有发现。五边形管道，巧妙地堆叠起来；底部一层并排的管道尖部朝上，顶部的一层尖部朝下，刚好稳置在底层管道之上。[22]

　　考古发现和历史文本揭示了长安城中一些西汉宫殿的位置及详情。[23] 长乐宫和未央宫遗址分别在东南和西南区域被发现。[24] 长乐宫是在一个先前存在的秦宫基础上扩建的，外形不规则。未央宫是为汉帝国的第一位皇帝——汉高祖（前202—前 195 年在位）而新建，其平面为规则的正方形。每个宫殿都有独立的围墙环绕，随后在这些宫殿外围开始建造城墙（始于前 192 年），为了适应已经存在的建筑及地形，所以城墙为不规则形状。城内还有桂宫[25]、明光宫和北宫。桂宫遗址在未央宫的西北方被发现；而关于后两宫的位置，历史记载比较含糊，认为明光宫位于长乐宫北面的某个区域，而北宫在未央宫的北面，但关于两宫的确切位置考古学界仍有争议。经考古调查，已经发现了主要道路、其他街道、西北部的市场区域、东北部的住宅区，以及位于长乐宫与未央宫之间的武库。[26] 南城墙外还发现了一些西汉晚期遗迹，这些遗迹被认定为礼制建筑。

　　长安城城墙的建造时间稍晚，因为既要包围各种各样的建筑，还要适应从城市西北角斜角切过的河道。最终形成的城市平面图既可以说是变形的正方形，也可以说是不规则形，这取决于如何模型化或想象这座都城。将它想象为正方形的人，通常认为它与《考工记》中描述的理想化城市相同。《考工记》记载道：

匠人营国，方九里，旁三门，国中九经九纬，经涂九轨，左祖右社，前朝后市。[27]

另一种将西汉长安城描绘为不规则形的意见，是源自不同的原型。有些时候，这种不规则的形状被看作是有意为之，以与天象相应。[28]另一些人认为这种不规则形是为包围已有的建筑以及适应地形而随机形成的。需要指出的是，这些不同的解释模式之间不一定相互排斥。每个模式都因为关注到城市的一些特定方面而忽略了一些其他可能同样合理的方面。另外，不同模式之间还有重叠的情况，并且不同的模型可能在不同时间在不同的点上又有重叠。

大小与量度的体现

人体的大小与量度相关的观念是对城市及其建筑进行模型化和想象的基本问题。大小与尺寸不同，大小是相对的，而尺寸是绝对的。那就是说，一个建筑物的尺寸可以测量并保持恒定，与观察者无关，然而同一建筑的大小，成年人可能认为较小，而儿童认为是巨大的。尺寸与大小都是通过测量单位来体现。在测量尺上均匀地做上标记就构成刻度，在许多文化中，长度的基本单位据说是以人体作为模型的。[29]公元2世纪—3世纪编成的《孔子家语》记载："夫布指知寸，布手知尺。"[30]。类似的，《史记》提及传说中的统治者禹（据说为公元前21世纪）"身为度，称以出"[31]。这样一来，量尺（图录48）可被视为建筑的基本模型或尺度，一如君权可被设想为对帝国的管理与统治手段。

在秦帝国建立之前，度量单位因时、因地、因统治政权而异。尽管统一度量单位的益处早已得到认同并被认为是大势所趋，但直到秦统一全国后，才下达统一度量衡的命令（图录14、15）[32]，设定法律以强制执行，不过这些举措的收效我们难以知晓。即便是统一标准得到推行，恐怕也只是在宫殿建造、税收、市易等官方活动中。基于不同模型的其他计量单位则也可能在非官方的场合使用，一如当今各国使用英尺与米作为测量长度的标准单位，但对布匹与鞋子则使用不同的测量标准。在中国的情况也类似，不同场合使用不同尺度的量具。这一做法可能自古以来即存在，但尺量直到明代（1368—1644）才被编入法典，根据功能不同可分为以下几种：匠人使用的营造尺、裁缝使用的裁衣尺，以及丈量土地用的量地尺。[33]

量制在谷物的征收中起到举足轻重的作用，在秦及汉亦得到统一。同钱币和丝绸一样，谷物也是用于纳税、稳定粮食供应和供养军队的一种主要货币形式。[34]谷物的供给、运送及储藏体系与所有的城市息息相关，实际上，在许多社会中，早期粮仓的发明与定居农业共同体城市原型的出现是同步的。[35]在秦朝建立前的秦国时期，粮食生产与军事实力密不可分，制定了"重耕战"的国家政策。[36]在汉朝，政府为了维持经济及社会的稳定，有时会通过所谓的常平仓体系来试图调节粮食供应。政府在粮食价格低的时候以稍高价买进，而在价格高的时候以稍低价卖出，这样一种调控手段可以在匮乏时期缓解粮食短缺，在收成不好的年份提供种粮，以此稳定粮食价格，而且在起到这些作用的同时仍然可以赚取利润。[37]因此，在秦汉时期，粮食的供给、储存与分配是都城模型化与想象不可或缺的一部分，它们从根本上加强了都城的防卫与安全。[38]

供给与实力：帝国的粮仓

虽然在秦咸阳遗址还没有找到大型的官方粮仓，但据记载，西汉长安城内建有一座太仓，这一工程由高祖的主要谋臣萧何（卒于前193年）监督建造，后者还曾负责建造长安城未央宫及武库。[39]历史记载表明，太仓曾在某一时间建造在长安城以内。[40]据《汉书》记载，官员息夫躬（卒于前1年）曾提议一项继郑国渠之后的宏大工程。郑国渠是秦代的一项水利工程，于公元前300年左右修造，大大改善了农业灌溉与粮食运输状况。息夫躬建议在都城的城墙上打开缺口挖掘一条水渠，以引漕注太仓，这样可以节省从更远的地方陆路运输的成本，但这一建议遭到了否决。[41]

很明显，水道对于城市的粮食供应至关重要。秦及西汉之所以都将都城选定在关中平原，很大程度上是因为这一地区具有充沛的水资源，用于饮用、灌溉、运输、卫生以及防洪等目的的新的水利基础设施"成为帝国与皇家工程最重要的'建筑符号'之一"。[42]水源来自临近的大小河流，通过运河、堤防、管道、沟槽、水池等构成的系统来输送。饮用水的次级水源应该来自井水，早在西汉晚期的墓葬中就发现了陶质与青铜的水井模型，这凸显了水井的重要性。[43]水井模型常出现在被称为明器的陪葬品中，在死后陪伴着墓葬的主人。[44]此外，尽管考古工作多关注宫殿与城墙等重要的建筑，但近来关于村落房舍的考古发现显示，水井通常设置在住宅前面，而厕所则在住宅之后稍远的地方。[45]水道也可用于疏导径流及污水，对将粮食运送到京城和整个帝国范围内的军队驻扎地也很关键。漕运体系将粮食逆黄河而上输送到位于关中平原东部边缘潼关附近的黄河弯道处，自此而上，湍急的水流阻止了船只的进一步通行，所以粮食只能被卸下，储存在位于今天陕西省华阴市段家城村村北的京师仓，接着通过运河或陆路运输，西进130公里，直至渭河边的长安。

在西汉帝国灭亡，以及王莽时代（新朝，9—23）末期长安的战乱之后，东汉王朝在洛阳重新建立了自己的都城（图22），它位于关中平原以外的东部地区，事实证明关中盆地在面对敌人入侵时容易陷入包围。洛阳城坐落于洛水北岸，处于运输与通信的枢纽地带。东汉在旧有城墙的基础上扩张成一个南北略长的长方形，大小约为西汉长安城的四分之一。城内南北向与东西向的道路交叉，通往12座城门（南城墙有4座城门，东西各3座门，北面2座门），两座主要宫殿建筑分别位于城市的南部与北部。[46]

咸阳和长安官方粮仓的遗迹尚未在城墙内找到，而洛阳的情况与之不同，考古工作者在城内的东北角发现了一些遗存，据文献记载应为武库和太仓。[47]遗址内有遗存下来的密集的夯土台基，它们大小不同、形状各异。其中有一组排列成长方形网格状的夯筑台基，南北5排，每排12个，每个台基2.5米见方且之间相隔4米。这个网格整体上南北宽约30米，东西长约51米，夯土块上面很有可能架有棚木，以撑起地板，方便底下通风。这种建筑形式应该可以驱除潮气、防止虫害，有利于粮食的储藏。

在洛阳西北50公里的西汉粮仓遗址也有类似的发现，位于函谷关附近。[48]

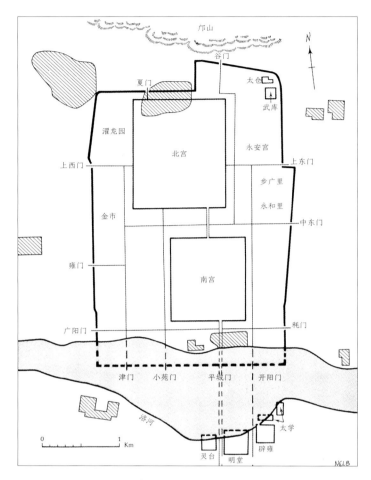

图 22　洛阳城平面图，东汉（25—220）

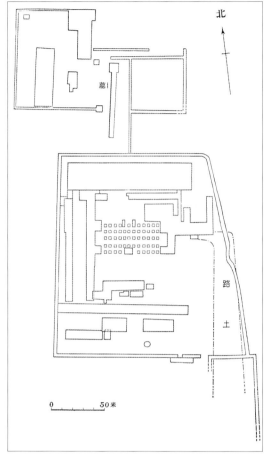

图 23　洛阳城东北角的汉代太仓考古遗迹平面图

该遗址位于黄河的一个弯道处，其上游水流湍急，阻碍了粮食的继续运输。但水流在此处流速减缓，为码头和仓库的建设提供了便利条件。

在这里，粮食可以由陆路转运到驻扎在关口的军队。这个粮仓平面为长方形，长179米、宽35米（图24），其周围的围墙宽6米、高2.5米。它的内部被隔墙分为三个单元，围墙及隔墙上有大约44个缺口，以通风换气[所引原始资料《黄河小浪底盐东村汉函谷关仓库建筑遗址发掘简报》称这些缺口为"连接墙垣内外和单元之间"的"通道"。——译者注]。粮仓内部隔间为呈网格状分布的小柱础石，间距为1.4—1.5米。与洛阳仓的情况类似，该粮仓可能是用矮块或柱子来抬高地

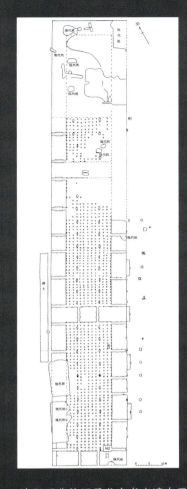

图 24 洛阳西北的汉函谷仓考古遗存平面图

图 25 豪塞斯特兹罗马要塞的粮仓基址（前 124 年），英国诺森伯兰郡哈德良长城

板。需要指出的是，罗马粮仓（图 25）使用了类似的由石块网格支撑的地板系统，以保持储存物的干燥，并防止害虫。[49]

经考古发现的其他类型的汉代仓储遗存，包括一个高 1 米的土质平台，它由平均高度达 6 米的夯土围墙环绕，发现于甘肃敦煌西北 80 公里处。尽管这一遗址通常被称作河仓城或者大方盘城，它却被另外一些人认定为昌安仓，是与周围驻防的军队有关的许多汉代边塞粮仓之一。[50] 这个粮仓始建于西汉，平面呈长方形，长 132 米、宽 17 米，其内部被分隔成三个单元，与函谷仓相类似。然而在河仓城，支撑活动地板的柱网被一个坚固的土台取代。此外，残壁的顶部与底

图 26 甘肃敦煌西北部汉代昌安仓遗址

部保留有整齐排列着的三角形通风孔，这种特征也可见于一些陶仓明器。

在上面提到的长安附近的京师仓遗址，考古人员总共发现了六处西汉仓房的夯土基址（编号 C1—C6）。[51] 其中最大的一处（C1）平面为长方形，南北宽 26.6 米，东西长 62.3 米，四周围以耸起的基墙，内部被两个隔墙的基础分隔成三个东西向的长的仓室，这三个仓室都在东面开门。每个仓室都有位于地基之上的木地板，中间的那室较宽，沿着中心有一排圆形夯土柱础。这个粮仓被虚拟复原为中央部分较高，两个侧室的屋檐较低，侧室墙壁上有通风孔的结构（图 27）。剩下的五个仓房规模较小，皆由并列的两个仓室组成，仓室的墙由夯土筑成，嵌有壁柱。其中两个粮仓（C5、C6）建在地面，可能有两层高；另外三个粮仓（C2—C4）平面布局相似，不过是半地下的，而且只有一层。

文献与考古资料记录了有关粮食的供应、运输、储存系统的某些方面，而墓葬中明器的陶仓模型则有助于阐明粮食收集的礼仪与象征价值。对汉代陶楼的一项开创性研究表明：“陶制明器并不是现代意义上的建筑复制品或模型，陶质建筑是为陪葬而制作的——用于和死亡、葬礼及入土等有关的仪式。明器的制作是处于礼仪与信仰的语境之中的。另外，从逻辑上讲，宗教因素超越其他任何因素，决定了陪葬用陶质建筑的形制。”[52]

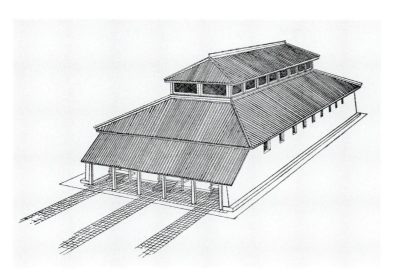

图 27 陕西段家城汉代京师仓 C1 号仓储遗址的假想复原图

图 28 陶质囷仓，春秋时代，高 24 厘米，咸阳任家咀 108 号秦墓出土，咸阳市文物保护中心收藏

墓葬中粮仓模型的类型因时而变。在中国，粮食储存设施有着悠久的历史，年代最早的一些考古实例是新石器时代的地下粮仓。[53] 前文提及的"重耕战"策略，或者说以粮食生产增强军事实力的策略，长久以来都被视为秦国打败强敌的主要因素。因此，秦军事力量的增强，不仅与农业生产力的提高相一致，也与秦国与秦帝国时期墓葬中的陶囷——呈圆筒形，是最早的建筑明器之一（图 28）——的出现相符合。粮仓在现世被视为力量、安全和生存的象征，而在死后世界中，被埋葬的粮仓模型可能被认为有相似的功能。

长方形粮仓的模型在西汉墓中作为明器出现，并在东汉时期越来越常见。据《考工记》记载，囷与仓的区别是，囷是在地下挖掘的圆形地窖，而仓是在地上建造的长方形建筑（囷、窌、仓、城）。[54] 地下粮仓的重要性不容忽视。囷早于仓被当作墓葬的一部分建造，这说明囷的流行早于仓。京师仓中半地下的粮仓显示出这种类型一直延续到了汉代。[55] 经考古发掘的秦囷有几种不同的形状：有些是平底或圈足；有些器壁垂直或者向下收分，底部较小；而有些收分得比较夸张，应该代表着囷的地下部分。[56]

汉代的粮仓模型也呈现出多样性，其中一些包含与实际粮仓相应的建筑元素。许多粮仓的模型是平底的，但还有一些是由支柱支撑起来的，例如广西壮族自治区黄泥岗 1 号墓发现的东汉时代模型（图录 133）；还有由矮柱支撑的，短柱有时为熊形（图 29）。这些模型可能严格地模仿高出地面的小型粮仓，但也可能象征着由网格状的柱础撑起的大型粮仓，正如在函谷仓和洛阳太仓看到的那

图 29 绿釉熊足陶仓模型，其侧檐与屋脊下皆有通风孔，东汉（25—220），高 27.5 厘米，普林斯顿大学艺术博物馆收购，1921 级毕业生福勒麦考密克基金赞助（2000-347）

样。除了门以外，有些模型的墙壁上也有通风口，这让人想起如敦煌附近的河仓城和长安城附近的京师仓的仓房 C1。

汉代晚期，粮仓模型甚至高达七层，可参见图录 128 或类似 1993 年河南焦作白庄 6 号墓发现的东汉陶仓。[57] 这座七层的仓楼通过第三层的阁道与一座四层的附楼相连。墨书的"仓"字表明了模型的用途。关于这些仓楼，有一种推测，认为它们反映了真实的建筑，与高层的望楼和门楼的出现有关，其模型在东汉墓葬中也有发现。仓楼的高度超过两层的可能性极小，因为大量堆积的粮食不仅向下施加压力，还向侧面施加推力，这需要扶壁的支撑。[58] 虽然考古发现显示，一些汉代粮仓确实有两层，但由于没有发现扶壁，仓楼是否还能建得更高仍值得质

疑的。因此，仓楼模型可能不是对现实建筑的忠实复制。事实上，作为墓葬中的明器，它们可能体现了丧葬中的仪式性价值，以象征死后世界的食物与富足。它们比现实中的规模更大——层数更多，很有可能是对应地标志着在另一个世界财富的增加与兴旺发达。

在理解一座城市的过程中，我们所面临的两难困境与一个问题密不可分，那就是我们是在头脑中设想自己所知然后构建模型，还是通过构建模型以知道应该设想什么？毫无疑问的是，从历史学与考古学的角度，我们可以通过无数种途径对一座城市及其建筑进行模型化和设想——这两种过程对原始材料进行筛选、简化、聚焦，并且把现存材料中的原始数据抽象成可识别的模型、趋势、分类与形式。通过这种途径，每一个模型或每一种想象都能揭示意义的某些方面，但只有通过减少或忽略其他方面才能实现。它们还包含一些特定的前提——目的、学科、方法以及意识形态——同时会忽略其他的前提，因此任何的模型和想象都应该被视作许多可能性中的一种。此外，任何一条信息都可能有多种解释，从而影响到对一个城市的理解方式。

秦汉帝国的都城，可被视为城墙环绕的空间或城乡连续统一体；可被看作人工修造而成的环境，象征着人体的规模；也可被看作耕战势力框架下的城市中心。或者说它们构成了为当世和后世提供食品和水源的供给系统的一部分。在秦汉的不同时期和不同地点，营建者与居民如何构想他们的都城，这是一个完全独立的问题，该问题使得相关讨论更加丰富，也更加复杂化。

秦汉工艺之巧

陆鹏亮

　　（昭阳殿）中庭彤朱，而殿上丹漆，砌皆铜沓，黄金涂，白玉阶，壁带往往为黄金釭，含蓝田璧，明珠、翠羽饰之。上设九金龙……中设木画屏风，文如蜘蛛丝缕。玉几玉床，白象牙簟，绿熊席。席毛长二尺余……有四玉镇，皆达照无瑕缺。窗扉多是绿琉璃……椽桷皆刻作龙蛇，萦绕其间，鳞甲分明，见者莫不兢栗。匠人丁缓、李菊，巧为天下第一。[1]

上引《西京杂记》的这一片段，虽略有夸大之嫌，却也尽显公元前 1 世纪时汉代皇家宫殿陈设装饰之奢华工致。或许更为重要的是，此段文字也道出了秦汉时期工艺的妙谛正在于"巧"。在中国工艺的语境中，"巧"不仅局限于其本意的精巧，更体现在整个创作过程中，从生产组织到设计制造的精妙绝伦、意趣天成。

大量考古出土和传世的秦汉艺术品呈现了这一时期中国工艺的绚丽辉煌。各式青铜器一改先前周代的庄严肃穆，或鎏金，或镶嵌，熠熠生辉。红黑双色的精致漆器渐成士绅豪族日常必备，不仅奢华精妙，更是当时已知最为清洁卫生的生活用具。各色丝织品因轻巧柔滑、图样精美而举世闻名，通过后世习称的"丝绸之路"行销域外，远抵罗马帝国。传世得见如此众多的秦汉艺术精品，正取决于当时大规模生产的严格质量控制体系，设计的奇思妙想，以及制作的精益求精。

高效品控

上述对昭阳殿的描述中尽管只提到了两位匠人，但我们非常清楚的是，仅靠他们两人绝无可能完成如此庞大的工程。丁缓和李菊一定拥有一支庞大且分工细致的工匠队伍。为了保证如此大规模、高等级工程的顺利进行，成熟的工程监督体系必不可少。丁、李二匠并非孤例，而是普见于秦汉时期。虽然工坊运作的详情史籍罕载，但当时中央和地方政府的官营手工作坊生产出的种种高质量产品便是明证。借助带铭器物和简牍文字等出土材料，学者更得以探考当时官营工坊的组织管理和规模化生产的流程。[2]

秦朝政府在都城咸阳和其他手工业中心设立了官营作坊，一些地方政府也有自己的作坊。手艺高超的工匠担任工师，负责作坊的运营，其职责包括挑选材料、分配任务和现场监督。西汉早期在手工业上继承秦制，除在京城长安有尚方和考工等皇家作坊外，从汉景帝时期（前 157—前 141）开始，在地方的八个郡中设置了由中央督办的官营作坊，称为"工官"。位于东部的六处主要制造武器；另两处位于四川，主要负责生产供御前使用的漆器、青铜和丝织品。公元前 316 年，四川并入秦国版图，在而后的秦统一战争以及公元前 3 世纪后期的秦汉之际的战

图 30　漆耳杯，西汉（前 206—公元 9），公元 3 年，高 4.4 厘米，耳部
宽 13.7 厘米，美国大都会艺术博物馆藏，2015 年佛罗伦斯与赫伯特·欧
文夫妇捐赠（2015.500.1.81）

争中，这一地区始终保持着相对安定，因此经济繁荣，生产得以发展。四川地区也因而成为此后秦汉近五个世纪最为重要的手工业和农业基地。西汉设置的中央官营作坊的位置，分别位于蜀郡的成都和广汉郡的雒县。

从考古发现的这两处四川工官的产品可见秦汉品控体系的逐步发展过程，这一体系至西汉末东汉初臻于极致。秦代的四川地区工官所作，已知极少有青铜、漆器等奢侈品，而仅见一些兵器。这些兵器上面的铭文记录的制作时间、地点以及监工的名字，显示是由蜀郡的东工所造，公元前 280 年的一件秦青铜戈就是其中一个例子。[3] 从马王堆轪侯（利苍，卒于前 186 年）及其家族墓中发掘的漆器非常精美，展现了西汉早期成都官营作坊的工艺成就。这批漆器有些带有烙印戳记，表明它们是由成都的官营作坊所制（图录 70、71）。[4] 这些用具上通常也标明了它们的尺寸和主人，如"轪侯家"。公元前 1 世纪时，详细记录各工序匠人及监工的铭文开始出现，如蜀郡西工所制的漆器。1920 年代—1940 年代，位于今天朝鲜平壤的汉代乐浪郡官员墓中出土了大批此类漆器，计有二十多件，主要是饮食器。[5] 这些漆器上的铭文详细记录了负责每一步工序的工匠和督官。美国大都会艺术博物馆所藏的一件耳杯即为此类（图 30）。其足部一周的铭文如下：

> 元始三年，蜀郡西工造，乘舆，髹汩画木黄耳杯，容一升十六钥。素工丰，髹工赣，上工谭，铜耳黄涂工充，画工谭，汩工绒，清工政，造工宜造，护工卒史章，长良，丞凤，掾隆，令史宽主。

这么一件掌上小器（宽仅约 14 厘米），竟有如此细致的铭文，实在令人叹服，我们亦可想见当时的朝廷每一道工序的极度用心。工匠的名字入铭，即落实每一步工序的责任。正是有如此细致入微的管理，才能保证生产出来的艺术作品的恒定高质。

战国时期已经出现了这种物勒工名的做法。秦国的青铜弩和戈上就有类似的铭文，只是要简略很多。之后这种勒名体系渐趋复杂，在西汉末东汉初达到顶点，不只见于漆器，也出现在华美的青铜器上。现藏北京故宫博物院的鎏金铜斛即是一证，硕大的体量、厚重的鎏金镶嵌的华美的松石显露出它非同一般，其承盘上的铭文显示它为建武二十一年（公元 45 年）蜀郡西工所造的乘舆御器。[6]

这些详细的铭文似乎只出现在皇家（乘舆）用器上。御用品是按当时最高的工艺标准，用最好的材料，由顶级的工匠完成。在这些重器上记录每一道工序责任者的名字，以便对器物的品质进行严格的控制，如有差池，相应工匠就会受到严厉的惩罚。生产非御用品的工坊尽管也是官营，其产品的铭文就要简略些。比如乐浪郡王旴墓出土的两件永平十二年（公元69年）漆盘，仅有一名匠人落款，款字用朱漆书写，而非刻画。[7] 另外，这两件漆盘上面的图案为手绘仙人和龙虎，与御用品上标准的鸟纹和几何纹饰不同。

御用器物上的详细铭文反映出其严格的品质控制，这使器物不仅达到了最高的生产标准，更能保证其形制样式恒定一贯。乐浪出土的漆器与贵州清镇所发现的几乎一模一样，[8] 而且贵州所发现的器物不仅来自蜀郡的工官，也有来自广汉郡的。尽管各个工官的工匠和官吏的名字不同，但其制作的器物样式几乎一样，制作过程也是一样地精心，耳杯的形状与尺寸也是如出一辙。显然，在整个国家范围内，所有工官批量制作的器物都遵循着同样的样式设计；监督制作过程的官僚系统高效运行，保证了不同地区工坊所制器物均恒定优质。

从汉武帝时期（前141—前87年在位）开始，汉朝的中央集权逐渐强化，这也进一步促进了官营作坊中的质量控制和生产体系。据《汉书》记载，汉宣帝（前74—前49年在位）时的技术、工匠和器械均臻极致，其后的元帝和成帝时期均无法超越。[9] 秦汉时期的品控系统为这种成功提供了保障，而精美绝伦的艺术品产生更需要长期积累培育的种种创意设计。

繁丽工致

秦汉两朝继承战国传统，在器物图案设计方面有了长足的发展，凸显工艺之"巧"。战国时秦国出现的种种精美器物，已可与当时周王室的用器媲美。[10] 淄博出土的三件银鎏金器便是当时秦国制器设计中的杰作。其中一件器物的铭文表明其为秦昭王（嬴稷，前325—前250）三十三年时所作。[11] 该器内沿及底部所饰的勾连夔纹，匀净华美、气象万千。（图31）

秦统一全国后，东方六国的工匠涌入秦都咸阳，他们将自己国家原有的风

图 31 银鎏金龙纹盆，战国时期（前 475—前 221），前 274 年，高 5.5 厘米，直径 37 厘米，1992 年山东淄博商王村战国墓出土，中国国家博物馆藏

图 32 青铜鼎，秦代（前 221—前 206），公元前 3 世纪，61 厘米 ×71 厘米，1998 年陕西临潼秦始皇帝陵陪葬坑 K9901 出土，秦始皇帝陵博物院藏

图 33　彩绘青铜盾模型（正反两面），秦代（前 221—前 206），公元前 3 世纪晚期，36.2 厘米 × 23.5 厘米，1980 年陕西临潼秦始皇帝陵铜车马坑出土，秦始皇帝陵博物院藏

格同秦地纹样相结合，发展出了一种更为壮丽的图案纹样。秦始皇帝陵出土的文物就是这种结合的最好体现。在出土力士俑（图录 24）的 K9901 坑内还有一件大鼎，其器形是典型的晋国（今山西）式样，但其兽首、三足和细密的填充纹样为典型秦式（图 32）。[12]

　　秦始皇帝陵铜车马（图录 13a，b）伴出的一些器物更是彰显出秦代卓越超群的图样设计，如一件约为实物一半尺寸的青铜盾模型，其彩绘云气纹流畅舒展，极尽繁丽（图 33）。[13] 如果将其同上述秦国银盘比较，两者的云气回转部分等细节颇为相似，但其整体华丽的风格发展到了一个新高度。类似的华美图样也可

图 34 青铜长方镜，西汉（前 206—公元 9），公元前 3 世纪晚期至前 2 世纪早期，115.1 厘米 ×57.5 厘米，1978 年山东淄博齐王墓 5 号坑出土，淄博市博物馆藏

见于同样出土于铜车马坑的弩和箭箙。

繁复的几何纹样并不限于高端工艺品，也同样见于陶制建筑构件，如秦代宫殿遗址中发现的巨型瓦当（图录 19a，b）。云梦睡虎地秦代低级官吏墓中出土的普通漆器，也反映出秦代对图样设计的准确把握。[14] 这些文物证明，高度发达的图案意识渗透在秦代各个级别的工艺生产中，并对后来的汉朝有着深刻的影响。事实上，汉代早期承续了秦代风格，如满城中山靖王刘胜（前 165—前 113）墓出土的变形夔纹酒锺（图录 65），即体现了对上述秦代银鎏金盆和瓦当纹饰的发展。齐王刘肥（卒于前 188 年）墓中出土的大长方镜是目前发现的中国古代铜镜中最大的，也装饰有变形云气夔龙纹（图 34）。[15] 其流畅的云纹令人联想起秦始皇帝陵出土的青铜盾，不过汉代的风格更为轻松明快。事实上，刘胜墓出土的那件汉代文物名品博山香炉，也饰有类似的云气纹。[16]

西安出土的一件大型青铜钫（图录 66）很好地体现了另一种豪华的装饰风尚。该器物满施镶嵌、精美异常，这对工艺水平要求极高。其装饰反映出战国和秦代的雄劲风格在汉时已经变得更为优雅内敛。

图 35　轪侯夫人第二层内棺上的漆画，西汉（前 206—公元 9），公元前 2 世纪，1972 年湖南长沙马王堆 1 号墓（轪侯夫人，约卒于前 168 年），湖南省博物馆藏

图 36　印花金银云纹织物残片（局部），西汉（前 206—公元 9），公元前 2 世纪，64 厘米×47 厘米，1972 年湖南长沙马王堆 1 号墓出土，湖南省博物馆藏

图37a，b　云纹铜印版两枚，　西汉（前206—公元9），　公元前2世纪，a）3.5
厘米×1.9厘米，b）5.7厘米×4.1厘米，1983年广东广州象山南越王墓出土，
西汉南越王博物馆藏

精工的图案纹样不限于青铜器，马王堆汉墓所出土的漆器和织物，也体现出
此类精巧的云纹和几何纹样在各种材质器物上的成就。漆器上黑红相间的图样明
快优雅（图录70—72）。最为繁丽者见于漆棺上的云气和菱形纹样（图35）。[17]
同一墓葬出土的织绣品亦美轮美奂，上面可见此类云气（图录82）、花草（图
录84—85）和几何纹样（图录87）。

另一件巧夺天工的精品是印有繁复金银云纹的丝织物，其印纹可仅用两件简
单对称的铜纹版完成，一件是类似火焰的云纹，另一件呈"Y"形（图36；37a，b）。
我们可以想象一下这件织品的设计者是如何用有限的图案单元创作出无尽的纹样
的。广州南越王（赵眜，卒于前122年）墓就出土有两件此类印花铜版。广州在
马王堆以南约670公里，所以我们可以想见当时这类图样在相当广阔的地域中被
广泛使用（图录85）。

从西汉中期到东汉前期（约前1世纪—公元1世纪），图案纹样在整个官营
作坊中标准化发展。各类奢侈器皿均光彩华丽，表面常被进行鎏金银处理。西安
出土的一件酒樽就是典型代表（图录68）。该器的纹饰为铸造完成后在表面錾刻，
并鎏金银。对云纹的类似处理方式也可在其他地方出土的器物上看到，如长沙和
邯郸出土的两件类似器物。[18] 最近安徽出土的一件铜鎏金银舟，其纹饰也与此相
类似，其上的铭文显现其为蜀郡西工元和二年（公元85年）所造。[19] 一般认为
这些器物源自四川，滇人曾由西南方迁徙到那里，带来了他们在青铜器上錾刻图

案的传统。[20]此时，这种图样也已融入汉代主流的装饰风格，不再被视为外来纹样。

官营作坊制造的漆器同样展现出此类成熟的、始终保持着非凡品质的图样设计。上述乐浪出土的漆器即饰有精致匀停的几何纹样，可见这一设计理念已深深植根于汉代官方用器的制作之中。

创意奇谲

丰富的想象力是"巧"的另一个重要体现。秦汉时期，与神仙世界有关的各种观念，以及和域外的紧密联系所带来的外来文化的影响，都推动了图样设计中创意想象的发展。此外，在秦汉时期，对动物和人物刻画的逼真程度达到了一

图 38 彩绘青铜鹤，秦代（前 221—前 206），公元前 3 世纪，高 77.5 厘米，长 101 厘米，2001 年陕西临潼秦始皇陵陪葬坑 K0007 出土，秦始皇帝陵博物院藏

个前所未有的高度，这些栩栩如生的艺术品将写实带向一个新高度。

秦始皇陵出土了许多令人惊叹的写实作品，其中最著名的便是数以千计的兵马俑以及铜车马，自 1970 年代被发现以来，对它们的讨论非常多。除此之外，最近发现的 46 件青铜水禽为我们清晰地展现了秦始皇御苑的景象（图录 25）。这些雕塑与实物同大，表现了水禽的种种姿态：或游弋，或休憩，甚或觅食（图 38）。[21] 其中一件造型格外生动，捕捉到了鹤用喙抓虫的瞬间。如果不是同时具备对真鸟的仔细的观察和丰富的想象力，这件作品是不可能完成的。

另一类融合现实主义和丰富想象力的作品便是雁足灯（图录 29、30）。这类秦汉时期最为流行的奇妙灯具，取一独立的雁足为形，其意蕴尚不明了。"雁足灯"这一定名来自汉代器物上的铭文。事实上，早期的雁足灯上还有一支钩羽，似乎更可与神异禽鸟联系，而非普通的大雁（图 39）。[22] 在西安出土的一对杖饰上我们也可以见到类似的神鸟形象（图录 28），这种造型与洛阳东周王族墓出土的类似，但有了进一步的发展，对神鸟的表现更具真实特征。

图 39 青铜雁足灯，战国时期（前 475—前 221）至秦代（前 221—前 206），公元前 3 世纪，高 40 厘米，1966 年陕西咸阳塔儿坡出土，咸阳博物馆藏

这种兼具写实与想象风格的作品在汉代多有发现。陕西兴平出土的错金银青铜犀牛尊便是一个非常著名的例子（图 40）。[23] 该器尽管形象生动逼真，但其表面所饰的那个时代典型的云气纹样增加了超现实的气息，使之宛若神兽。最近在盱眙大云山江都王（刘非，卒于前 129 年）墓，同样发掘出土了一批兼具写实与神秘风格的兽形器，奇谲瑰丽。其中有一大象（图录 91）和一犀牛（图录 92）虽极为写实，但它们通体鎏金银，营造出了神异奇幻的效果。另一组表现异兽搏斗的四件席镇，错嵌金、银、玛瑙

图 40 铜错金犀牛尊，西汉（前 206—公元 9），公元前 3 世纪晚期，高 34.1 厘米，中国国家博物馆藏

图 41　黑漆彩绘内棺，西汉（前 206—公元 9），公元前 2 世纪，高 114 厘米，长 256 厘米，深 118 厘米，1972 年湖南长沙马王堆 1 号墓出土，湖南省博物馆藏

和绿松石等，技艺纯熟，令人惊叹（图录 79）。经当时人们的奇思妙想，这些光彩瑰丽的装饰将现世的物种幻化为异域神兽。

　　马王堆 1 号汉墓（轪侯夫人，约卒于前 168 年）出土的两件内棺或许最是能体现这种创意想象，其上云气纹中精致描绘了无数栩栩如生的精灵小仙（图41）。[24] 尽管现在还无法辨识这些仙灵，但学者们尝试将其云櫎纹相联系，认为櫎是一种鹿头龙身的神物。[25] 根据史书记载，这种图案曾被广泛用于皇家器具上。这类仙灵出没于云气之中的图案也常见于汉代小型器物上。尽管其尺寸要远远小于马王堆内棺，但制作得十分精巧。这种创意奇谲的图案正是汉代艺术最重要的成就之一。

精研物理

秦汉工艺之"巧"不仅兼具创意想象和精湛技艺，更体现在对一些科学原理的熟练运用上。上述《西京杂记》中提及的巧工丁缓不仅督建了昭阳殿，更以几项技术发明著称，其中有一项是一种卧褥香炉，它可以在被中使用，不会打翻。他还发明了一种七轮扇，只需一人运转就可使风力强劲，功效倍增。[26]丁缓的发明虽都没有流传下来，但我们仍能从中看到，许多汉代的日常器物，非常高明地将艺术与科学相结合。

当时的多种灯具体现出艺术设计对科学原理的重视。如赫赫有名的"长信宫灯"，它是以铜鎏金铸成宫女的造型，堪称秦汉照明用具之典范（图42）。

图 42 铜鎏金长信宫灯，西汉（前 206—公元 9），公元前 2 世纪，高 48 厘米，1968 年河北满城 2 号墓（窦绾）出土，河北博物院藏

这件灯出土于满城中山靖王刘胜之妻窦绾的墓中，其得名则因其自铭为长信宫中尚浴所用。[27] 宫女高高托起的灯具，装有两块可以滑动的屏板，以调节光照的亮度和角度。产生的灯烟可以由宫女中空的右臂导入同样中空的身体。整个灯由六部分组成，可以拆卸清洗。配备有烟道的灯具是中国古代一项巧妙的发明，被称为"釭"，有多种形状，有的只是在鼎状的灯具上加一个烟管，有的是铸成各色动物形状（图录 119）。至今尚未发现汉代以前的"釭"。[28]

凤翔出土的金羊灯显示了汉代灯具设计的另一巧妙之处（图录 77）。其羊体中空，可以盛放灯油。背部设盖使灯油盘可以开启，盘端设一小流，以便未燃尽的灯油可以再流回器身。此类灯具在汉代颇为流行，但其灯型多为简单的圆柱体或扁圆形器，铸成这样的羊的造型，更显精彩。

大云山刘非墓出土的汲酒器体现了设计者对气压原理的充分理解（图录 69）。汲酒时酒会自动进入底部的小孔，储存在汲酒器中，人们可以通过按住其顶端小孔来倒酒。此类器具最早在战国晚期出现，至汉代得到进一步发展。

精美的丝织品同样代表着汉代高超的工艺成就。织锦工艺在东汉达到顶峰（图录 88、89），汉式锦中各色图案纹样异常丰富，有时甚至织入文字，相应的结构复杂的织机也应运而生。2012 年，四川成都老官山西汉墓中发现了四架相当于原物一半大小的织机模型（图 43）。学者已尝试在此基础上复原汉代的织机，以冀再次织出精美绝伦的汉式锦。[29]

这些对科学原理的巧妙应用并非偶然，而是古代中国

图 43 2012 年四川成都老官山西汉墓出土四件织机模型，其中一件高 50 厘米、长 70 厘米、深 20 厘米

千百年来持续探究之果。大约成书于战国时期的《考工记》记录了当时工匠多方面的技艺，还包括了许多在数学、物理、声学等理论上的科学观察。[30] 汉代的能工巧匠们成功学习了这些科学理论，并将之与实践相结合，从而得到长足的发展。

在公元 2 世纪晚期—3 世纪初，政治上的动荡及战争严重损害了汉代的手工业，在考古中几乎没有发现这一时期的任何重要器物。但在当时，作坊工人的高度组织化管理和明确的分工、成熟的品控体系，以及创意无限、精美华丽的设计理念早已融入中国工艺的血脉，在此后流传千年而经久不衰。秦汉时期形成的工艺体系在唐宋的官营作坊中得到传承和发展。中国的瓷器产业在 16—18 世纪时兴盛发达，采取了多样的生产方式，制作单件瓷器的工序即可达 72 道之多。尽管在此后的两千年中，具体的图样和品位都发生了很大的变化，但上述种种"巧"思匠心始终是中国工艺的精髓。

汉代文物体现的大众信仰

曾蓝莹

古代中国人经常透过视觉文化和物质文化来表达他们的信仰。就汉代而言，因去古已远，遗存的实物寥寥无几，许多不见于史传记载的信仰行为，也随之烟消云散。现代考古学的发展，特别是过去七八十年所累积的成果，提供了填补历史空白的可能性。[1] 目前的考古文物多来自墓葬，既包括地下遗存（如墓室本身的构筑、墓室内部的装饰和随葬的诸多器物），也涵盖了地上遗存（如立于墓地的祠堂、石碑和石雕）。这些与墓葬相关的遗物，虽有其局限性，却触碰了人类宗教信仰的核心议题之一，亦即如何面对并进而超越死亡所带来的无以名状的恐惧感。大致而言，汉代人并不认为死亡等于绝对或彻底的灭绝，遂衍生出一些安顿死者的遐想：其一，死后仍有某种生活可过，于是"视死如视生"的厚葬之风随之兴起；其二，死后可以升天，于是对于死者如何能够凭借助力上升天界有诸多描述；其三，死后可以成仙，于是对于死者如何能够凭借助力获得长生有种种雕绘。值得注意的是，这三类遐想在汉代人的心目中并无抵触。为了确保死后处在最佳状态，汉代人的信仰行为可说是兼容并包，多方回护。

保存遗体

　　古人对遗体的保存，最负盛名者，莫过于埃及的木乃伊。古代中国虽无制作木乃伊的传统，汉代人却费尽心思地安置遗体，以期永存不朽。湖南长沙马王堆1号汉墓出土的轪侯夫人遗体，便是少数的成功例证之一。该遗体下葬的时间不早于公元前168年，于1972年发现时，不但骨骼俱存，竟连肌肤也完好无伤。根据检验报告，整具遗体，包括皮肤和脏腑在内，均未经任何化学处理。值得注意的是，时人在遗体的装殓上煞费周章，以二十多层丝麻织物，将遗体从头到脚、密不透风地层层包裹起来。历经两千年春秋，究竟这具遗体如何能保存得如此完好，仍然是个谜。考古学家们认为，这可能与遗体所处的特殊地下环境有关。首先，该墓采用内棺外椁制，内棺有四重，遗体所在的最内一重棺由酸性液体填充，应起杀菌防腐的效用。其次，外椁和墓穴间又填充了一层厚40—50厘米的黑木炭和一层厚1.3米的白膏泥，这两道密封层应起隔绝作用，营造出几近真空的埋葬空间。[2] 由于目前所发现的"鲜尸"极少，这种利用酸性液体和封闭空间来保存遗体的做法，是否通行于汉代，现在仍不得而知。

　　汉代更为人熟知的保存遗体的方式，其实是以玉敛葬，早见于史籍记载。1968年所揭露的河北满城汉墓，为史册屡屡提及的玉衣制度，首次提供了完整的实例。该墓为中山靖王刘胜（公元前165—前113）和其夫人窦绾所凿造，两人下葬时均着"金缕玉衣"，但两人的遗体早已不存，所着的玉衣也塌陷散落。经考古复原可知，刘胜的玉衣由2498块玉片组成，窦绾的玉衣由2160片组成（图录101）。这些玉片的边角有孔，供金丝编缀之用。据估计，刘胜的玉衣耗金1100克，窦绾的玉衣则用金700克。每件玉衣由12个构件组成，分别包裹头部、躯干、双腿、双脚、双臂和双手，这些构件皆为死者量身定做，与遗体的相应部位大致吻合。通过复原发现，刘胜大腹便便，身高不超过188厘米，窦绾则略矮，身高为172厘米左右。考古人员在数以千计的玉片中间，还发现了用来填堵身体孔窍的玉件，包括眼盖、鼻塞、耳塞、口琀和肛塞（图录100），也发现了手握以及包覆性器官的玉器。看来，这些玉件是在为遗体穿上玉衣之前，便已依位放置。[3]

　　以玉敛葬的目的在于保存遗体，诚如《后汉书》所述，"凡贼所发，有玉

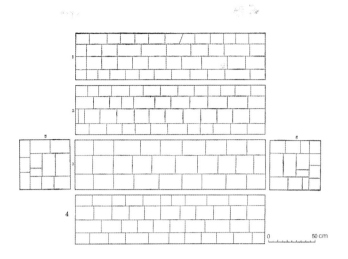

图 44　河北满城 2 号墓（窦绾）内棺上的玉版复原图，西汉
（前 206—公元 9），约前 118—前 104 年

匣殓者率皆如生"。[4] 值得注意的是，该文献不称"衣" 而称"匣"。窦绾墓中
所见的敛葬实例，有助于我们理解其间的差异。窦绾的遗体安置在一木质漆棺内，
发现时棺木已腐朽成灰，唯有原来镶嵌于棺木上的玉版仍存。根据复原报告，棺
木的内面，包括棺盖在内，由 192 块长方形的大玉版整体镶嵌；棺木的外面，还
有 26 块圆形的玉璧嵌饰（图 44）。[5] 这些玉版和玉璧，系将葬具由木棺转变成"玉
匣"。于是，窦绾的遗体不只有玉衣包覆，还盛装在玉匣中。相较之下，刘胜的
遗体只包覆玉衣，其棺椁上并未见玉饰。[6] 不管有无玉匣，刘胜夫妇的遗体都难
逃自然腐化的命运。

　　《后汉书》虽记载着"有玉匣殓者率皆如生"，但现代考古尚未提供任何
以玉敛葬而得不朽的例证。该文献所反映的应是时人对于以玉敛葬所寄予的厚望，
而非历史事实。古代中国人好玉，很早就意识到在诸多矿石中，玉是极为坚硬的
石材。根据现代的莫氏硬度标准，中国古代广泛使用的软玉，其硬度介于 6—6.5，
相较之下，大理石的硬度只介于 3—4。也许是基于玉无比坚硬的特质，古代中
国人将玉和永恒的概念联系起来。汉代所见的以玉衣和玉匣敛葬的做法，便是人
们希望将玉石刚坚的特质，传递给包覆和盛装其中的遗体，从而使遗体也能随之
不朽。[7]

经营来生

来生的概念起源很早，在新石器时代晚期的墓葬中，便已见丰富的陪葬品。到了秦汉时期，人们对来生经营的热情可谓有增无减。[8] 他们争相在地下复制人间世界，将墓室修筑得像生前住所，并在厢房里或摆放真实的物品，或填充立体的替代品，或装饰平面的图像。所有这些在墓葬装设上的努力，都是为了满足死者的日常生活所需，因为他们相信人死之后，仍有来生。

对于来生的积极经营，导致墓葬结构在公元前 2 世纪左右有了重大的变化。[9] 首先是对传统竖穴墓的扩充，上述的轪侯夫人墓即是一例。在马王堆 1 号汉墓的竖穴底部，发现了由内棺和外椁组成的庞大而复杂的木结构体（6.72 米 ×4.88 米 ×2.8 米）（图 45）。放置遗体的内棺有四重，套合紧密；内棺和外椁之间被隔版分为四个椁室，所有的随葬品都紧凑地堆叠在不同的椁室中。[10]

相较于垂直的竖穴墓，西汉王族发展出往横向延伸的多室墓。以前述的刘胜墓为例，其墓室的成形不是往地下深挖，而是向着山体深凿，由凿出的多条通道和多个洞穴连接起来（图 46）。整座墓由一前室、一后室和两耳室组成。从发现的随葬品可知，南耳室是马厩，北耳室供作储藏，前室为厅堂，后室为休寝之处。就结构力学而言，在岩石山体内凿出的洞穴和通道，并不需要额外的支撑，但时人还是在作为马厩的南耳室和作为厅堂的前室增添了木构架和瓦顶，并在作为寝房的后室，也加石板为顶。[11] 这些附加的木质或石质的建筑构件，都是为了让墓室更接近人世间的居屋。

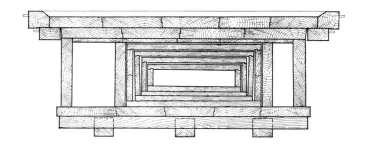

图 45　湖南长沙马王堆 1 号墓（轪侯夫人，卒年不早于前 168 年）棺椁纵剖面，西汉（前 206—公元 9）

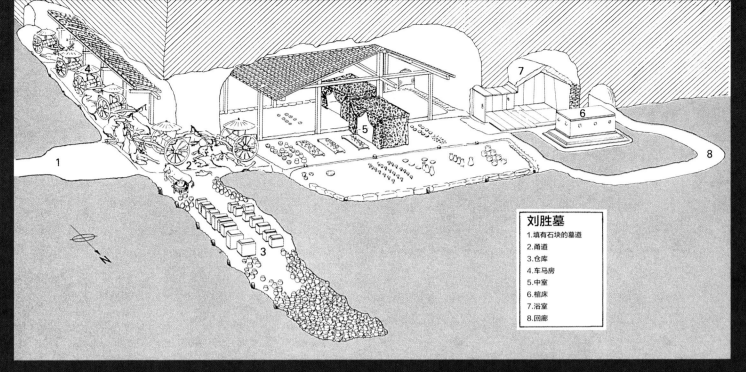

图 46　河北满城 1 号墓（刘胜，卒于前 113 年）复原图，西汉（前 206—公元 9）

刘胜墓
1.填有石块的墓道
2.甬道
3.仓库
4.车马房
5.中室
6.棺床
7.浴室
8.回廊

公元前 2 世纪之后，多室墓的结构持续发展。比刘胜墓晚几十年开凿的河南永城保安山 2 号墓，其规模更为壮观，一共有 36 间墓室。[12] 该墓的主人可能为梁王的夫人，显然，时人希望能将埋葬的空间，尽可能地贴近死者生前居住的宫殿。王公贵族以外的墓葬，也多见仿效，一般平民虽无力凿山，却在地底下用砖石砌出多室墓。

无论是对传统竖穴墓的扩充，还是对新兴多室墓的追求，宽敞空间需要大量的陈设物品。为了满足来生所需，死者在日常生活中使用过或可能使用的许多东西，都被带入墓葬空间，其中自然少不了衣食或与衣食相关的物品。以轪侯夫人墓为例，椁室里整齐地堆叠了 48 个竹笥，其中 6 个放满了袍、衣、裙、袜、鞋、手套（图录 83）和成匹的丝绸；另外有 33 个竹笥，专门盛放各类食品，七成以上的食物为肉类（牛、羊、猪、鹿和兔）、禽类（鸡、鸭和鹤）和鱼类，还有谷物（小麦、大米、大麦和小米）和水果（梨子和李子）。[13] 至于墓中所发现的大量漆制容器和用具，从器表的题名可知，有些是用于贮酒和饮酒的器皿，有些则是用于储存食物和用餐时所需的器皿。该墓刚刚被发现时，有一套由五件盘子、三只杯子和一双筷子组成的餐具，其上仍见残留的食物（图录 72）。显然，时人希望死者在地下阴宅里也能享受属于来生的佳肴。[14]

有些随葬品则考虑到衣食以外的需求，比如支配财富和行使权力。钱币是财富最直接的表征。考古工作者在刘胜墓中挖掘出 2317 枚铜钱，在他的夫人墓中也发现了 1891 枚。[15] 目前出土铜钱数量最多的汉墓在江西南昌，墓主是即帝位仅仅二十七天的刘贺（约前 92—前 59），随葬的铜钱大约有 200 万枚。[16] 奢侈品是财富的另一种传译，汉墓中不乏在稀有而珍贵的材料上精雕细琢的器物，如玉器、金银器以及水晶和玛瑙等饰品（图录 110—113）。而随葬的刻有官衔的印章，则显示了社会地位和政治权力在来生的重要性。

有些随葬品并不真的能够使用，只是起了替代或象征的作用。汉墓中常见的房屋、粮仓、灶台等模型，多数为陶制，有素面无文的，有上釉的，有彩绘的（图录 131—133）。軑侯夫人墓中所见的钱币为陶制，总数超过 20 万枚。[17] 陶俑或木俑也取代人牲，出现在各种等级的墓葬里。这些墓俑或是反映了死者曾经拥有且还想继续保持的生活方式，或是代表了死者生前从来没能得到却盼望在死后能够享有的生活方式。墓俑经常成批出现，有些造型简单，只是处理日常家务的仆人；有些造型花哨，是用于特殊场合的舞伎和乐人（图录 59—63）；有些则队伍庞大，是保护王公将相的军队。最为壮观的地下军团莫过于秦始皇（前 220—前 210 年在位）陵陪葬的兵马俑，三个俑坑所见的真人大小的陶人陶马超过六千件（图录 1—7）。护卫汉景帝（前 157—前 141 年在位）陵墓的陶俑，还包括了女骑兵，尽管只有真人三分之一的大小，也令人赞叹（见图录 34a，b）。

多室墓的兴起促进了绘画艺术的发展。二维图像不仅装饰着墓葬的顶部和墙壁，也为随葬的真实器物或其替代品提供了场景，从而彰显随葬品的功用。大多数的图像被刻在石板上，也有些被烧制成砖，更有些是用颜料直接涂抹在建筑构件的表面。比如，四川出土的一块画像就描绘了欢宴的场景：主人席地而坐，由侍女陪同，前有盛装食物的容器和取食用的勺（图录 64）。画像中的主人一边用餐，一边欣赏表演，演出的阵容包括口吹排箫的两名乐人，举槌将击的一名鼓手，挥动长袖的一名舞者和杂耍绝活的两名艺人。这块画像砖所捕捉到的欢宴活跃的氛围，是很难单靠随葬器物的排列组合传达的。

上升天界

　　除了描绘生活场景之外，绘画艺术有助于阐释超乎物质世界的信仰。大量的汉代出土材料，揭露了时人对死后上升天界的渴望。来生的概念旨在延续日常生活，可运用有形的物体来说明。相较之下，天界的概念抽象，并不容易借用随葬器物来表达。修饰汉墓的匠人，往往将时人对宇宙、神话和天文的基本知识加以融合转化，创造出足以令观者辨识的天界图像，无论观者是监修坟墓的生者，还是深埋墓中的逝者。[18]

　　轪侯夫人墓出土的彩绘帛画，将升天表现为序列式的旅程（图47）。[19]该帛画呈"T"字形，横宽的上部描绘了天界的情景。天界的右边旨在表现太阳，取材于古代十日的传说，由中间站立一只黑乌的一轮大红日和分布于桑树枝干间的八个小红日来展现。据说，远古世界有十日轮值，凡有一日升空，其他九日必定栖息于满是桑树的山谷里。后来，这个规律被打破，十日一起升空，炙烤大地，造成大旱，于是有了著名的射手羿，射下九日以除灾。相对于太阳，帛画所绘天界的左边表现了月亮，取材于古代奔月的传说，由一弯白月牙来表达，其上有兔和蟾蜍，其下有一骑龙翼、抬头仰望的女子。据说，恒娥（后世称嫦娥）为射下九日的羿的妻子，偷走不死灵药后，奔逃到月亮上。

　　帛画上部由左右的日月定调，将绘画空间界定为高于人世间的所在，并在日月之间填充更多的细节，试图把可以仰观的"天空"转化成可以居留的"天界"。帛画天界的中轴顶端，有一人身蛇尾的神祇。神祇下方有一具铜锺，由一对兽首人身的骑者腾空牵引。铜锺之下，绘有两根尖柱框出的入口，由柱上的伏虎和相对面坐的二人共同守卫。这些细节表达了天界是一个安全无恙而乐音缭绕的处所。

　　马王堆帛画引人入胜之处，不在于建构天界的巧思，而在于引魂升天的取径。帛画狭长而垂直的部分，正中央绘有一玉璧，有两条巨龙交缠穿过。双龙穿璧的母题，联系了哀悼和诀别两个场景。哀悼的场景位于玉璧下方，两排跪坐的人物，向着置放于厅堂深处的棺材致敬，棺材的前方有一摆放祭器的几案。诀别的场景位于玉璧上方，伫立于中的盛装女子，头戴精美的首饰，身穿华丽的长袍，微微驼背，身后有三位侍女相随，可能是墓主的写照，她正与两位跪拜的男子道别。

图 47 彩绘帛画,不早于前 168 年,丝织品,205 厘米 × 92 厘米,1972 年湖南长沙马王堆 1 号墓(轪侯夫人,卒年不早于前 168 年),湖南省博物馆藏

这几组题材并列出现，丰富了帛画的意涵。首先，汉代人深信天圆地方的宇宙观，往往用圆形的玉璧来代表天。如四川出土的一件铜牌饰所见，在门阙上加一悬璧，便成了铭文所指的天门（图49）。[20] 如此，帛画上有描绘式的天，下有象征性的天，可谓以异语重复的手法，强调了天的重要性。

其次，龙是另一寓意深刻的元素。汉代人认为龙既能上飞于天，又能下潜于地，其自由往来天地之间的神力，在引魂升天的过程中助益最大。该帛画中共绘龙四条，其中三条长有翼翅，凸显了其翱翔的能力。而双龙穿璧的母题本身，即飞龙上天的象征。[21] 穿璧的双龙，以其悬殊的比例和中心的位置，成为整张帛画的视觉焦点，它们垂直向上的动态更强化了飞升的形象。双龙并列于帛画的上部和下部，也制造了某种视觉上的暧昧性，产生了在人间的双龙穿璧之后，成为在天界飞翔的双龙的可能性，从而表达了双龙可以从人间飞升上天的概念——它们原属于天界，终究要回归于天界。死者接受了人间的献祭和送别之后，便可随双龙飞升上天。而且帛画的绘制者以一语双关的手法，运用奔月的神话来指涉升天的想望，令帛画左上角的骑龙女子，具有恒娥和死者的双重身份。正如恒娥一介凡妇获取不死灵药之后得以奔月升天，轪侯夫人在飞龙的协助之下，也将进入天界，在神祇瑞兽的守护下永存不朽。

西安交通大学校园内发现的汉墓壁画对升天的憧憬有不同的表述。该墓是砖砌的多室墓，规模不大，包括一主室和两耳室，壁画只装点了主室的圆拱形顶部和墙面。[22] 拱顶上饰有两道同心圆环，双环之间绘有二十八宿（图48）。中国人早在新石器时代就已经开始观察星象，但二十八宿成套的系统可能要到公元前5世纪左右才建立起来。西安交大所发现的壁画，制作时间在公元前1世纪后半叶，是现在能看到的最早的二十八宿的图像资料。

装点西安交大汉墓的画匠们，并无意复制精确的星象图，只是借用天文语汇来表达天界的概念。首先，他们以拟人化和动物化的手法来呈现星宿，这取材于时人耳熟能详的典故和传说。其次，他们在二十八宿所框围的中心区域，加绘太阳和月亮，依循惯例将太阳画成中有飞乌的红日，将月亮画成中有兔和蟾蜍的白月。最后，画匠们还将日月和二十八宿之间的空白区域用飞鹤和浮云填满。汉代人相信鹤鸟的寿命长达千年，是有助于长生的瑞鸟。[23]

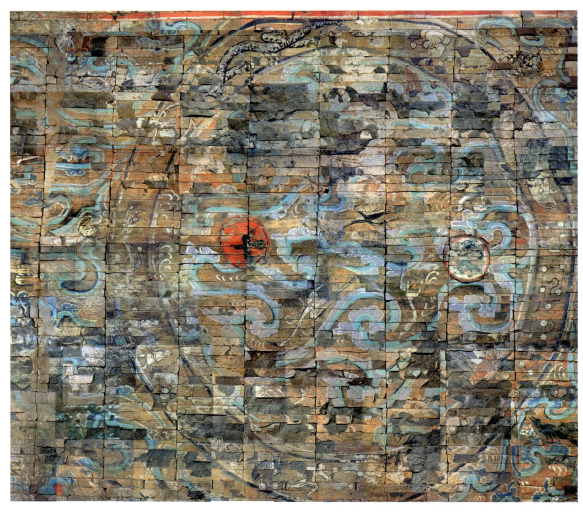

图 48　墓顶天象图，西汉（前 206—公元 9），公元前 1 世纪后半期，1987 年陕西西安交通大学出土，曾蓝莹数位复原

图 49　铜牌饰线描，东汉（25—220），公元 2 世纪—3 世纪早期，青铜鎏金，直径 23.5 厘米，1982—1987 年四川巫山出土

如同马王堆帛画，西安交大壁画的着力点也不在于描绘天界本身，而在于取得上达天界的途径。拱顶所见的飞鹤和浮云，延伸至后墙上部的半圆形区域（图50）。该半圆形墙面的左右两侧由两只飞鹤分踞，两鹤之间除了涌动的云朵之外，还下绘有一鹿，上绘有一持灵芝者。古代中国人认为灵芝有益长生。在汉代艺术中，灵芝多为仙人所持，而仙人的造型有时近乎人，多数长有双翅，有时近乎兽，为人兽合体。汉代人也将鹿和长生联系起来。出土于南阳的一方画像石中，便有

图50　下图：后壁升天图，西汉（前206—公元9），公元前1世纪后半叶，1987年陕西西安交通大学出土；左图：后壁升天图线描，曾蓝莹绘

图 51 鹿车，东汉（25—220），画像石，46 厘米 × 125 厘米，河南南阳出土

仙人驾鹿车的图像（图 51）。值得注意的是，半圆形墙面上的云鹤芝鹿等元素，由一股向上的动力统合起来：分踞两侧的鹤鸟展开双翅，往上飞升；下方的云朵在画幅中央汇聚，呈 S 形蜿蜒而上，把在下的鹿和在上的持芝者联系起来；持芝者正向上攀升，几乎要碰触到拱顶所绘的天界。与马王堆帛画中的龙相仿，这里的鹿、鹤和持芝者，都是墓主上升天界的助力。

追求长生

在汉代获得了长足发展的绘画艺术，不但能够传达形而上的抽象信仰，更能界定形而下的具体墓葬空间，使后者不仅仅是安放遗体的地方。上述的西安交大汉墓，其多室墓的结构，固然提供了死者经营来生的居所，而装饰其间的壁画却又将主要墓室转化成有助于死者上升天界的境域。于是，绘画程式创造了墓室即天界的幻象，让地下阴宅和天上界域这两个原本不相及的空间合同并存。此外，汉代人还希望死后能够像仙人般长生不老，所以也依赖绘画艺术，企图让死亡和长生这两种相反的存在状态得以相成。[24]

仙人是汉代铜镜最常见的装饰母题之一，镜背上的刻铭，保留了汉代通俗文化里的仙人形象。[25] 以洛阳出土的一面铜镜为例，镜铭包括了这么一段文字："尚方佳镜真大巧，上有仙人不知老，渴饮玉泉饥食枣。"[26] 另一面来自洛阳的汉镜，其上铸刻了一段对仙人的描述："食玉英兮饮醴泉，驾蜚龙兮乘浮云。"[27]

美国大都会艺术博物馆收藏的两面汉镜，为我们提供了仙人形象如何在汉代视觉文化中具体而微的一些线索。第一面汉镜上的仙人跪坐，身后有卷云曼延（图52）。跪仙虽然具有人类般的肢体，其肩部却带有翅膀，头部也配有如动物般的立耳，和西安交大汉墓所绘的持芝者相仿。立耳赋予跪仙人兽合体的属性，翅膀赋予跪仙翱翔的能力，二者巧妙地将"仙"和凡人区别开来。第二面汉镜上的仙人骑着鹿，浮游于卷云之间（图53-1、图53-2）。仙、鹿、云同现的画面，不禁令人想起西安交大汉墓后室壁画类似的群组，也呼应了洛阳镜铭"驾蚩龙兮乘浮云"般的描述。

图 52-1　博局镜，汉代（前 206—公元 220），青铜，直径 16.8 厘米，美国大都会艺术博物馆藏（17.118.42）

图 52-2 跪坐仙人局部

　　汉代人对长生不老的追求，催生了对西王母的崇拜。"西王母"所指为何，在汉代之前的文献中并不明确，存在着部落、地方、神祇、人物和人兽合体种种指涉的可能性。到了汉代，望文生义，"西王母"成为统领西方不老仙境的女神。现存的汉代文献，对西王母着墨甚少，但不断出土的汉代文物，却对西王母多有描绘。[28] 来自四川的一块画像砖，便有助于我们理解汉代人如何建构西王母的偶像地位（图录 138）。画里的女神端坐于画幅中轴的上方，面对观者。她戴着名为"胜"的特定头饰，坐在上有伞盖的龙虎座上，并有特定的随扈陪侍左右，随扈依逆时针方向分别是三足乌、蟾蜍、两名侍女、持芝兔和九尾狐。立于前景的两名侍女正在迎接宾客，包括顶礼膜拜的来客和引导他来此的持节仙人。由于该画像砖为构筑墓室的砌砖之一，画中的来客很可能是墓主，他希望死后能受到西王母的护佑，在她所辖的仙境长生不老。

　　来自山东武氏祠的一方东汉石刻，阐明了死亡和西王母的关系（图54）。[29] 该石刻的右下角刻有三坟丘，在建筑居屋之外。卷云自后方的坟丘升起，向上和左右延展，布满了三分之二的画幅。西王母出现在石刻的右上角，为正面坐像，头戴宝冠，双肩生翅，飘浮云间。西王母的右侧，有一个造型与之相仿的坐像，为东王公。西王母的下方和东王公的右侧，各有一辆配有翼马的车乘待命。浮现于卷云间的还有许多身形比例较小的带翼仙人，有的随侍神祇，有的驾驭马车，有的降临坟丘。降临坟丘的仙人，将引领死者上升至在云间等候的马车，再由接送的马车上升至西王母所辖的仙境。

　　值得注意的是，汉代画匠运用了上升天界的视觉语汇来设计武氏祠的这方石刻。的确，天界和仙境在汉代人心目中可以被相提并论，这一点在发现于四川的作为

图 53-1 瑞兽镜，东汉（25—220），青铜，直径 23.5 厘米，美国大都
会艺术博物馆藏（1994.605.12）

图 53-2 仙人骑鹿局部

棺饰的一面铜牌上得到了印证（图55）。铜牌上的纹样被一道水平线划分为二，上部描绘戴"胜"的西王母，端坐在张有伞盖的宝座上，宝座两侧各有一龙一虎守护，并有兔和蟾蜍伴随左右。铜牌上部对西王母的描绘，可以说是上述四川画像砖图像的简化版。铜牌下部则有一人坐于两阙之间，此人头上刻有"天门"二字，其定义了这组图像的意涵。这一装饰母体，也可说是上述马王堆帛画天界入口处的简化版。[30] 四川铜牌纹样将西王母和天门并列的手法，向我们描绘了汉代人将西王母纳入升天的过程。[31] 西王母所辖的仙境，在传说中经常与昆仑山相联系。昆仑山为地的最高点，与天的距离最近。于是居于昆仑之上的西王母，被认为是死者上升天界的最佳导引，其神力远胜于瑞兽或仙人，因而成为汉代墓葬艺术中最受欢迎的题材之一。

在汉代墓葬的配置中，长生不老的信仰不但和飞升天界的信仰相结合，也和经营来生的信仰合流。盛行于西南地区、俗称为摇钱树的随葬品，便是最好的例

图54 升仙画像石线描图，东汉（25—220），公元 2 世纪下半叶，山东嘉祥武氏祠出土

图 55　天门及西王母图案铜牌饰线描图，东汉（25—220），公元 2
世纪—3 世纪早期，青铜鎏金，直径 25.4 厘米，1982—1987 年四川
巫山发现

证。[32] 四川广汉出土的一株摇钱树，由铜制的树和陶制的底座组成，树上满缀铜钱
（图录 135）。这些铜钱虽非真实的货币，却象征着财富，可供死者在来生使用。
西王母端坐在张有伞盖的龙虎座上，出现在每一根树枝上。位于上部的树枝平伸，
西王母居中，两侧有带翅的仙人跪坐，一位献灵芝，一位捣仙药；仙人之后，有
乐舞表演。位于下部的树枝曲折处，除了西王母之外，还有飞马和乘骑的仙人，
在女神的例行阵容之上，它们增加了引导死者到达不老仙境的助力。这些镂空的
雕饰细节，无疑令摇钱树成为广受欢迎的随葬品，它既象征对富足来生的经营，
也能满足长生不老的愿望。

秦汉中国与域外世界

邢义田

从黑海北岸向东经西伯利亚、蒙古草原到大兴安岭，一直是贸易、战争、民族迁徙和文化往来的通道。[1] 随着遗址发掘和出土遗物的增多，这一地区跨文化交流的证据不断涌现，为学者提供了更为清晰、更为详细的历史画卷。其中有一类器物，即长方形的金属动物纹饰品（图录 106、107），特别能说明中国在装饰主题和风格上与外部世界交流的复杂性。[2]

流向草原的牌饰及佩饰

西安北康村的工匠墓中的出土所得便能说明问题，墓葬的时间为战国晚期（约前 350—前 221），墓中发现了很多用于铸造青铜器的工具，由此可以判断出墓主的身份。墓中有 25 件青铜泥范（图录 31a, b），这些泥范上多见马的图案，与黑海沿岸出土的铜马饰相似。图案中马的后脚向上反转，具有典型的斯基泰风格。斯基泰人是古代的游牧民族，发源于波斯，后来迁徙到今天的克里米亚地区。这些草原风格的青铜泥范出土于秦墓中，说明这些铜饰品中至少有一些产自中原。

图 56 镂空金马饰，约公元前 5 世纪—前 3 世纪，4.4 厘米 × 4.6 厘米，新疆维吾尔自治区库兰萨日克出土

　　这种后腿上扬的所谓的斯基泰风格动物图案，在欧亚大草原广泛传播。有两件器物值得特别注意，它们分别是阿合奇县库兰萨日克出土的公元前 5 世纪—前 3 世纪的金马饰，以及特克斯县恰甫其海出土的大约同时代的骨雕（图 56、57）。两处地点都在新疆维吾尔自治区境内，相距约 200 公里，分别位于伊赛克湖东南方和东北方。这一地区发现了大量斯基泰风格的墓葬，从墓葬形式到陪葬品的内涵都和伊赛克湖地区的遗址类似。[3]

　　1993 年，考古学家对库兰萨日克一批墓葬进行了抢救性发掘，其中的 5 号墓有三个墓室，出土金器两件，金奔马即其中的一件。[4] 此次共清理墓葬十座，5 号墓是其中最大的一个，与同一墓地全部四十五座墓一样，它的表面也有卵石和土混合堆筑的坟堆。奔马的图案以金箔模压成形。库兰萨日克型的奔马图案，马的前蹄弯曲，后腿翻扬，造型特征和乌鲁木齐阿拉沟竖穴木椁墓以及巴泽雷克地区墓葬出土的动物牌饰酷似，库兰萨日克墓的时代也因此被推定在战国至西汉之间。[5] 在伊赛克湖地区也发现有镂空的金牌饰，其上装饰有变形的马和麋鹿图案，也用同样的方法制作，时代在公元前 5 世纪—前 4 世纪或者更早，表现出与库兰萨日克和阿拉沟所发现器物的强烈关联性。[6]

　　这件骨雕牌饰据称 2004 年出土于恰甫其海，上面有用浅浮雕表现的捕食场景。[7] 它左半部分残缺，只能看到捕食者及猎物上翻的后腿；右半部分保存较好，

图 57 马纹骨雕牌饰，约前 5 世纪—前 3 世纪，最大尺寸 5.6 厘米 ×12.5 厘米，2004 年新疆维吾尔自治区特克斯县恰甫其海出土

描绘了受到攻击的马，马后腿向上翻扬。这件骨牌出土于特克斯河南岸 3 号墓地 B 区中的 1 号墓，时代为公元前 5 世纪—前 3 世纪。这一件和库兰萨日克发现的饰品，其年代都在战国早期到中期，出现在南西伯利亚和中国中原地区，这加深了我们对这类动物图案在时间和空间上的分布范围的理解。

图 58 青铜鎏金镂空马纹腰带牌饰，中亚，约前 5 世纪—前 4 世纪（？），内蒙古鄂尔多斯博物馆藏

内蒙古鄂尔多斯博物馆藏有一件长方形镂空青铜鎏金牌饰，它与北康村工匠墓出土的泥范风格和构图都很相似，但在几个细节上又有明显的区别，即镂空

的部分较多，马的前后肢较瘦细，鸟的头更多（图58）。[8]另外，泥范上的马似乎从马腹向下伸出有第三只后腿，看上去十分不自然，而鄂尔多斯博物馆这一件则不同，马的第三只后腿弯曲并逐渐变细，变成与镂空处相同的弯曲鸠首纹。按照考古类型学的方式，它们可归入同一"型"不同"式"。虽然鄂尔多斯的这件没有出土信息，但我们猜想它可能出自今内蒙古地区，可填补中原与北亚流播上的中间环节。

先前有学者认为许多北亚的青铜器出自中原工匠之手。中国工匠为北方消费者（游牧民族）大量制作的青铜器的一个"经典例证"是美国大都会艺术博物馆的一对鎏金铜带饰（图59）。该带饰为公元前2世纪之物，每一件都有一对左右相背的马，这两匹马的造型姿势和前述几件单匹的几乎一样，前肢一前一后弯曲，后肢翻转向上，马颈部、身腹和后腿有几乎一样的螺旋纹饰。[9]

牌饰中也多见多重对称的马侧面造型，有些是发掘所得，有些则是私人藏品。[10]这些牌饰继承了单马的设计概念并将之复制成一组甚至是两组两两相背的图案。牌饰上马的吻部，有时勾曲如草原艺术中常见的格理芬（griffin）。在辽宁、宁夏和新疆都出土有同类的物品，据此可约略想象这样的牌饰曾颇为广泛地流播于蒙古草原、新疆，又由这些地方流入了南西伯利亚。

经由考古出土，具有中原艺术母题特色的制品应该是中国中原地区出产的产品。宁夏同心倒墩子墓所出土的龟龙鎏金及双龙镂空铜带饰，即是很好的例证。龟龙或双龙这样成组成对的装饰母题无疑出自中原，这些牌饰很可能是由中原的工匠制作，他们在游牧民族的工艺风格中添加了中原的流行图案素材。同样的牌饰在南越王赵眜（卒于前122年）墓中也有发现。此外，布瑞阿提亚（Buryatia）附近的一处匈奴墓也发现有构形十分相似的虎咬龙牌饰。[11]龙虎母题习见于秦汉以来的中原装饰艺术，虎咬龙牌饰也应该为中原工匠所制作。

在整个欧亚草原都有发现的另外一种中国产品是铜马墜饰，[12]其中标明出土于内蒙古的一件骑马铜饰值得我们注意。这件饰品的马匹从造型上来讲马头较大，竖耳如削竹，吻部微张，前胸凸出，四肢较粗或短（图60）。[13]此件墜饰与欧亚草原所发现的同类饰品明显不同，反而与中国其他地区所发现者更为接近。它与陕西省咸阳市兴平出土的骑马俑非常相似，就连马前胸和后臀的络马带具都几乎一样。

图59　铜鎏金马和怪兽纹带扣，公元前 2 世纪，每件长 10.8 厘米，高 7.1 厘米，美国大都会艺术博物馆藏，尤金·V. 陶夫妇捐赠，2002（2002.201.106, .107）

今天新疆和甘青地区的青铜制造工业起步极早，其制品不仅吸收欧亚大陆四方八面的造型和工艺技术成分，而且向各方辐射，华夏中原亦曾受其影响。[14] 不过中原地区青铜工艺也形成了自身的特色和传统，马的造型即为一例证。具有中原造型特色的，最少可追溯到战国中晚期湖北枣阳九连墩 2 号楚墓出土的青铜马（图61）。这种青铜马的造型一直延续到东汉（25—220）。[15] 因此，不能不令我倾向于相信前述内蒙古的骑马铜饰是由中原工匠制造，或是出自熟知并紧随中原风格和传统的工匠之手。此外，具有类似中原风格特色的铜马饰也见于据传出自南西伯利亚米努辛斯克盆地的卢芹斋藏品，以及广州南越国宫署遗址出土的骑射铜俑。[16] 这些牌

图60　青铜骑马壁饰，公元前 3 世纪—前 2 世纪，内蒙古自治区出土

图 61　青铜马，战国中期到晚期（约前 350—前 221），湖北省枣阳九连墩 2 号楚墓出土，湖北省博物馆藏

饰和佩饰应和北亚及中亚发现的丝绣织品、铜镜、漆器、五铢钱币、建筑部件和玉器等并列同观，它们共同反映了自战国以来中原物品流向草原地带的现象。[17]

汉朝流行的"异域风"与仿制品

　　龟龙牌饰出现在南越王墓中，这不禁令我联想到中原工匠之所以制造这样风格的鎏金牌饰，恐怕不仅是为了满足北方草原贵族对奢华饰品的需求，也是为了应付帝国之内对异域珍奇的好尚。因为域外供应在质或量上不敷需求，才激起了中原本地的仿制意愿。

自战国时代开始，北方草原游牧民便与燕、赵、秦等国有着频繁的战争、掠夺和贸易关系。他们以马牛羊等畜产或是得自他处的珍异，交换中原地区的粮食、织物和各种工艺品。中原地区统治阶层十分喜好域外珍异，战国时期山东青州西辛墓出土的裂瓣纹银豆即是这种喜好的体现。对外来珍异的喜好催生了混合风格的工艺品，西辛墓所出土的银豆，与南越王墓出土的相似银豆及玉来通是这种工艺品的典型代表。我们应记住，拥有工官作坊及与中原和南中国海有贸易往来的南越国不应被视为西汉帝国的一部分。[18]在与汉景帝(前157—前141 年在位)、武帝（前141 年—前 87 年在位）同时期的南越国君主赵眜的墓中出土了不少带有斯基泰风格的牌饰和马饰。[19]这和汉初诸侯王墓中发现的工艺品有相当高的一致性，这种一致性反映出战国以来中原统治者对异域珍宝的普遍爱好。这个爱好很可能源自战国时代和草原游牧民接触较多的赵、燕、秦等国。秦国的渊源目前已有张家川马家塬西戎墓地出土的金器和前述西安北康村工匠墓的泥范等线索。[20]此外，

图 62　金桃形双马纹牌饰，战国晚期（约前 350—前 221 ），河北燕下都遗址出土，河北博物院藏

燕下都出土的具有草原风格的金牌饰和马饰，即长方形牌饰和桃形金饰，在图案上具有同样的特点，从器背铭文可知其为当地生产。河北易县燕下都城内共有三个墓区，其中辛庄头墓区中的 30 号墓出土了金饰 82 件，其中 20 件背面铭刻有标明重量的文字。[21] 长方形牌饰有五件，分为二式（二式的区别主要是在最左侧是否有牛头图案），其共同的特色是背面有凸起的桥形钮，正面边框都有绳纹。部分牌饰表面有织布纹，可见是使用了"失织法"的铸造工艺。[22] 这些牌饰的边框内均分布有两匹相对跪伏的马，马后肢姿态自然，没有刻意向上翻转。

同墓出土的桃形牌饰上有两匹马，后腿缠绕，相互对称。马的图案虽是置于桃形平面内并且成对出现，但其造型与上述北康村的工匠墓中所出泥范几无二致。这种显著的相似性将西庄头墓地所出土的物品与欧亚草原器物上的斯基泰风格联系在一起。在秦国和燕国遗址内出现的本土所制造的草原风格器物，表明了这类造型风格在中国中原地区的盛行。这种风气最早出现在战国时期，后来一直延续到西汉，西汉诸侯墓出土了大量的带有游牧风格的工艺品便是明证，这也很好地表现出西汉统治阶层对域外珍宝的喜好。出土此类器物具有代表性的墓葬有江苏徐州楚王（刘戊）墓、河南永城芒砀山梁孝王（刘武，卒于前 144 年）墓以及山东章丘洛庄墓。这些地方发现的具有草原风格的鎏金铜牌饰、以及马具当卢、节约等都为中原所制作。它们是否出于朝廷赏赐，或出自王国本身的工官作坊，难以论定。[23]

汉廷也会赏赐给地方诸侯域外的手工艺品，这使得问题变得更为复杂。例如，江苏连云港尹湾功曹师饶墓曾出土的一件木牍，记录着永始四年（前 13 年）武库的兵车器簿。[24] 西汉地方诸侯王国的制度比照汉廷而制定，因此武库部分兵器会有表示御用的"乘舆"字样。[25] 尹湾兵车器簿上列有前缀"乘舆"二字的兵车器共有 58 种，11 万件，又列有"乌孙公主、诸侯使节九十三"，以及"郅支单于兵九"。这件木牍为我们披露了一段历史，宣帝时（前 74—前 49），匈奴郅支单于曾遣子入汉廷，后反叛，威迫乌孙。汉元帝建昭四年（前 35 年）甘延寿和陈汤等诛郅支，斩王以下首级一千五百。所谓"郅支单于兵"，"乌孙公主、诸侯使节"等记录表现的应该是汉朝廷为显耀武功，以所虏获域外战利品分赐郡国，来彰显大汉天子之威。

图 63 银熊形节约，公元前
3 世纪—前 2 世纪，直径 3.2
厘米，美国大都会艺术博物
馆藏，尤金·V. 陶夫妇捐赠，
2002（2002.201.163）

如前所述，这些诸侯王墓出土的鎏金或鎏银铜器，到底是汉朝的赏赐还是诸侯国当地所造，这一点我们还无法确定。不过，可以肯定的是，这些器物上所表现出的装饰技艺与工艺水准，特别是徐州出土的金牌饰以及山东出土的马当卢和节约，其精巧的设计和细致的做工，比起北亚和中亚所出土的同类文物都要更为成熟。徐州所出的每一件牌饰都用汉字标明其重量，这进一步说明，尽管这些工艺品展现出浓厚的草原游牧风格，但它们却是由中原官方作坊所制作。[26]

鎏金节约为我们提供了另外一个线索，那就是这种马饰背面焊接有两道或四道的桥形钮，可供马缰绳穿过。节约呈圆形，直径约 2—6 厘米，通常经模压而成；正面凸起如泡，上有高浮雕图案，以熊头和双爪纹饰尤为常见，如河南、山东和广州等地王侯墓所出土的（图 63）。[27] 时代在公元 1—2 世纪的类似饰物，在欧亚草原的罗斯托夫（今俄罗斯境内）地区沙多唯（Sadovy）的冢墓中也有发现。这是一件圆形鎏金饰物，镶嵌有绿松石，以熊首为主体图案，但可能因镶了绿松石，熊首下方位置并没有爪的痕迹。欧亚草原所发现的另外的类似饰品（都在今俄罗斯境内）还有寇比亚寇沃 10 号墓出土的兽纹鎏金泡，克拉斯诺达尔出土的两件上有熊或狐狸图案的饰品，以及出自克拉斯诺达尔的乔治皮亚冢墓 2 号棺内的狮首纹饰的鎏金泡——其狮首符合透视原理，吻部凸出。[28] 这样以兽首为主题的装饰在欧亚大陆显然颇为流行，蒙古草原也曾有发现，为铜质鎏金，大眼、突吻和一双大耳仍可清楚辨识，其为熊首无疑，可惜没有出土信息可依据。有出土信息的是战国晚期燕下都辛庄头 30 号墓出土的镶有绿松石的金熊和羊节约。

在欧亚大陆西端，目前还没有发现早于战国晚期或公元前 3 世纪的兽纹节约，有待考古学家进一步研究。[29] 此外，类似乔治皮亚家墓所发现的狮子纹的马首装饰，似乎没有像熊、羊、牛、象的头纹那样受到蒙古草原牧民和中原统治者的青睐，这也需要进一步的解释。[30] 来自欧亚草原东部的文化在流播的过程中，草原或中原的消费者可能对其做出了选择，而不是对所有的纹饰母题照单全收。这也提出了一个问题，那就是在面对众多的草原装饰风格和母题时，到底是哪些人在做选择呢？在西汉时期的中原，上层统治精英们的喜好影响着特定母题的传播，而生产者似以官营作坊为主。他们引领的"异域风"由汉廷吹向诸侯王国，再影响到整个帝国。《后汉书·马援传》记载马廖在上疏中曾有这么一段话：

传曰："吴王好剑客，百姓多创瘢，楚王好细腰，宫中多饿死。"长安语曰："城中好高髻，四方高一尺，城中好广眉，四方且半额，城中好大袖，四方全匹帛。"斯言如戏，有切事实。[31]

马廖的上疏以衣饰为例，列举了从宫中到百姓、从中心区域到边疆的时尚潮流，指出中心地区的新时尚，会被边地的人纷纷模仿夸大，这不仅说明了视觉文化的传播，也说明了社会礼仪与标准的流播现象。

通过贸易和四方朝贡，汉帝国周边国族的使者或商人将值钱的物品源源不断地送到长安或洛阳，这样一来，皇帝、皇家和重臣就能得到异域的奇珍。以长安奇华殿为例，其中充塞着"四海

图 64 陶熊纹空心砖，西汉（前 206 — 公元 9），南越国宫署遗址出土，西汉南越王博物馆藏

夷狄器服珍宝，火浣布、切玉刀、巨象、大雀、师子、宫马"。[32] 此外，长安城西的上林苑则聚集大量的异域珍奇植物，包括菖蒲、山姜、甘蕉、留求子、桂、蜜香、指甲花、龙眼、荔枝、槟榔、橄榄、千岁子、柑橘等。[33] 上林苑据说曾种植汉使以及外国使者自远方所献名果异卉达三千余种。[34]

帝王好尚不但影响到像梁孝王这样的诸侯——修筑延亘数十里，可与上林苑相比的园林，[35] 也激起茂陵富人袁广汉在北邙山下大筑园囿，畜养奇珍异禽和奇树异草。袁广汉后来有罪被诛，他的豪华园囿和其中的鸟兽草木都收归皇家苑囿所有。[36] 此风为东汉所承，较有名的要数东汉灵帝（168—189 年在位）。灵帝以好胡服、胡帐、胡床、胡坐、胡饭、胡空侯、胡笛、胡舞著称，影响了整个京城的上层阶级的喜好。[37]

喜好异地奇物的并不是只有两汉帝王和诸侯王。汉初宦者中行说投奔匈奴，曾对匈奴喜好汉廷所赐缯絮食物，极不以为然。中原产制的缯絮食物对匈奴贵人而言，也是异域珍奇。由此一端，可以推想具有异域特色的物品，市场广大，不限中原。[38] 除了中央和诸侯王国的工官作坊，也曾有不少民间作坊参加模仿，供应中外不同层级市场的需求。过去《西京杂记》被视为后世伪书，不受重视，但其中若干记载，如巨鹿的织匠陈宝光，长安的铸作巧工丁缓、李菊，不妨看作私人纺织和铸造作坊存在的证据。[39] 《西京杂记》又提到汉高祖（前 202—前 195 年在位）到哀帝（前 7—前 1 年在位）时，中外各地进献的异物，影响到一时之好尚，例如本文特别讨论的马匹饰物：

武帝时（前 141—前 87 年在位），身毒国献连环羁，皆以白玉作之。玛瑙石为勒，白光琉璃为鞍，鞍在闇室中，常照十余丈，如昼日。自是长安始盛饰鞍马，竞加雕镂，或一马之饰直百金。[40]

受身毒国（印度）影响，以各种宝石盛饰马鞍的风气，目前还无法从考古出土上得到证实。其实中原马匹各部分的装饰，甚至骑手的装束，都是在草原牧民的影响下发展起来的。前面讨论的西汉墓中所见斯基泰艺术风格的饰品，可以说都是这种风尚下的产物。值得一提的是南越国宫署遗址曾出土一种和金熊节约造型相同，用以铺垫宫室台阶的空心砖。这可证明来自域外的熊造型深受欢迎，不仅用于仿制马具，还被应用到其他的装饰上。装饰母题或造型的转移应用，应该可以说是草原风格在中原流行的最好证据。

域外与域内的仿制

对外来工艺品的仿制是文明交流过程中的常见现象。所谓仿制可有三层意义：一是制造技术的引入或输出，二是装饰母题或形式的模仿，三是模仿后母题或形式的再创造或本地化。在数千年漫长的岁月里，在欧亚大陆这块广阔的区域内，工艺接触和模仿的过程极其复杂，至今仍有太多的谜，但可以确信的是其中应有很多不是直接接触和模仿，而是层层间接的再仿制。就工艺技术的复杂性而言，在铸造工艺方面，失织－失蜡法和套铸法可能并存；其中失织－失蜡法可能仅用于贵金属器的制造，而套铸法则用于大量生产的青铜牌饰。[41]

以失蜡法造青铜器在欧亚大陆西端最早可以上溯到公元前3千纪。以今天伊朗地区为例，这里出土的古铜器几乎全以失蜡法制成。[42]古代中原的青铜无疑主要以块范法制成——再者说，那些草原游牧风格的铜牌饰，特别是其中有镂空图案的，是否真的是用失蜡法铸造，还是可以商榷的问题——如果中原的工匠们模仿了域外器物的形式和纹样，却没有吸收和利用外来的技法，这似乎不大可能。[43]因此，如果说失蜡法工艺早在战国时期就流传到了中国中原地区，这种推断并不牵强。

当地的工匠对外来装饰母题和风格的纯熟运用，引出了器物流通和知识传播的问题。在欧亚草原南部的卡耳格利曾出土一件镶嵌着绿松石的金冠，金冠的时代属西汉晚期，在其中央的显著位置有一个西汉典型的神仙图像。乌孙是一个半游牧的印欧种群，中国史书记载，其在西汉时期就活动于卡耳格利一带。乌孙曾与汉朝联姻，这使他们可以得到中原的制品。卡耳格利出土的冠饰，

图65　金镶绿松石镂空冠饰，中亚或高加索地区，约公元1世纪，罗斯托夫的寇比亚寇沃十号墓出土

对面页：图66a，b　附耳式神兽纹金刀鞘，中亚，公元1世纪后半叶，黄金之丘4号墓出土（今阿富汗北部）

图 67 蜡染棉织品残件，中亚（？），公元 1 世纪—2 世纪，新疆维吾尔自治区民丰尼雅遗址出土，
新疆维吾尔自治区博物馆藏

其上的西汉典型图案可能是由中原工匠为乌孙贵族所生产。

　　如果将这件冠饰放在大背景下做进一步考察，则会呈现出另外一种可能性。
卡耳格利位于伊赛克湖北岸，这一带冢墓出土的金银器很多，在器型和纹饰风格
上明显有当地自己的传统。而这个传统又与欧亚大陆，尤其是黑海地区一脉相承。
从罗斯托夫的寇比亚寇沃 10 号冢墓出土的镂空镶绿松石金冠（图 65）到卡耳格
利出土的金冠，应该都是一个相同传统影响下的产物。通过和寇比亚寇沃金冠及
黑海地区其他类似饰品进行仔细比较可以看出，卡耳格利冠饰上的神仙形象不过
是当地工匠借用外来图案的一种尝试而已。从北亚地区墓葬中出土的汉代铜镜上

图 68 似龙形纹金带钩，中亚，约公元 1 世纪，黄金之丘（今阿富汗北部）4 号墓出土

有着相似的图案，卡耳格利冠饰上的主题可能即来源于此。[44]

中亚古代器饰曾借用和仿制中原母题的另外一个例子是龙。较好的例证应属阿富汗北部黄金之丘出土的金质附耳式刀鞘和金带钩（图 66a,b）。其中的 4 号墓属于公元 1 世纪后半叶，这里出土了一件金刀鞘。其鞘身装饰有一连串首尾相衔的神兽，其中有一龙形兽，其头部和波浪状弯曲的身躯，与秦汉艺术品中常见的龙几无二致。然而，这种双耳式的刀鞘无疑源自古老的伊朗，相似的刀鞘曾见于罗斯托夫 25 号冢和新疆天山北麓的尼勒克县吉林台墓地。[45]这种附耳式的设计与中原流行的无耳刀鞘完全不同，所以它只可能是中亚传统下的产物，意味着黄金之丘所发现刀鞘上的龙形，来自中国中原，又融入了中亚器物中。[46]此外，刀鞘上的龙尾分岔略似鱼尾，又似被其后一兽咬住。这样的尾部造型和构图概念完全不见于秦汉中原器饰，却见于黄金之丘出土的其他金饰和新疆维吾尔自治区尼雅出土的棉布蜡染（图 67）。[47]这件棉布应为公元 1—2 世纪的物件，但其蜡

图 69　彩绘海怪纹康塔罗斯陶酒杯，伊特鲁里亚，公元前 4 世纪晚期，
总体尺寸 12.9 厘米 ×17.4 厘米，美国大都会艺术博物馆藏，罗杰斯
（Rogers）基金会，1964（64.11.6）

染工艺绝非秦汉中原所有。其上的图饰底部左侧描绘有手持丰饶角的女神，右端
上方有狮爪和狮尾（已残），这些都和希腊神话有关，也明确和秦汉中原无涉。
由其上的混合图案可见，这件棉织品可能是在尼雅或相近的贸易线路范围内，当
地工匠受东西方装饰艺术母题影响，兼容并蓄而后产制的。

　　黄金之丘还出土了一件金带钩，其上有类似的龙的造型，龙头、龙角和龙
身都和中原所见无异（图 68），其尾部虽也分岔如鱼，其后却无追咬的兽。黑
海地区出土的具有斯基泰艺术风格的许多金银器实际上出自黑海沿岸希腊殖民城
邦的希腊工匠之手，考虑到这一点，我们可以说这个主题混合了中国中原的龙和
希腊神话中的海怪（ketos）的形象（图 69）。

　　最后的讨论与芒砀山西汉梁孝王墓有关，该墓陪葬坑出土了很多明显具有
斯基泰艺术风格的仿制金质马具和牌饰。[48] 在同一陪葬坑内，还出土了一些长方

形的镂空马车的牌饰。这些鎏金牌饰无疑保留了草原牌饰的外部形式，但其纹饰内容已完全汉化成中原本土流行的诸如神兽和神仙等母题。考古报告说这些铜质镏金牌饰有 15 件，可分为二型。Ⅰ型有两件，整体形状为竖向长方形，上面的图案以流云环绕的山峦为主题，山顶峰有一鸟，山脚下一虎作爬山状。其余的 13 件属于Ⅱ型，其外部轮廓为水平向的长方形，方框内的图案共有五种。这五种图案分别是：宾主对坐，后有站立的侍者；右端有仙人，与左端兽首人身者对语；仙人骑麒麟尾随玄武之后；异兽与带羽仙人各骑一麒麟；跪姿人物及带翼神兽。[49]

芒砀山出土的马车牌饰不论Ⅰ型或Ⅱ型，都呈镂空长方形，这和甘肃张家川马家塬西戎墓出土的镂空车牌饰在外形上可谓一致，[50]但内容则与之完全不同，马家塬出土的金银车牌饰和腰带饰都明显和北亚斯基泰艺术风格有关。[51]我们当然不能说梁王墓牌饰和马家塬者直接相关，但用长方形镂空金属片装饰马车的概念，无疑可以透过马家塬找到域外的渊源。

秦定天下

秦朝位于中国西部的关中地区，关中即"四关之中"。公元前3世纪末，秦王嬴政击败其他诸国，一统天下，自称秦始皇，关中自此成为秦王朝的龙兴故地。一组精选的陶俑（图录1—7）和铜车马的模型（图录13a，b）展现出秦国势不可当的军事力量，秦据此而力挫群雄，崛起于西北。这组陶俑共有四尊，包括将军俑、跪射俑、铠甲步兵俑及文吏俑，大致代表了秦军的官吏和普通士兵。还有两乘车，一辆轻便，相当于战场上的"立车"，另一辆有封闭的车厢，和用于皇帝长途巡行的"安车"相同。

一组青铜兵器，包括一柄长剑、两种矛及数枚箭镞（图录8—10），进一步反映了秦人的军事实力。弩是古代发明的最具杀伤力的武器之一，这里展示的是复原的模型（图录7）。由青石片制成的一套盔甲（图录12a，b），出土于秦始皇帝陵园内。虽然这套盔甲是根据实物复制，但它不同于军士在实战中穿的皮质或金属质盔甲，而是以不会腐朽的石材制成，用于随葬。

度量衡和货币的统一对于治理庞大的帝国至关重要，但最重要的还要属文字的统一。由于各地的方言差别很大，互相之间无法交谈，统一的文字使人们得以互相沟通。这些改革措施影响深远，作为改革标志的文物有：一枚有铜诏版的大铁权和一件陶量，它们上面均刻有容积、重量和制作的时间（图录14、15）；一组秦朝政府发行的铜钱和一个制作陶钱范的青铜母范（图录16、17）；一幅记载秦始皇望祭峄山之行的石刻拓片（图录18）。

尽管文献中对秦宫殿和苑囿的富丽堂皇屡有赞颂，但在地面上这些建筑已荡然无存。然而残存的建筑构件仍能让人联想到秦代楼宇的宏伟壮观：两件巨型的瓦当，上面的图案错综复杂（图录19a，b）；七件小的瓦当，饰有文字、动物和云气纹的图案（图录20a—c、21a—d）；以及一块带有菱形和S形图案的大型铺地砖（图录22）。

秦朝建立之前，秦人在中国西北与游牧部落比邻而居，和他们来往甚密，并通过他们与域外的文化频繁接触。两者之间互动的证据包括下列文物：受地中海玻璃器启发的高足杯（图录27）、青铜雁足灯（图录30）、陶模（图录31a，b），而最重要的是一尊陶力士俑（图录24）、一件青铜水禽（图录25）和一件青铜武士俑（图录26），它们对人体和动物的解剖细节表现得准确精到，令人惊叹，也展示了来自古希腊—罗马雕塑的影响。（孙志新）

1

1. 跪射俑

　秦代（前 221—前 206）

　陶制，　高 122 厘米

　1977 年陕西临潼秦始皇（卒于前 210 年）陵

兵马俑 2 号坑出土

　秦始皇帝陵博物院，临潼

2. 立射俑

　秦代（前 221—前 206）

　陶制，　高 190 厘米

　1974 年陕西临潼秦始皇（卒于前 210 年）陵兵马俑 1

号坑出土

　秦始皇帝陵博物院，临潼

这些陶俑出土于秦始皇帝陵园内，陵园内共发现108件骑兵俑、一个由332件弩兵俑和步兵俑组成的方阵以及一个由300多个车兵、骑兵和步兵组成的混合方阵，它们全部都穿有铠甲。跪射俑（图录1）的上身及肩部有铠甲保护，它是许多跪姿俑之一，它们位于军阵中央，外围环绕着立射俑（图录2）。

跪射俑微微目视左方，躯干挺直，双手小心地放在右侧腰际，后面那只手握持着一件兵器，尽管该兵器现已不存，但从他的身体姿势和手形来看，应该是一件弩（图录7）。跪射俑所在的坑内出土了大约四万件青铜兵器和箭镞，其中一些刻有作坊的名字和制造的时间——跨度从前245年—前228年。[1]这些发现显示出陶俑曾装备有用于实战的青铜兵器，其中的一些可能曾被真的士兵在战场上使用过。

射手俑身上独特的灰色为陶的本色，上面残存有颜料痕迹，表明这些俑最初涂有鲜艳的颜色。他们的铠甲由红色的甲线和白色的甲钉缀连在一起，铠甲之下是长袍，发髻上系着发带。他们脸部和手部的颜色接近肉色。化学分析表明，俑身上所使用的是矿物质颜料，包括朱砂、石青、孔雀石、骨白，还有通常被称为"汉紫"的一种颜料，它由硅酸铜钡人工合成。（张仲麟）

1. Qin Shihuangdi 2006, pp. 21-22; and Qin Shihuangdi 1988, vol.1, p. 249. See also Yun-Kremer 1990 and Ledderose 2000, pp. 60-61.

3. 铠甲步兵俑

秦代（前221—前206）
陶制，高194厘米
1977年陕西临潼秦始皇帝（卒于前210年）陵兵马俑2号坑出土
秦始皇帝陵博物院，临潼

这里展示的这种步兵，四个排成一列，组成了秦始皇地下军队的主力阵容。这件俑的上身和肩部着铠甲，里面穿有长袍。发髻偏向右侧，由头巾包裹，在后面系带。右手垂于身侧，左手位于躯干左下部，稍微前伸。步兵原来都装备有弩、戈、剑等武器。[1]

与其他几千件俑一样，这件步兵俑也是批量生产的，其身体的各个部分，诸如头、臂和躯干都是由模具制出的组件。组装完成后，工匠会在表面施黏土，再进

行个性刻画和细部修饰。烧制时的温度相对较低，在950—1050摄氏度。大多数的俑都是整个烧制完成的，这说明烧制所用的窑容量很大。虽然还没有在陵园周围找到窑的痕迹，然而为了降低运输过程中的损害，几乎可以肯定的是窑址就在附近。[2]

秦代的工坊有着严格的层级监督机制，由监工、工头和工匠组成。工头负责每个俑的个体塑造，常常会在雕塑上盖上印章，以对作品的质量负责。[3] 已经辨识出的有八十多个不同的工头的名字，这说明作坊和工匠的数量非常多。（张仲麟）

1.Wu Yongqi 2007, p. 154. 2. Nickel 2007, p. 173. 3. Yuan Zhongyi 2003, p. 169. See also Schlombs 1990.

4. 战袍将军俑

秦代（前221—前206）
陶制，高197厘米
1978年陕西临潼秦始皇（卒于前210年）陵兵马俑1号坑出土
秦始皇帝陵博物院，临潼

这件陶俑未着盔甲，经鉴定是一名军官，这可以从他的体量和头饰得到确认。将军俑要比士兵俑大，头上戴着一种特殊的冠，冠前边是平直的长方形，后面分开，被精心折叠成两个角。这应该就是中国传世文献中所记载的鹖冠，后面应该插有两支鹖毛。因鹖生性好斗，鹖冠在汉代后期成为军队将领冠饰的主要样式，可能用皮革或漆浸泡过的布等坚硬的材料制成。[1] 不过迄今为止，在考古中还没有发现鹖冠的实物。

铠甲将军俑身穿由细小致密的甲片缀合而成的铠甲。与铠甲将军俑相比，战袍将军俑穿戴着围巾和长袍，与穿战袍的士兵相似。一条腰带由带钩系在腰间。战袍将军俑衣服的褶皱和细纹都得到了细致逼真的刻画。衣服上残留的颜料痕迹和腰带上刻画的几何纹都让人联想到了纺织品的表面。将军俑铠甲上的花结有时会被看作级别的象征，[2] 但是我们仍不清楚他们身上的哪些特征标志着其级别和职责。（张仲麟）

1.《后汉书》卷一二〇，第3669页；Yuan Zhongyi 2001, p. 237。2. Rawson 2007, p. 143.

4. 细部

5. 文吏俑

秦代（前 221—前 206）
陶制，高 184 厘米
2000 年陕西临潼秦始皇（卒于前 210 年）陵 K0006 坑出土
秦始皇帝陵博物院，临潼

　　文官俑或者书吏俑共有 12 件，出土于 K0006 坑，该坑形状狭长，由三部分组成，位于秦始皇帝陵西南方。[1] 在坑后部的内室中，考古工作者发现了超过 20 匹马的骨骼；在前室，发现了马车的痕迹和驭手俑。K0006 坑是为数不多的没有被焚烧过的，但发现时这些俑都已破碎，面朝下倒着，图录 5 的这一件是唯一一件站立着的。在坑前部的一个侧室中，考古人员还发现了 4 件青铜斧首。

　　所有的 12 件文官俑都留着胡子，下巴上还有一撮短须，显得颇为神气。他们头戴尖冠，尖冠的原物可能是由涂过漆的皮革制成，学者们认为这种冠为第八等爵位"公乘"及以上的人所戴。每件文吏俑都穿着长袍和宽大的裤子，系着腰带，腰带右侧悬挂着一把刀和一个袋子，袋子内可能装有磨刀石。他们双手掩在长袖中，脚上穿方头履。

　　每件俑的左臂下都有一个椭圆形的孔，可能曾是持有竹木简文书，但早已腐朽消失了。4 件俑的手中有方形的孔，可能曾持着斧头。结合这些特点，发掘者认为这个坑及其内容物象征着帝国最高的司法机构廷尉府，尽管廷尉本人并不在其中。铜斧象征着这些官吏掌握着生杀大权；马匹象征着律令在整个帝国范围内的迅速传递；文书代表着要呈递给秦始皇做最后决断的案件。文吏俑脸上的表情庄重，展现出他们履行职责时的严肃认真。（叶山）

1. Qin Shihuangdi 2006, pp. 65–95.

6

6. 陶马

秦代（前 221—前 206）

陶制，高 161 厘米

1977 年陕西临潼秦始皇帝（卒于前 210 年）陵兵马俑 1 号
坑出土

秦始皇帝陵博物院，临潼

　　秦人以善于养马而著称，他们的养马知识最初可
能是从相邻的游牧部落那里慢慢汲取的。[1] 到东周（前
771—前 256）晚期，他们已经用大量的马来拉战车，
这是一种强大的作战力量。

　　现在的这匹马出土于秦始皇陵兵马俑 1 号坑东端，
这里共发现 32 匹马。[2] 与这些马一起出土的还有 8 辆车
和 24 个车兵，说明每辆车配有 4 匹马和 3 名车兵。这
匹马体格健壮，眼神机警，双耳竖立，鬃毛齐整，马尾
打成结状，为秦战马的典型特征。 （孙志新）

1.《史记》卷五，第 177 页。 2. Qin Shihuangdi 1988, pp. 46–51.

7. 弩（现代复制品）

秦代（前 221—前 206）

青铜及木质，长 143 厘米，宽 86 厘米

陕西临潼秦始皇帝（卒于前 210 年）陵兵马俑出土

秦始皇帝陵博物院，临潼

　　弩是中国古代一种可以延时发射的远程兵器，盛
行于东周至秦汉时期。弩机，即弩的发射机括，通常由
青铜铸制，被安置在木制弩臂后端的方槽内。弩臂前端
安装有横置的弩弓，在沿弩臂的长度方向有安放弩箭的
矢道。弩机由三个机件用栓钉组装而成，它们分别是：
望山，望山前有牙，用以扣弦；钩心（牛），是制动望
山的部件，其上牙扣合望山，下牙扣合机扳；悬刀（扳），
其上口扣住钩心下牙。发射前将弩弓的弦张开，扣在弩
机的牙上，置箭于矢道，然后扣动弩机的悬刀（扳），
牙落弦合，将箭弹射至远方。东周至秦时，弩机无外廓，
西汉以后弩机均加青铜廓，故弩的发射弓量更强，射得
更远。

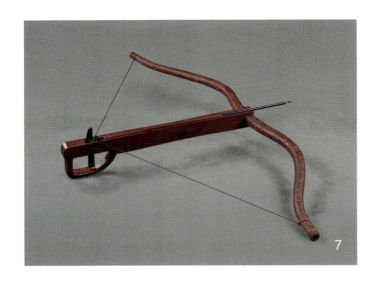

7

张弓仅靠射手臂力，而张弩需用脚蹬、用腰引，故张弩比张弓需要更大的力气。又因弩可延时发射，故比弓易于瞄准，提高了射击精度。汉代弩机又在望山上加了刻度数，瞄准精度更高。（杨泓）

8. 铜镞

秦代（前 221—前 206）
青铜，每件长 11.3—16.3 厘米
1974 年陕西临潼秦始皇帝（卒于前 210 年）陵兵马俑 1 号坑出土
秦始皇帝陵博物院，临潼

镞，是安装在箭（矢）前端的箭头，在商周时期都以青铜铸制。其基本形制是有中脊，两侧有扁平的镞翼（叶），向前聚成尖锐的前锋（末）。翼的两侧边都有刃，两翼末端有倒刺状的后锋，在中脊末端（关）接铸镞铤，将铤安插在箭干中。

到了秦朝，人们仍然主要使用青铜镞，但其形制有了改变。秦始皇陵 1 号陶俑坑中出土的这些青铜镞的横剖面呈三角形，这使镞的穿透力得到增强。到了西汉时期，铁镞开始被使用，之后铁镞逐渐取代青铜镞。

（杨泓）

8

9. 青铜具剑

秦代（前 221—前 206）

青铜，长 91 厘米

1993 年陕西临潼秦始皇帝（卒于前 210 年）陵兵马俑 1 号坑出土

秦始皇帝陵博物院，临潼

青铜剑出现于西周时期，盛行于东周至秦，是中国古代重要的手握柄格斗兵器，常与盾配合使用，因其功能以击、刺为主，在《晏子春秋》中又称为"直兵"。其形状与西方的以砍劈为主的阔刃剑不同，后者一般剑身修长，更适合扎刺。该青铜剑的剑身有中脊，中脊两侧的锷（刃）不是平直前伸，而是呈两度弧曲的曲线，两锷向前聚成尖锐的剑锋。从剑脊至两侧处的窄长部分称为"从"。剑体后的手握柄称"茎"，剑体与茎间装剑"格"，格上通常装饰花纹或镶嵌玉石。茎末端为圆形的剑"首"。茎上一般有两道凸起的箍，使用时要在茎上缠绕丝织的"缑"，箍可以起到固定缑的作用，以便于把握。通常在不使用时，剑被插置在木质髹漆的鞘内存放。

东周时期的青铜剑尺寸较短，一般全剑长度在40—60 厘米。到秦朝时期，随着青铜工艺的进步，剑的尺寸变长，秦始皇陵 1 号陶俑坑中所出的 17 件青铜剑的长度为 81—93.8 厘米。剑鞘均已朽毁，从残迹可看出原为髹漆木鞘。鞘上的铜饰被保存下来，亦用青铜制成，包括挂剑用的"璏"和饰于鞘末的"摽"。（杨泓）

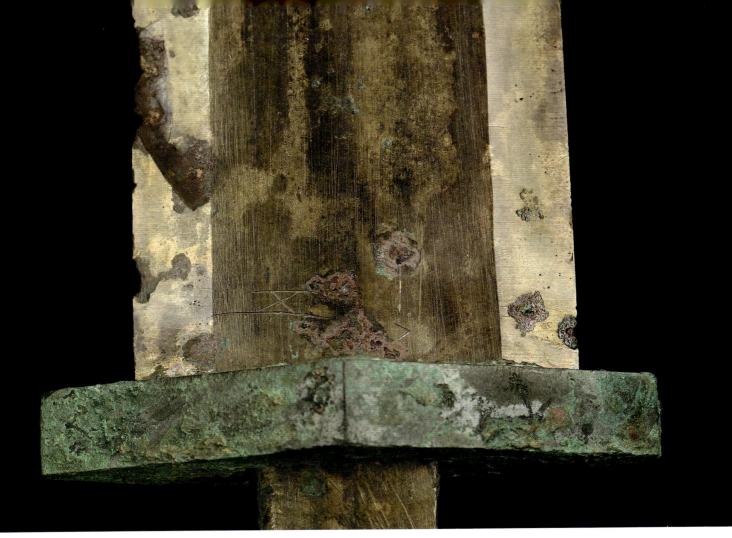

9, 细部

10. 青铜矛

秦代（前 221—前 206）

青铜，长 17.5 厘米

1979 年陕西临潼秦始皇帝（卒于前 210 年）陵兵马俑 1 号坑出土

秦始皇帝陵博物院，临潼

　　矛是中国古代主要的扎刺用的格斗兵器。矛在商周时期以青铜制作，其主要形制是中脊两侧有扁平的矛叶，叶侧刃前聚成矛锋，矛体下为骹，以骹纳柄。骹两侧常设环形耳。到东周时期，矛叶减窄，剖面呈菱形，增强了冲刺力度。

　　秦矛仍依东周矛形制，另有扁体长刃的特殊矛——铍（见图录 11），它们配合在一起装备部队。铍的应用比传统的矛更为普遍，秦始皇陵俑坑 1974—1984 年

发掘报告所记出土的青铜兵器，有矛 5 件，而铍多达 16 件。矛与铍的比例是 1：3，这足以证明秦军的扎刺兵器以铍为主，矛已退居次要位置。（*杨泓*）

11. 青铜铍首

秦代（前 221—前 206）

青铜，长 35.4 厘米

1987 年陕西临潼秦始皇帝（卒于前 210 年）陵兵马俑 1 号坑出土

秦始皇帝陵博物院，临潼

　　铍是一种形制特殊的阔刃青铜矛，矛体形似短剑（图录 10），有中脊，前有锋，两侧有刃，横剖面呈菱形。在矛茎与矛体之间，也和剑一样有格。与一般矛用圆骹装矜（矛柄）不同，铍是用如剑茎的实体扁茎，插装在

10

长柄上。因铍体扁刃阔，刺入敌人体内时比一般矛产生
的创伤面更宽大。铍从东周时开始使用，盛行于秦朝时
期，逐渐成为战车兵和步兵普遍装备的扎刺类长柄格斗
兵器。

　　到西汉时期，随着兵器的材质由青铜转变为钢铁，
铍也被改用钢铁制造，其形制虽仍是中间有脊和两侧有
阔刃，但随着材质的改变，由范铸改为锻制，所以其外
貌也发生了相应的变化，体态更加修长。在山东淄博西
汉齐王刘肥（卒于前188年）墓随葬坑中出土的铁铍，
是西汉铁铍的典型标本。随着更利于骑兵格斗的长柄马
矛稍大量装备部队，铁铍逐渐从兵器中消失。（杨泓）

11

12a

12b

12a，b. 石铠甲和兜鍪

秦代（前 221—前 206）

石灰石质，铠甲 99 厘米 × 75 厘米；兜鍪 38 厘米 × 21 厘米

1998 年陕西临潼秦始皇（卒于前 210 年）陵陪葬坑 K9802 出土

陕西省考古研究院，西安

从秦始皇陵的随葬坑中，考古学家发掘出了大量石质的铠甲和兜鍪模型，它们可能是金属甲片的模拟，象征着秦代更为先进的铁制护具。陶俑坑中陶俑身上的陶塑铠甲可能是模拟当时的皮甲，与之相比，石铠甲模型的仿真程度更高。

在缺少秦代铠甲实物标本的情况下，这些是用于研究秦代铠甲的重要考古资料。从形制来看，石铠甲模型结构完整，有保护躯干的身甲（包括胸甲和背甲）、保护肩臂的披膊（掩膊）和保护腰胯的垂缘。身甲作固定编缀，披膊和垂缘作活动编缀。石铠甲的整体形貌已与后来西汉的铁铠，如山东齐王刘肥墓随葬坑出土的铁铠实物近同，应是模拟自秦军装备的铠甲中最先进的类型。汉承秦制，但我们也可以看出汉代铁铠工艺在继承秦朝的基础上又有新的发展演变情况。

兜鍪模型是仿制铁质的头部防护装具，也称首铠，俗称"头盔"，因其形似倒置的锅鍪而得名。商（约前

1600—前 1046）周（约前 1046—前 256）时期，使用青铜或皮革制作的护头装具，被称作"胄"，战国（前 475—前 221）末期开始出现铁制的护头装具。最早的考古发现是在河北易县燕下都第 44 号丛葬墓中出土的公元前 4 世纪的完整标本。做护头装具的材质由青铜改用钢铁做后，胄也由殷商西周时的整体范铸改为用小型甲片编缀而成，名称也改称为"兜鍪"。

秦始皇帝陵出土的所有陶俑，不论是战车兵、步兵还是骑士，身上都塑有铠甲，但均未带兜鍪，究其原因是陶兵马俑是模拟着为皇帝葬礼送行的军阵，按当时礼仪，下属见皇帝时须"免胄"，所以都没有带兜鍪。

（杨泓）

13a，b. 两乘铜车马（秦代原物的现代复制品）

秦代（前 221—前 206）
青铜质彩绘，a）高 150 厘米；b）高 110 厘米
秦始皇帝陵博物院，临潼

这两乘铜车马，是按秦代真人车马 1/2 比例制作，皆驾四马，1980 年出土于秦始皇帝陵西侧的一个随葬坑。车通体由青铜铸造而成，并用金银装饰，每个细节都非常逼真。

一号车（图录 13a）为轻车，也称高车，可用于战斗和巡视。驾车的四匹马都经过精心的装饰，驭手未着铠甲，站立于车上，装备有佩剑。车上有华盖，车厢左侧有弩。二号车（图录 13b）厢体较重，长方形的车体

13a，细部

完全封闭，上有椭圆形车盖。车两侧有窗，可以启闭；车体宽敞，乘客可以自由坐卧。驭手也未穿铠甲，但佩剑，采取跪姿。这为我们提供了秦代车辆的许多细部信息。与公元前2千纪从西亚引入的车辆相比，秦代的车车轮小、车辐多，更加稳定坚固。[1]

在完成武力吞并后，秦始皇对新统一的领土进行了巡视，巡视时乘坐的就是马车——把他的尸体运回咸阳下葬的应该也是同样的交通工具。这些微缩的车辆模型，用已知的材料来制造代表未知的阴间世界，其用意可能就是为了象征秦始皇巡视领土时所用的那辆车。这样，它们就和埋葬的陶俑、石甲、青铜兵器以及秦始皇的躯体等一道，共同完成了对秦始皇所设想的永恒权力的描述。（张仲麟）

1. Bagley 1999, pp. 202-208；Yates 2007, p. 40.

13b

13b，车辆内部

13b，驭手俑

14. 秦诏文陶量

秦代（前 221—前 206）
陶质，高 9.2 厘米，直径 20.5 厘米
1963 年山东纪王城出土
山东博物馆，济南

这件诏文陶量出土的纪王城曾为邾国故都城。[1] 秦统一后设邹县，与许多度量衡器（如图录 15）一样，这件量器上面刻有诏书，内容为：

廿六年（前 221 年），皇帝尽并兼天下诸侯，黔首（普通百姓）大安，立号为皇帝，乃诏丞相（隗）状、（王）绾，法度量则不壹歉疑者，皆明壹之。

诏书包含四部分内容：秦统一了其他王国，诸侯称臣；这为民众带来了和平；秦王采用了"皇帝"这一至高尊号；他命令重臣在全国实行统一的法律和度量衡。[2] 这是统一后的新政权所实行的最早措施之一。它不仅使得秦可以在其所征服的领土用统一的税率征收粮食，而且使征税的过程更为高效、方便且符合法律的要求，同时也使新建的秦国的合法性和权威得以向最广大的受众进行宣扬。[3]（叶山）

1. 1964 年第一次对该遗址进行发掘，相关情况请见

Shandong 1965；Qiu Guangming 1992, p. 200, no. 103；Lu Jiaxi 2001, p. 180。 **2.** Sanft 2014, pp. 59-60. **3.** Wu Hung 1979；Hulsewé 1981. See also Sanft 2014, pp. 72-76.

15. 铜诏版铁权

秦代（前 221—前 206）
铁镶青铜，高 19 厘米，直径 25 厘米；重 31.64 公斤
1983 年甘肃天水市秦城区平南乡松林村出土
甘肃省博物馆，兰州

这件铁权呈馒头状，[1] 使用时被悬挂在杆秤上，用于在收缴赋税时称谷物的重量或者其他类似的重物。其侧面镶嵌的铜版上有秦始皇二十六年（前 221 年）所颁布的诏令，其内容与图录 14 的陶量相同。

秦代的权大多数为青铜铸成，只有其中最大的是铁制。[2] 这一件及与之相类似的铁权重量都为 120 斤，或 1 石，但出土的实物轻重也有偏差，重量在 28—33 公斤。[3] 为了杜绝腐败，秦代的官吏必须遵守《校律》中所规定的官方标准，不得使用不符合标准者。1975 年湖北云梦睡虎地 11 号墓中出土的《校律》中有一条规定，与图录 15 同样规格的权，如果重量误差达到或超过 16 两，负责的官吏就要被罚赀一甲，相当于 1344 钱，这可不是个小数目。[4] 如果误差为 8—16 两，就要罚赀一盾（约 384 钱）。这条法律说明秦朝会派遣官吏在全国范围内监督律令的实施——此项举措意义重大，可以

确保百姓认识到新建立的秦帝国的合法性。[5]

（叶山）

1.Wang and Du 1999. 这件铁权曾在 2009 年展出，参见
Beijing 2009, no. 53。 2. Lu Jiaxi 2001, pp. 185-187. 3.
Wu Hung 1979; Lu Jiaxi 2001, pp. 186-187, table 10-14.
4. Hulsewé 1985, pp. 93-94; Hulsewé 1981. 甲的比价，见
Barbieri-Low and Yates 2015, p. 204。16 两为 1 斤，每两
约 15.5 克，1 斤约为 250 克。 5. Sanft 2014, pp. 57-76.

16."半两"钱母范

秦代（前 221—前 206）或汉代（前 206—220）初
青铜，长 29.9 厘米，最大宽度 10.2 厘米，最大深度 1.9 厘米；
重 2.25 公斤
1983 年陕西临潼县韩峪乡油王村芷阳宫遗址出土
陕西省考古研究院，西安

17."半两"钱

秦代（前 221—前 206）
青铜，最大直径 3.5 厘米
西安博物院

这件青铜钱范共有"半两"钱模 14 枚，出土于秦穆
公（前 659—前 621 年在位）时期所修建的芷阳宫遗址。[1]
芷阳宫原来被称作霸宫，位于骊山的北端，西距秦始皇
陵数公里。秦国最晚在公元前 4 世纪的初期到中期就开

始制造"半两"[2]钱，从此钱币的铸造由国家垄断，法
律禁止私铸。所以芷阳宫成为铸造中心并不奇怪。

这种模具（图录 16）在秦国率先被使用，称为"母
范"，意为它是用来制作实际铸造铜钱用的陶范的。它
的制造时间可能是在公元前 210 年，在这一年秦始皇发
布诏书，命令发行更多的"半两"钱。实际上，在秦始
皇陵兵马俑 2 号坑出土的一枚"半两"钱，与这件模具
相当吻合。

秦在经济上从公元前 4 世纪中叶开始货币化，先
后制造过 8 种不同的"半两"钱，也使用过其他类型的
铜币。[3] 与此同时，秦还用标准尺寸的布匹作为交换的
媒介，其标准比价为 11 钱。[4] 市场上售卖的所有价格在
1 钱以上的商品都必须有价签。[5] 汉代大体沿用秦代的
货币政策，并且汉武帝（前 141—前 87 年在位）时发
行了一种新的铜币，称为"五铢"，它在公元前 114 年
在今西安西郊的一个大型作坊中被集中生产，这个作坊
遗址最近进行了考古发掘。[6]（叶山）

1. Zhang Haiyun 1987; Hu Yifang et al. 2004; Huang Juan
2014; Jiang Ruoshi 1997, p. 20. 2. "半两"的名称来自这种
铜币上所铸的两个文字，应该是为了标明其重量，但实际上"半
两"钱的重量相差很大，为 1-12 克。See Thierry 1997, pp.
172-174. 3. Ibid. pp. 174-180. 4. Hulsewé 1985, pp. 52-53.
5. Ibid., p. 53. 6. Jiang and Qin 2004.

18. 峄山刻石拓片

碑刻时代：宋（960—1279）
据徐铉（916—991）摹本刻石
墨迹尺寸：前 152.4 厘米 × 79.4 厘米；后 154.3 厘米 × 72.7 厘米
美国大都会艺术博物馆，纽约，西摩和罗杰斯基金会捐赠，1977（1977.375.7a，b）

在统一中国后的十年内，秦始皇多次巡游，遍访名山胜迹。他不仅是为了视察新征服的领土和召见他的臣民，在一些圣地，还举行各种祭祀活动，并且立石为自己歌功颂德。

公元前 219 年，在他的第一次巡游中，秦始皇来到了位于孔子故里邹国故地的峄山。他下令在此地立碑，碑文据说由丞相李斯撰文并书写，书体为新统一的小篆。[1] 出于对碑上书法艺术的推崇，慕名而来的人络绎不绝，一直到唐代（618—907）碑石毁于大火。然而这件碑刻并没有就此被忘却，在其后一千多年的时间里，碑文一直为文人墨客所临摹。这件拓本是在北宋（960—1125）翻刻的碑石所取得的，此碑现藏西安碑林博物馆。碑上字迹来自南唐（937—975）著名书法家徐铉，据传他是从秦代的原碑石临摹而成。

这一刻石的碑文尽管在史书中没有记载，但措辞、句式和步韵等方面与其他确定是秦代的刻石相一致，故可证明其真实性。[2] 刻石的内容是赞颂秦始皇吞并六国、一统天下、实现和平的无可比拟的丰功伟绩。从书法上看，其风格与现存的秦文字如石鼓文和诅楚文等大不相同。[3] 这一刻石上的文字字体瘦长，笔画流利，线条均匀，折角圆滑，属于唐代以后的风格；不过，文字的字形结构平稳、字体大小相对一致，说明是源自秦小篆，反映着这一强盛又短命之王朝的灿烂辉煌。（孙志新）

1. Zhao Liguang 2012. **2.** Kern 2007. **3.** 关于秦刻石的详细讨论，见 Nakata Yūjirō 1954。

18，背面

皇帝立國，維初在昔，嗣世稱王。討伐亂逆，威動四極，武義直方。戎臣奉詔，經時不久，滅六暴強。廿有六年，上薦高號，孝道顯明。既獻泰成，乃降專惠，親巡遠方。登于嶧山，群臣從者，咸思攸長。追念亂世，分土建邦，以開爭理。功戰日作，流血於野，自泰古始。世無萬數，陀及五帝，莫能禁止。廼今皇帝，壹家天下，兵不復起。災害滅除，黔首康定，利澤長久。群臣誦略，刻此樂石，以著經紀。

19a

19

19a，b. 大瓦当两件

秦代（前 221—前 206）

陶制，均为 51.5 厘米 ×38.5 厘米 ×46 厘米

1993 年陕西兴平黄山宫遗址出土

陕西省考古研究院，西安

这两件瓦当尺寸较大、引人注目，比普通的瓦当大四倍左右。所有已知的同类瓦当都发现于秦汉时期的大型建筑遗址中，尤其是在秦代的都城范围内。河北及辽宁的东北沿海也有发现，因为这些地方曾有秦始皇巡游时驻留的行宫。这样的瓦当每个遗址中只出土了不多的几件，它们被认为是瓦的末端，称为"遮朽"，用于屋顶的两端。[1]

瓦当上是浅浮雕的图案，遒劲的图案与瓦当硕大的体积构成完美的搭配。目前所见到的有两种几何图案，一种为方折的线条，一种为曲线的轮廓。这类纹饰一般被称为变形夔纹，[2]但夔的特征，比如眼睛、角和足等并不明显。纹饰流动的线条更像是云气纹，这是古代中国使用很广泛的一种经典的装饰主题，用来象征仙境。[3]在屋顶的瓦当上装饰吉祥的云气纹，也被视为将宫殿与天界联系在一起，象征着建筑的永恒持久。（陆鹏亮）

1. See Liu Qingzhu 1994, p. 4；Sun and Zhang 1997；Qin Shihuangdi 2006, pp. 48-49. 2. 这种纹饰被称为夔龙或夔凤纹，见 Liu Qingzhu 1994, p. 4；Shen Yunyan 2006, p. 75；Portal 2007, p. 91；and Tokyo 2015, p. 98. 3. 在马王堆 1 号墓内棺的漆画上，我们仍可看到这种折角的云气纹，只不过要复杂得多（见图 35 ）。

20a—c. 瓦当三件

秦代（前 221—前 206）

陶制，直径 a）16.6 厘米；b）15.9 厘米；c）16.2 厘米

1993 年陕西省凤翔县雍城遗址出土

陕西省考古研究院，西安

21a—d. 瓦当四件

战国时期（前 475—前 221），公元前 3 世纪

陶制，直径 a）16.6 厘米；b）15.7 厘米；c）15 厘米；d）15.5 厘米

2005—2006 年陕西凤翔县豆腐村陶作坊遗址出土

陕西省考古研究院，西安

瓦当是中国传统的建筑构件，具有装饰和实用功能（图 70）。瓦当与半圆筒形的瓦体相连接，用来遮盖屋檐。瓦当早在西周（约前 1046—前 771）就已经出现，

20a—c

21a—d

其后从战国到汉代不断发展，一直使用了两千多年。[1]

图录 20a—c 出土于战国时期秦国的都城雍城。秦德公（前 678—前 676 年在位）于公元前 677 年在雍城建都，自此以后的 300 年间，雍城一直是秦国的都城所在地。许多重大的礼仪活动都在这里进行，包括祭祀祖先和公元前 238 年秦始皇的加冠礼。在雍城发现了许多宫殿和礼制建筑遗迹。在一处生产建筑用陶器的作坊内，出土了大量的瓦当及模具，其中就包括图录 21a—d 所示的瓦当。这次发现使我们对秦制陶手工业的巨大规模和技术水平有了新的认识。[2]在战国时期，瓦当有图案的部分是先用模具制成，然后手工加上边缘。瓦的圆筒部分是在瓦当面上用泥条盘筑法制成，然后再将圆筒切去一半。而在秦后期和汉代，瓦当的中心及边缘都是用模具一起制作完成，再和预先制好的半圆筒形瓦体相连接。这些后期所做的瓦当边缘要平整得多。

从战国到秦，瓦当上流行的纹饰为祥云纹、涡纹和花纹。也有相当多的瓦当上面有动物图案，如图录 21d 上的捕食图案，图案中一只虎或豹张大着嘴咬住一只小鹿，底下还有一只狗和一条鱼。几何图案来源于中国自己的装饰传统，比如古代中国青铜器上的纹饰，而这种捕食图案则大致是受游牧文化的影响。（陆鹏亮）

1. Shen Yunyan 2006. **2.** See Doufucun 2013.

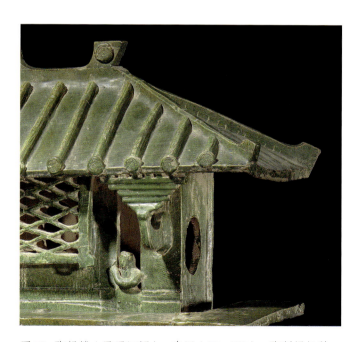

图 70 陶望楼（屋顶细部），东汉（25—220），陶制绿铅釉，高 104.1 厘米，美国大都会艺术博物馆，纽约，购得，John C. Weber 博士及夫人捐赠，1984（1984.397a，b）

22

22. 几何纹地砖

秦代（前 221—前 206）

陶制，31.4 厘米 × 31.4 厘米

2005 年陕西咸阳秦宫殿遗址出土

陕西省考古研究院，西安

23a，b. 神兽纹空心砖

秦代（前 22—前 206）

陶制，a）117 厘米 × 39 厘米 × 16.3 厘米；b）115.5 厘米 × 36 厘米 × 14.5 厘米

陕西咸阳秦宫殿遗址出土

陕西省考古研究院，西安

1973—1990 年，考古学家对秦都城咸阳的宫殿遗址进行了一系列考古发掘，这一遗址位于今西安市西北方向约 20 公里。考古学家的发掘揭露出修筑在高台上的三个宫殿的遗迹，且这三个宫殿之间以阁道互相连接。[1] 宫殿的地面铺有坚硬的地砖，地砖上有压制的纹饰，如图录 22 上面的菱形纹和 S 形饰纹。

长条形的空心砖被用作宫殿的踏步，上面的图案是在烧制前刻印上去的。这些砖上华丽的神兽纹反映出秦代图像艺术富于想象力和恢宏大气的风格。这里的龙代表东方。龟蛇缠绕的图案被称为玄武，是北方之神。它们与白虎（代表西方）和朱雀（代表南方）一起组成了四个基本方位神。四神在汉代开始流行，一直贯穿了整个中国的王朝历史。宫殿墙壁上装饰有绚丽的壁画——只是出土时大多数已成碎块，描绘了巡游、歌舞、狩猎等秦宫廷生活的许多方面。公元前 206 年，西楚霸王项羽（前 232—前 202）攻占咸阳，将秦宫殿烧毁，然而直到今天，从其精美的建筑物残迹中，我们仍然可以看出它们往日的壮丽辉煌。（陆鹏亮）

1. Shaanxi 2004, pp. 383, 389.

23a

23b

24. 力士俑

秦代（前 221—前 206）
陶制有彩绘痕迹，172 厘米 × 77 厘米
1999 年陕西临潼秦始皇帝（卒于前 210 年）陵随葬坑 K9901
出土
秦始皇帝陵博物院，临潼

　　杂技在中国有很悠久的历史，成书于公元前 5 世纪的政治史文献《国语》中就提起过"侏儒扶卢"[1]，到秦汉时期已发展出了一整套的表演项目，如"高絙、吞刀、履火、寻橦"等。这些表演又称"百戏"，在当时的节庆活动中很受欢迎，甚至"三百里内皆观"。[2]

　　这件陶俑体形巨大，出土于秦始皇帝陵的一个陪葬坑，同出的还有其他十件，它们应该是代表在宫廷中从事表演的一个团队。这件陶俑双脚稳稳站立，腰间只系一条短裙，身上其他地方裸露，看起来身体强健。短裙上留有颜料的痕迹，为白底上有褐色的菱形、曲线和圆环花纹，代表着织物的图案。他手握一个由腰带延伸出来的翻转成半圆筒状的前搭，似为皮制。他的左肩上有凹痕，双腿分开，这些都表明了他的身份：他是个力士，原来持有一个高竿，高竿上面应该有另外一个表演者做出摇荡、平衡和旋转等动作。

　　这件陶俑的一大特色是它的写实主义风格和精确到令人惊讶的解剖结构，与兵俑形成了鲜明的对比。后者身穿战袍或铠甲，躯干和四肢比例失调，姿态僵硬。一些学者推测，这件陶俑对人体解剖结构有如此高超的表现，此前并不见于中国人物造型艺术，可能是受到了古希腊雕塑艺术的启发——一个世纪以前亚历山大东征时将这种艺术带到了中亚。[3]（孙志新）

1.《国语》卷十，第 387 页。（"扶卢"为古代杂技的一种，为攀缘矛戟之柄为戏。——译者注）2. 关于"百戏"的概念，见《事物纪原》卷九，第 494 页。有关节庆活动中的角抵，参见《汉书》卷六，第 154 页。（"高絙"，类似走绳索；"寻橦"，指一人手持或头顶长竿，另有数人缘竿而上，进行表演。——译者注）3. Nickel 2013, p. 413.

25. 鸿雁

秦代（前 221—前 206）

青铜，高 17 厘米，长 53 厘米

2000 年陕西临潼秦始皇帝（卒于前 210 年）陵随葬坑 K0007 出土

陕西省考古研究院，西安

这只水禽造型优雅，出土于一个象征着秦代皇家苑囿的陪葬坑内，同一地点共出土青铜雕塑 46 件，其中有鸿雁、天鹅和鹤等，这是其中一件。陪葬坑位于秦始皇帝陵东北方向 6 公里，与陵区其他陪葬坑一样，都是土木混合结构。[1] 整个陪葬坑由三条过洞组成，平面呈 "F" 形：一条长过洞（60.2 米）为东西向，另两条略短的过洞（长度分别为 46.6 米和 30.2 米）为南北走向。东西向的长过洞模拟成一条径直的河道，所有的水禽都发现于这里（图 71）。东边的一条短过洞也被做成河道的样子，但只发现了一只青铜水禽的腿的残件，可能是因为这里后来遭受过洪水灾害。另外一条短过洞的侧壁上有 11 个壁龛，它似乎代表着室内空间，考古人员在这里共发现了 15 件陶俑，只不过它们全部都成了碎片。这些陶俑头戴软帽，身穿长袍，脚穿无纹布袜，未穿鞋。经过考古复原，我们发现这些陶俑按姿势可被分为两类：一种为踞姿，上身直立，右手高举；另一种为箕踞姿，

双腿平伸，双手放于腿上。这批陶俑应该代表着宫廷中的乐师，在皇帝豢养水禽的苑囿中供他死后娱乐。[2]

这些青铜水禽本身就是中国古代动物造型的典范之作。它们与真禽同大，且解剖比例非常精准。一些水禽的身体上还残留有颜料。令人惊叹的是，每一件水禽的姿势都有细微的差别，栩栩如生地捕捉到它们休憩、游弋，甚至是觅食的瞬间，其中一只鹤的喙中还叼着一只虫子（图 38）。本图中的这只鸿雁似乎在优雅地休息。

（陆鹏亮）

1. Qin Shihuangdi 2007, pp. 109–184. 英语简介见 Duan Qingbo 2007. 2. 有学者推测这些水禽经过了训练，可以随音乐起舞，不过这种推测需要进一步的证明，见 Qin Shihuangdi 2007, pp. 309–331.

图 71 水禽坑内景，陕西临潼秦始皇帝（卒于前 210 年）陵随葬坑 K0007

26

26，侧面

26. 青铜武士俑

公元前 5 世纪—前 3 世纪
青铜，高 40 厘米
1983 年新疆维吾尔自治区新源县 71 团墓葬出土
新疆维吾尔自治区博物馆，乌鲁木齐

这件青铜俑为一个跪姿的武士，右腿屈膝下跪，穿短裙，上身及双臂裸露。他头戴顶附弯钩的遮沿帽，颊板呈弧形，这种类似于被称为马其顿式或弗里吉亚式的帽子，流行于希腊化时代到罗马帝国时代（前 27—395）。[1] 他的双拳上各有一个小方孔，原应置入武器。

这件青铜俑出土于今天中国西北边陲的一个古代墓葬中。[2] 尽管其考古信息遭到意外损坏，但同一地点出土的其他青铜工艺品，如三足大釜、铜铃、青铜对飞

兽圆环以及一只高足灯，都把这件俑和游牧民族，尤其可能是斯基泰人联系起来，斯基泰人在公元前 5 世纪—前 3 世纪在这一带的绿洲上活动。[3]

铜俑铸造粗疏，面部简略，没有明显特征，但眼部夸张。然而俑的双肩和手臂肌肉强壮，肘部清晰，锁骨凸出，显示出明确的人体解剖结构意识，这是希腊艺术的特征。亚历山大大帝在公元前 4 世纪时将这种艺术带到中亚，随后游牧民族把希腊艺术风格的影响进一步传播——越过帕米尔高原，进入中国。（孙志新）

1. Nickel 2013, p. 433. 2. Bayidawulieti and Guo 1983, p. 86. 3. Su Beihai 1989, p. 197; Wang Binghua 1985, p. 51; Wang Mingzhe 1985, p. 63.

据报道这件玉杯发现于秦阿房宫遗址，所以按惯例它的时代定被在秦代。[1] 然而，它的形状和花纹与广州南越王赵眜（前137—前122年在位）墓所出土的高足杯非常接近，[2] 因此图录27中的这件高足杯有可能是西汉时期的作品，当时随着海上贸易的发展，进口的玻璃器皿有所增加。

高足杯是一种常见的款式，汉代甚至直到三国时期（221—265）都很流行，只是装饰越来越趋于简单化。两件高足杯，分别发现于西安汉昭帝（前87～前74年在位）陵附近的一座墓葬和洛阳西郊公元240年的一座墓葬，其表面都没有任何的装饰花纹。[3] 这代表一种新的单纯的审美情趣，而这种形式最能表现玉质之美。

（孙志新）

1. Xi'an 2004, pp. 122, 163. 2. Guangzhou 1991, pp. 202-203, colorp1. 17. 3. 西安墓葬所出见 Gu Fang 2005, vol. 14, p. 155；洛阳墓葬所出见 Ibid., p. 233, 以及 Luoyang 1989。

28. 鎏金戈鐏

秦代（前221—前206）
青铜鎏金镶嵌玻璃，每件27厘米×9厘米×3厘米
1972年陕西西安北郊第二砖厂出土
西安博物院

这两件精美的鎏金杖饰上有神兽形象，神兽垂直站立，扭头回看。它们的尖嘴和双翅像鹰，腿部粗壮。神兽为鸟身四足，形象可怖，可能与西方的格里芬怪兽有关。

公元前5世纪—前3世纪，一些西方的神兽形象逐

27. 高足杯

秦（前221—前206）至西汉（前206—公元9）
玉质（软玉），高14.5厘米
1976年陕西西安车张村出土
西安博物院

中国在古代就拥有高超的陶瓷制作技术，但玻璃制造水平不高。从域外进口的玻璃器皿因其透明的色泽和具有异域情调的设计，成为人们追捧的奢侈品，同时也激发了玉器工匠们的灵感。

这件玉杯是用上好的白玉制成，色调微绿，长期的地下埋藏使其有了一层柔和的褐色包浆。玉杯杯体修长、造型优雅，器型虽仿照地中海的高脚杯，但外部互相勾连的钩纹和云纹非常精致，是战国时代（前475—前221）玉器装饰纹样的继承与发展。

图72 一对鸟形杖饰，战国时期（前475—前221），青铜鎏金镶嵌水晶，25.2厘米×8.4厘米×4厘米，哈佛艺术博物馆/亚瑟·M.赛克勒博物馆，剑桥，马萨诸塞，格伦维尔·L.温思罗普遗赠，1943（1943.52.38a,b）

28

渐出现在中国，这是与北部和西部的游牧民族频繁接触的结果。[1] 该器物的顶部和底座镶嵌有玻璃的"复眼珠"或"蜻蜓眼"，这是战国时期出现的一种奇特的工艺品。中国古代也发展出了自己的玻璃，为铅钡玻璃。玻璃珠可用作首饰和金属器物的镶嵌物，就像这两件饰品一样。[2] 根据珠子的风格可把该器物的时代确定在公元前3世纪。

据报道，1920年代在洛阳金村东周（前771—前256）王室墓中也发现了几对与此相类似的饰品。[3] 其中有一对现藏哈佛艺术博物馆（图72），它们上面也有类似的神兽造型。这些饰品都有中空的底座，这说明它们是装饰在仪仗用的兵器或旗杆上的。它们通常成对出现，这进一步说明其是用于某种双头的杖饰上。图录28中对这种神兽的强烈刻画和表现，使它们成为同类饰品之冠。（陆鹏亮）

1. 关于中国古代神兽造型所受到的外来影响，见 Li Ling 2001。2. 关于玻璃珠及其用于镶嵌的相关研究，见 An Jiayao 1996 and Kwan 2001, pp.26-30。洛阳一座战国晚期墓葬中曾出土了一件镶嵌有玻璃珠的青铜镜；见 Luoyang 1999b。3. White 1934, p. 100, pls. LXXI, LXXII.

29. 雁足灯模

战国时期（前 475—前 221），公元前 3 世纪
陶制，14 厘米 × 12.6 厘米 × 11 厘米
1999 年陕西西安乐百氏公司建筑工地第 34 号墓出土
陕西省考古研究院，西安

30. 雁足灯

西汉（前 206—公元 9），公元前 2 世纪—前 1 世纪
青铜，高 13.5 厘米，直径 11.7 厘米
1995 年陕西西安北郊出土
陕西省考古研究院，西安

图录 29 是已知的唯一一件雁足灯铸造陶模。雁足灯为秦汉时期最流行的灯具形式之一，同一墓葬内还出土了具有游牧风格的带饰陶模（图录 31a，b）。[1] 这件模型上部似乎残缺，残缺部分本来应该是放灯油或者蜡烛的圆盘。残存的部分呈鸟足的样子，上有弯曲的花纹，可能代表着羽毛；下面由脚掌支撑，脚掌有蹼，三只爪强劲有力。鸟腿上的装饰和写实风格的爪具有公元前 3 世纪雁足灯的典型特点；一个世纪以后的同类器物较矮且鸟爪较平（图录 30）。类似的青铜灯在咸阳的一座秦墓和山东临淄的两座墓葬中也有发现。[2] 有些汉代的灯上面会有"雁足灯"的字样，而有些铭文较长，内容包括制作的时间、重量、工匠的名字，甚至灯具使用的地方等。11 世纪以来的金石学家都认为这种灯具的造型和汉代皇家苑囿中的大雁有关，象征着忠诚与守时有信。[3]

尽管这种类型的灯在秦汉时期很常见，但除此而外，在古代中国没有出现过以一只动物的脚作为灯具或其他器物的造型。而以鸟或兽的脚作为器物造型在古代地中海世界和中亚都非常常见。这件陶模，与游牧风格的带饰陶模一同出土，说明这种设计形式可能受到外来的影响。秦人与其他游牧民族有着广泛交流，西方的动物造型不仅被引入中国，同时还增添了中国的表达方式，比如这件精品上的云纹装饰。（陆鹏亮）

1. Shaanxi 2006, pp. 120-133. 2. 关于 1966 年塔儿坡出土的那件器物的情况，见 Xianyang 1975, pp. 71, 73. 另外的两件 1992 年出土于山东临淄商王村 1 号墓和 2 号墓，参见 Shangwang 1997, pp. 31-32. 3. 吕大临在 11 世纪末首先在《考古图》中发布了一篇文章。之后历朝历代的收藏家和金石学家延续了对这种灯具的兴趣和研究，这种灯具遂成为文人案头的标志性陈设。

29

30

31a

31a，b. 陶模具两件

战国时期（前 475—前 221），公元前 3 世纪
陶制，a）最大长度 7 厘米；b）9.4 厘米 × 7 厘米 × 2.5 厘米
1999 年陕西西安乐百氏公司工地 34 号墓出土
陕西省考古研究院，西安

　　这两件陶模出土于西安北郊的一座公元前 3 世纪
的墓葬中，一组共有五件。这座墓中还出土了其他的陶
制模具和铸造青铜器所用的工具，这说明墓的主人可能
是一位工匠或者相关的官吏。[1] 模具上的图案包括人物
相拥纹、马纹和鸟纹、鹰纹和牛纹、双羊纹和双马纹，
这些都具有典型的草原游牧风格。研究表明，这些模具
是用来铸造牌饰的，可能是用于腰带上的装饰品。[2] 西
方的博物馆里也收藏有几件同类的模具，但这几件是仅
有的通过科学发掘而获得的一批。[3] 特别值得注意的是，
这些物品发现于一座秦人的墓葬之中，说明这些具有游
牧风格的工艺品是在秦国的都城地区制造的。[4]

　　在出土的陶模中，有两个人物图案的菱形模具最
为特别（图录 31a），上面的图案虽曾被解释为母亲怀
抱儿子的形象，但其确切含义有待进一步考察。[5] 家庭
生活场景与其他模具上的狩猎和神兽图案放在一起不是

31b

特别协调，因此实际上，菱形模具上的图案可能表现的
是一个神仙与拿着球的侏儒之间的搏斗。（陆鹏亮）

1. Shaanxi 2006, pp. 120-133, 361-365. **2.** Odagi 2005.
3. 美国大都会艺术博物馆有一件类似的陶模（18.43.2），上
面是一只高浮雕的蹲伏的骆驼，大英博物馆也有一件滑石的
模具。见 Bunker et al. 2002, p. 138。**4.** Luo Feng 2010.
5. 考古报告将这件模具解读为母亲和儿子玩耍的温馨画面，
这种说法也为一些西方学者接受，如 Liu Yang 2012, p.
289。

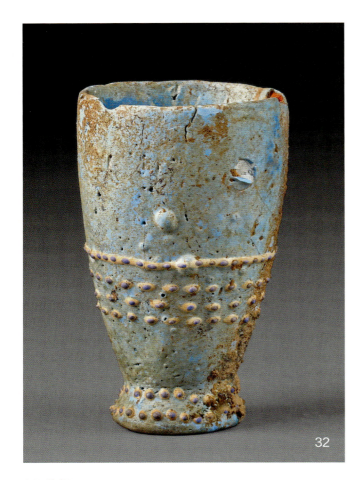

32

与地中海东部的瓷器或金属器造型有些相似。这件陶杯出土于中国西北边地，汉人曾经在那里与游牧民族比邻而居。游牧民族经常是古代东方和西方交流的媒介，可能是他们把这种造型传给了他们的汉人邻居。

更引人注意的是杯子上的蓝色和紫色釉，这两种颜料被称为汉蓝和汉紫，是古代世界所发明的三种人工合成颜料中的两种（另外一种是公元前三千纪埃及人发明的蓝色颜料）。从技术层面上说，中国和埃及的蓝色颜料的化学结构和性质是一样的，只有一点除外：汉蓝中的着色剂是钡，而埃及蓝的着色剂是钙。有些学者怀疑这项技术可能是通过古老的贸易通道传到中国的，[2] 而更多的人认为这是中国人自己的发明，可能是制作玻璃的一道工序。这件陶杯提供了新的证据——这种颜料出现的时间有所提前，应该会引发学者们新的讨论。

（孙志新）

1. Zhangjiachuan 2012, p. 17, fig. 28. 2. Berke 2002.

32. 陶杯

战国时期（前 475—前 221）
陶质，施汉蓝和汉紫釉，高 10 厘米，最大直径 5.8 厘米
2011 年甘肃张家川马家塬 19 号墓出土
甘肃省文物考古研究所，兰州

这件陶杯呈高圆筒形，向下渐收，与短的假圈足相接，表面通体施亮蓝色釉，上面的小孔和裂纹应该是在烧制过程中产生的瑕疵。[1] 其腰部附近有四条突出的连珠纹，连珠中心点有鲜明的紫色釉，杯的足部也装饰有两条连珠纹。这种器型以前未见于中国工艺品中，但

33. 头饰

战国时期（前 475—前 221）
金、绿松石和玛瑙，直径 0.3—0.6 厘米
2008—2009 年甘肃张家川马家塬 16 号墓出土
甘肃省文物考古研究所，兰州

这件饰品由数百枚绿松石、玛瑙和金珠组成，色彩斑斓绚丽。不同材质的珠子形状各异：绿松石为扁平的圆片，玛瑙为多面体的管子，金质珠子是通过焊接形成的一排中空的圆柱。因这件饰品发现于死者的头部附近，据推测可能是头饰而并非项链。[1]

这件饰品发现于甘肃张家川马家塬墓地，这里位于秦人的发源地天水附近。长期以来，这一地区的游牧民族与秦人祖先同存共处，两种文化经常有接触和互动。近年来，考古工作者在这里发现了大量金质和宝石的饰品、玻璃器以及精心装饰的马车遗迹，[2] 它们展示出游牧民族所带来的中亚和西亚工艺和艺术的影响。

（孙志新）

1. Zhangjiachuan 2010, p. 18. 2. Ibid. See also Gansu 2008; Zhangjiachuan 2009 and 2012.

32；细部

33

大汉雄风

汉朝立国之初，即着手巩固政权。汉代的兵马俑（图录 37a—c）代表了汉朝军队的主要兵种：步兵、弓弩兵和车兵，其体量比秦兵马俑要小很多。木质糅漆的马和骑兵（图录 39）代表了反应快速、可长途奔袭的新兵种，在抗击游牧部落和远征西域的战役中发挥了重要的作用。据说汉朝征伐西域的主要原因之一就是为了获得"汗血马"，又称"天马"（图录 40a）。画像砖上的马车形象（图录 41）则间接地显示了汉代道路的大幅增加，这使交通和行政效率得到极大的提高。

由于铁的大量使用（图录 46），汉代的兵器有了长足的进步，但青铜制的兵器仍然发挥着很大的作用，考古发现的青铜玉具剑（图录 45）和一件带金镈的青铜戈（图录 44）即是例证。此类武器是财富和权力的重要象征，被用来赐予王公大臣，作为他们的仪仗的一部分（图录 42、43）。

汉朝取代秦朝之后，沿用了秦的政治制度和行政结构，继续推行度量衡、货币和文字的统一和标准化。此外，汉朝推行新的国家意识形态，鼓吹君权至上和君权神授，同时宣扬儒家的道德伦理和社会等级观念。表现这些意识形态的文物包括王莽（9—23 年在位）时期的青铜量器（图录 47），诸侯王的金饼和马蹄金（图录 50、51），书有诏令的木简（图录 53），以及石经

残件（图录 52a—c）。另外，两件赏赐给游牧部族首领的铜印，展示出汉朝的势力已经远达"四裔"（图录 55、56）。

汉朝虽然坚持中央集权制，但出于对以前的同盟者和刘氏宗亲力量的依赖，一度也分封诸侯。这些地方的诸侯王聚敛财富，生活奢侈。汉代王侯墓出土的一系列器物就是最好的明证：供仪式和宴会上演奏的编钟和编磬（图录 57、58），陶乐舞俑（图录 59—63），漆制和青铜鎏金的食器和酒器（图录 65—72），精致的灯具（图录 76—78），以至作为博具的铜骰子（图录 81）。达官贵人们还可以享用来自异域的奢侈品，其中包括可能来自古代波斯的裂瓣纹银盒（图录 94）。两件镀金银的青铜塑像，分别为象（图录 91）和犀牛（图录 92），真实地再现了皇家苑囿内来自域外的珍禽异兽。

汉人相信人死后生命并未终结，而是在另一个世界得到了永生。葬在墓中的贵族身着玉衣以保持肉体和灵魂的不朽（图录 101）。陶制的家畜和家禽（图录 95），加上玉（图录 100）和贵重金属所制成的佩饰，都随葬在墓里供死者永远享用。画像砖上的农作和狩猎情景（图录 97、98）记录了死者生前的生活，也昭示着死者企盼的来世的生活场景。（孙志新）

34a

34b

34a，b. 铠甲武士俑

西汉（前 206—公元 9）
陶制彩绘，a）高 57 厘米；b）高 55.4 厘米
1992 年陕西咸阳汉阳陵 20 号陪葬坑出土
汉阳陵博物馆，咸阳

汉景帝阳陵西侧的一个大型的陪葬坑共出土了
363 件陶俑，这是其中的两件。[1] 这些陶俑排成 55 排，
也许代表着行进中的皇家卫队中的步兵，伴有马拉的
战车。这 363 件陶俑身高在 55—63 厘米，面部是用模
具制作而成，做工精良，他们额头宽、鼻梁直、颧骨高，
头发梳成发髻。肩膀两侧有小孔，附近土中有木质痕迹，
这表明他们的躯体上曾装有可以活动的木制胳膊。发
现他们的土中残留有织物的印痕和残迹，说明他们曾

穿着纺织品制成的长袍和护腿。[2] 铠甲最初为木制或革
质，虽早已经腐朽，但在包裹在他们前胸后背的硬壳中，
保留了部分铠甲原来的形状和颜色。有一些陶俑装备
有按比例制作的铁剑。

从这些陶俑可以看出，在汉代初期人体的表现艺
术发生了重大的变化。虽然陶俑的面部还是非常地写
实，但他们的躯干和四肢已经高度地模式化，这符合
一种根深蒂固的中国传统人物造型方法。这种造型方
法在大约半个世纪后盛行，并在以后的几个世纪中主
导着中国的表现艺术。一直到佛教的传入，现实主义
的表现方法才再次被引入中国。（孙志新）

1. Jiao and Ma 2008, p. 8. 2. Wang Xueli 1992, p. 71.

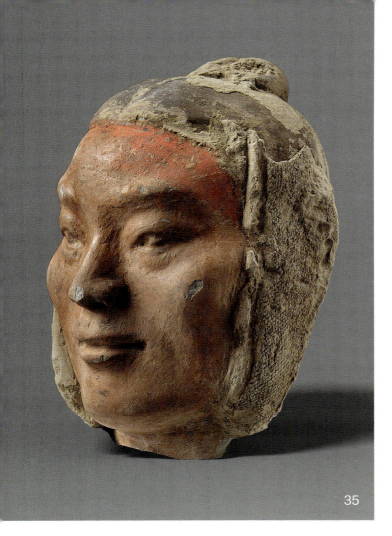

35

35. 陶俑头

西汉（前 206—公元 9）
陶制彩绘，高 20.5 厘米
1992 年陕西咸阳汉阳陵出土
汉景帝阳陵博物院，咸阳

　　这件年轻武士的陶俑刻画得细致入微，在汉景帝（前 157—前 141 年在位）阳陵陪葬坑出土的几千件陶俑和陶俑碎块中，是最引人注目的一件。他的面部用模具制作，塑造得非常精美——额头宽阔，眉毛弯曲，眼睛有神，颧骨凸出，鼻子直挺，双唇紧致——体现了秦代雕塑的"写实主义"传统。秦始皇陵出土的兵马俑和百戏俑就是这种传统的最好代表，这种风格一直延续到汉初。

　　然而，写实主义的雕塑在汉代艺术中只是一个非常短暂的插曲，很快就被一种高度模式化的造型风格所取代，后者的特征是面部平庸、四肢僵硬、身体扁平。几个世纪以后，随着佛教造像的传入，写实主义的传统才再次出现在中国的造型艺术中。　（孙志新）

36a—c. 武士俑、宦官俑和侍女俑

西汉（前 206—公元 9）
陶制彩绘，a）高 57.5 厘米；b）高 58 厘米；c）高 53.5 厘米
1995—2002 年陕西咸阳汉阳陵出土
汉景帝阳陵博物院，咸阳

　　这三件陶俑——一件男性武士俑、一件宦官俑和一件侍女俑——出土于汉景帝（前 157—前 141 年在位）阳陵陵园附近的一个陪葬坑中，与两件铠甲武士俑（图录 34a, b）同出一处。[1] 他们是为皇帝死后的生活提供服务的，武士保卫他在阴间的宫殿，宦官和侍女料理他的日常起居。

　　陶俑是批量生产的，其头、躯干和双腿是用模具单独制作完成后，再用湿黏土连接起来，最后用火烧制而成。他们的手臂是木制的，在地下埋藏两千多年后早已荡然无存。最初，陶俑都被施以彩绘，面部和身体是淡棕红色，头发和眉毛被涂成黑色。坑道中的纺织物残迹说明他们曾穿着统一的服装或者长袍。

　　这些陶俑所代表的是一种高度写意的人体造型艺术，这种风格盛行于汉代并在其后又延续了几个世纪。他们的身体扁平、僵硬，造型相似，面部尽管是由为数不多的模具制成，却有着某种个性化特征。武士俑（图录 36a）宽脸庞、高鼻梁、方下巴，而侍女俑（图录 36c）面带微笑，面部轮廓柔和圆润，反映出秦代造型艺术中写实主义传统的遗存。　（孙志新）

1. Jiao and Ma 2008, p. 16.

37a—c. 驭手俑、车士俑和步兵俑

西汉（前 206—公元 9）
陶制彩绘，a）每件高 28 厘米；b）每件高 25 厘米；c）每件高 45 厘米
1984 年江苏徐州狮子山兵马俑坑出土
徐州博物馆

　　这 12 件兵俑出土于楚王刘戊墓的陪葬坑中，四个大型的陪葬坑共出土约 2400 件健壮的陶俑，墓主人刘戊是西汉早期最有财富和权势的诸侯王之一。[1] 这些陶俑用细腻的黏土制作后烧制而成，通过其表面残留的颜料，我们可以看出，它们最初被施以鲜艳的彩绘。这些陶俑可分为三大类：驭手俑、车士俑和步兵俑。

　　驭手俑（图录 37a）和车士俑（图录 37b）因为是

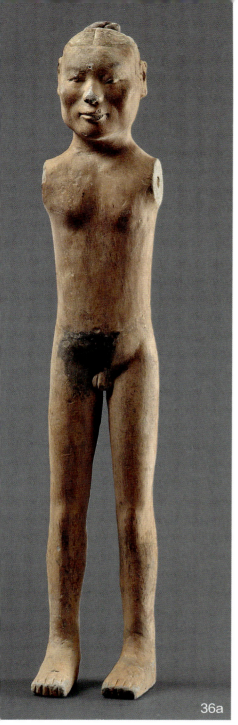

36a

36b

36c

在车上，所以采取跽坐的姿势。驭手俑都戴着由皮革和织物做成的头盔——汉军的标准装扮 [2]，身着长袍，长袍外面是保护上身的短袖甲衣。驭手俑双手前伸，似乎紧握着缰绳，缰绳应该是用容易腐朽的材料制作的，已经看不到了。车士俑的装扮不太一样，他们穿着厚重的护具，铠甲长及膝部，风字盔一直延伸到脖子和肩膀。铠甲内有宽袖长襦，质地密实，可能还有衬里。车士俑右手有一个圆孔，说明曾经握着长柄的戈，但现已不存。

步兵俑（图录 37c）身着窄袖长襦，外罩甲衣，头戴平顶头盔。他双手前伸，应该原来握着戈或矛之类的长柄兵器。

这些兵俑代表着汉朝早期军队的两个主要的兵种，即车兵和步兵。当时还没有发展出骑兵，[3] 之所以这样推断是因为在同一地点所出土的骑马俑数量有限，与其说是骑兵，不如说更像是传令兵。（孙志新）

1. Xuzhou 1986, p. 6. 2. Sun Ji 1991, pp. 233-234. 3. 参看本书"秦汉武备概说"部分。

37a

37b

37c

38. 陶马两件

西汉（前 206—公元 9）
陶制彩绘，高 64 厘米
1984 年江苏徐州羊鬼山汉墓出土
徐州博物馆

　　这两件陶马为各部分单独模制后装配而成，模制的部件包括耳朵、头颈、躯干、腿和打结的尾巴。马嘴后部贯穿的小孔可供穿缰绳。马的嘴唇、耳朵内部和鼻孔中残留有不甚明显的颜料痕迹，说明它们曾施有彩绘。

　　这两件陶马是羊鬼山出土的兵马俑军阵的一部分，一组有四匹。[1] 军阵由数百名行进的步兵组成，这些马位于军阵最前面。其附近有已经腐朽的木质马车模型残件，表明它们是负责拉战车的马匹，供指挥官在战场上移动之用。

　　汉朝早期，马拉的战车还很常见，是运载高级军官和重甲车士不可或缺的运输工具。公元前 2 世纪中期，骑兵逐渐取代车兵，马匹在战场上开始发挥更为重要的作用。汉军远征西域就曾动用数万匹马。（孙志新）

1. Xuzhou 1986, p. 7.

39. 马和骑士俑

西汉（前 206—公元 9）
马：木胎漆器，高 68.5—72.7 厘米；
骑手：木质，高 46—48 厘米
1995 年四川绵阳双包山 2 号墓出土
绵阳市博物馆

　　这些马都是用整块木料雕刻而成，通体髹数层黑色厚漆。马的耳朵、眼睛、鼻孔和嘴部涂有朱红色漆以示突出。马的形象夸张生动：两耳竖立，双眼凸出，鼻孔大张，脖子弓起，身体强壮，四条腿雄健有力。

　　骑士俑也是用整块木头雕刻而成，但没有髹漆，而是在白泥釉上涂红黑两色的颜料以表现其面部特征和衣物，颜料经过两千多年的埋藏，大部分已经消失。俑作骑马状，双手前伸，好像在紧握马的缰绳。骑士俑身裹窄袖短衣，这种装束适合在马背上活动。他们可能是仪仗队中的一员，这是汉代墓葬陈设中一种典型的元素。他们进一步反映出当时骑兵为汉朝的常规军事力量，骑士经常会出现在各种仪仗队伍中。

　　值得注意的是，这些俑发现于四川绵阳，这里自然资源丰富、政治安定，属汉代漆器制造业相当发达的地区。[1] 四川漆器质量上乘，具有独特的魅力，当时行销全国许多地方。发现这些马及骑士俑的墓葬极其

奢华，同时出土的还有许多的漆器，就很能说明问题。

（孙志新）

1. Watt and Ford 1991, p. 18.

40a，b. 马和牵马俑

东汉（25—220）
青铜，a）高 135 厘米；b）高 67 厘米
1990 年四川绵阳何家山 2 号墓出土
绵阳市博物馆

当奉命出使西域的张骞（卒于前 113 年）从大宛带回 "天马" 时，汉朝上下为之振奋。大宛是位于今天乌兹别克斯坦境内费尔干纳河谷的一个古国。[1] 当地盛产的此种骏马，有极大的军事价值。这件大型的青铜雕像表现的就是大宛马的形象，其特点是颈部弓起，四条腿坚定有力，身体浑圆，腰身结实（图录 40a）。马的双耳竖立，鼻孔张开，浑身散发着活力。尾巴上打的结说明它用于骑兵，或者可能用于仪仗队伍。牵马俑（图录 40b）的左手执盾，说明他是一名士兵。

铜马由九个独立的部分组合而成：头部、颈部、身体的前部和后部、四条腿和马尾。这些部件被分开制作，就能避免整体铸造所带来的技术难题，同时还可以降低成本。这似乎在当时是通行的做法，四川当地和其他地方出土的铜马都可以作为证明。[2]

（孙志新）

1.《史记》卷一二三，第 3170 页。 2. Guangxi 2006, pp. 53–54, colorpl. 27.

40a, b

41

41. 斧车图画像砖

东汉（25—220）

陶制，41 厘米 × 47.3 厘米

四川成都郊区出土

四川博物院，成都

　　画像砖常出现在东汉墓葬的墓室墙壁上，其主题
除花草纹和几何纹，还有许多私人和公共生活的场景，
如狩猎、捕鱼、农作、制盐、出行、饮宴、奏乐、舞蹈、
杂耍等，这些都是墓主人生前的生活画面，他们希望
死后能继续享受这种生活。画像砖上的形象大多用凸
起的浮雕表现，然后再在上面施以明亮的颜色，不过
在两千年后这些颜色极少能保存下来。

　　这件画像砖上有一辆马拉的车，马精神抖擞，头
部高扬，四足腾飞。车后面有两名武士快步跟随，武
士肩上扛着旗子。车上坐着的两个人护卫一把斧子，
这是一种军事权力的象征，由朝廷颁赐给县令以上级
别的官员。[1] 砖上的画面生动，表现了高级官吏的车马

41，拓片

仪仗，同时也说明了死者显赫的社会地位。（孙志新）

1. Hu Shunli 1989, p. 74；另见《后汉书》志二九，第 3651 页。

42

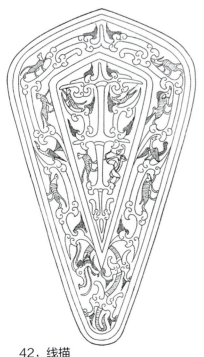

42，线描

42. 当卢

西汉（前 206—公元 9）

青铜鎏金银，最大尺寸 25.3 厘米 ×13.7 厘米

1968 年河北满城 2 号墓（窦绾墓）出土

河北博物院，石家庄

　　图录 42 中的这种三角形牌饰被称为当卢，是马额头的装饰品，在周、秦、汉时期使用广泛。它一般用青铜制作，但金银质的当卢在贵族墓葬中都有发现，是财富与身份的象征，也体现出当时精湛的工艺水平。当卢通常以现实中或者想象的动物作为装饰主题。这件当卢的鎏银表面雕有流畅的线条，线条上再鎏金加以突出，呈现出一个充满鸟兽的精彩世界。一条生机勃勃的龙，身体蜷曲，张着大口，由底部升腾而起，龙头向后。由弯曲状、钩状和带状线条组成的云纹错综复杂，云纹中交织着各种各样的动物，有鹤、雉、猴、羊、羚羊、虎、豹以及野猪等。值得注意的是一个身穿对襟短衣、头戴尖帽的猎人，他正拉满弓瞄准着对面的动物。这件牌饰上繁复的设计和精巧的做工展示了中国手工工艺的特点，而猎人的装束则毫无疑问地属于斯基泰风格，显示出欧亚草原艺术风格的影响。[1]（孙志新）

1. 关于斯基泰猎人的形象，见 Aruz et al. 2000, no. 146。

43. 承弩器

西汉（前 206—公元 9）

青铜镶金银，长 12.3 厘米

1968 年出土于河北满城 1 号墓（刘胜，卒于前 113 年）

河北博物院，石家庄

　　东周时期（前 771—前 256），弩开始用于装备军队。为了将弩安放在车上，并方便取用，承弩器应运而生。它一般用青铜制作，器体呈长方扁筒形，前端伸出向上弧曲的弯钩，后端开口成方銎，以榫接在战车车厢前挡上，成对使用，以将弩斜挂在上面。

　　承弩器使用的具体情况，可参看秦始皇陵 1 号铜车模型（图录 13a），其车厢前挡装有承弩器，上面斜挂铜弩模型。汉代仍在马车车厢的前挡安置承弩器。河北满城 1 号西汉中山靖王刘胜（卒于前 113 年）墓中，与随葬马车一起出土了六对共 12 件承弩器，均由青铜制作。现在的这对出土于第 6 号车的范围内，制工精美，前端弯钩作

43

长颈高昂的兽首，通体以金银丝错出云雷纹和兽首细部，是很好的工艺美术品，也显示了汉代侯王用器的豪华精致。（杨泓）

87年）、河北满城陵山中山靖王（刘胜，卒于前113年）墓中也出土有同类的器物，应为诸王的仪仗用具。

（杨泓）

44. 金鐏青铜戈

西汉（前206—公元9）
戈：青铜，宽22.3厘米；鐏：金质，高11.9厘米
1978年山东淄博齐王（刘肥，卒于前188年）墓出土
淄博市博物馆

　　青铜戈，是中国古代自夏商至西周时期军队装备的主要格斗兵器。到东周时期，由戟刺（矛）和戟体（戈）用柲（柄）联装的戟开始被使用，并且取代戈成为军中最主要的格斗兵器。然而戈仍作为"五兵"之一，在车战兵器组合中使用。

　　及至西汉时期，青铜戈已退出部队装备的实战格斗兵器行列，仅是仪仗用具。诸王的陵墓都常随葬有成对的制工精致的青铜戈，还配有金、银或鎏金材质的戈籥和戈鐏。这件戈籥的造型是伏卧回首的鸳鸯，很是精美，出土于山东淄博齐王刘肥（卒于前188年）墓随葬坑。山东巨野红土山昌邑哀王（刘髆，卒于前

44

45. 玉具铁剑

西汉（前 206—公元 9）
剑：铁质；配件：白玉；总长 105.8 厘米
1968 年河北满城 1 号墓（刘胜，卒于前 113 年）出土
河北博物院，石家庄

　　装配有玉具的铁剑，流行于西汉时期。中国古代用玉饰剑，始于东周，当时为青铜剑，已在剑首与剑格处装配玉具。到西汉时期，钢铁材质的剑取代了青铜剑，并在剑首、剑格、剑鞘末端以及鞘上供悬挂的剑鼻处都装配玉具，四件玉具形成固定的组合，后来习惯将其称为"玉具剑"。

　　装配着雕琢精美的玉饰的玉具剑，并非军队中普遍装备的格斗兵器，而是供王侯贵族佩带的佩剑。诸侯王逝世后，多将玉具剑随身葬于棺椁内。最近在江西南昌发掘的海昏侯墓棺椁中，就有一件玉具剑出土。现在的这件出土于河北满城陵山 1 号西汉墓，所葬死者是中山靖王刘胜（卒于前 113 年）。墓中出土的四件铁剑的玉具均为白玉，其上浮雕纹饰精美，分别有螭龙、神兽和卷云纹。[1]

　　因玉具剑饰雕饰精美，也有西汉诸侯王墓将没有装配在剑上的玉具，成组随葬于墓中，如广州西汉南越王墓，西耳室中有随葬的一件漆盒，盒里贮存有多达 43 件玉剑具，其中 4 件（首、镡、璏、摽）成组的有 8 组共 32 件，另 11 件不成套。由此可见，当时南越王室很珍重装配在剑上的玉具。（杨泓）

1. 西汉玉具剑四件玉具的名称，学者们有不同意见。依孙机（Sun Ji1985）考证，剑首玉具称"首"，剑格玉具称"镡"，鞘上剑鼻玉具称"璏"，鞘末玉具称"摽"。

46

46. 铁匕首

西汉（前206—公元9）
铁质嵌金，36.7厘米 ×4.3厘米
1968年河北满城1号墓（刘胜，卒于前113年）出土
河北博物院，石家庄

匕首是人们贴身搏斗时才用得到的一种防身兵器。从这件在河北满城1号西汉墓所出的金花铁匕首可见，西汉时期铁兵器的制作技艺堪称完美。它的刃部相对较短，但格的部分与传统的剑是相同的。匕首的主体两侧均钿嵌金片花纹带，一面作火焰纹，另一面似云纹。它的茎宽扁，两边鼓起而中空。环首不是铁质，而是

单独用银基合金铸造。环首近茎部和格上均钿嵌金片饰作兽面纹。这件匕首装饰精美，是供王侯使用的奢侈物品。它与草原民族所用的匕首从装饰主题到结构都不同——后者的匕首是整体铸造的，刃倾斜，没有凸出的脊。两种匕首间并没有什么联系。

汉魏时期的军队中也装备有实用的防身用的铁匕首，正如三国时期诸葛亮在《作匕首教》中所述"作部作匕首五百枚，以给骑士"，这里的匕首是供部队实战使用的兵器。（杨泓）

47. 青铜方斗

新朝（9—23），公元9年
青铜，23.9厘米 ×11厘米 ×14.8厘米
中国国家博物馆，北京

王莽（约前45—23）在公元9年篡汉，建立了短命的新朝。尽管他的朝代名字为"新"，但王莽实行的一系列改革措施，包括礼制、货币和政治制度等，却是要恢复以儒家经典中所记载的礼乐制度为基础的旧秩序。王莽是中国历史上最具争议性的统治者之一，对他的批评主要是基于其背叛汉朝及其统治期间造成的社会动荡。但他又大力支持对儒家经典的研究和整理，改革祭祀礼仪制度，这又给中国留有一份不朽的遗产。[1]

体现王莽对度量衡进行标准化改革的器物遗留下来的并不多，这件是其中之一。[2] 它口沿处的文字说明这是在始建国元年正月所制的一个标准的量斗。文字内容还包括它的详细尺寸和容积（换算成现代的容积单位约为1.9公升）。量斗的一边有一只卧着的凤凰，其展开的双翅异常绚丽，像一只正在开屏的孔雀。这件器物最令人惊叹的是它的三个边刻画有极为细致和精巧的五种嘉谷。这些图案非常纤细，不可能是铸造或铭刻上去的，学者们认为可能最初是用漆绘上去的或者经过了化学方法的处理。[3] 图案下的文字指出了这五种谷物的名称：禾、麻、黍、麦、豆。它们都有很多的籽粒，显然不是普通的谷物，而是象征着吉祥的嘉谷。这些祥瑞在汉代的视觉艺术中很常见，反映出了当时的社会意识。（陆鹏亮）

47

  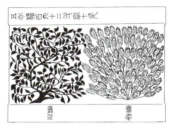 

47，侧面图案线描

1. 有关王莽时期的详细历史，英语资料参见 Bielenstein 1986b，pp. 224-240；王莽统治的复古及其影响，见 Li Ling 2007，pp. 45-64。最近王莽时期的一件封禅玉牒在西安西汉长安城桂宫 4 号建筑遗址出土，见 Feng Shi 2006。 **2.** 这一时期的量器保留下来的有数件，这是其中纹饰最为精致的一件，见 Chang Lin-sheng 1985；Qiu Guangming 1992，pp. 216-227；Fong and Watt1996，pp. 93-95。 **3.** 这一件器物的资料早在 1917 年就已经发表，但上面精细的图案直到 1950 年代才被发现，见 Luo and Tang 1958。

48. 青铜尺

东汉（25—220）
青铜，19.6 厘米 ×1.2 厘米
1957 年甘肃酒泉北稍门外汉墓出土
甘肃省博物馆，兰州

汉代继承了秦的度量衡制度。长度的基本单位是尺，约合 23 厘米，尺子的长度即为一尺。现在已知的经考古发掘和各博物馆收藏的尺子整件和残件共有一百多件，质地有青铜、木、竹、玉、骨等。[1] 它们的长度略有不同，为 21.7—24.1 厘米。由于迄今为止没有通过考古挖掘得到过官方的尺子，学者们通过青铜器皿上的尺度铭刻推断，西汉的标准尺应该是 22.5—23 厘米。[2]

现在的这件尺子在发现时剩下五分之四多一点儿，考古学家推算原来的长度应该是 23.4 厘米。[3] 一般来说，东汉的尺子比西汉略长，但其中的原因目前还不太清楚。（陆鹏亮）

1. 1990 年以前的发现收录于 Qiu Guangming 1992，pp.12-57；最近的发现见 Bai Yunxiang 2014。 **2.** See Tian Shi 1975. **3.** See Qiu Guangming 1992, p. 40.

48

49

49. 青铜漏壶

西汉（前206—公元9）
青铜，高52.4厘米，直径20.9厘米
2010年陕西凤栖原8号墓出土
陕西省考古研究院，西安

这件青铜漏壶出土于西安南郊凤栖原的一座墓地。[1]漏有三足，粗短如兽脚。原来盖子上的孔应该插有木质或竹质的刻度尺，刻度尺漂浮在水面上。水从底部的小管子均匀地流出，刻度尺也随着稳步下降，这样就可以从刻度上读出时间。

出土的这件铜漏的墓葬主人是公元前1世纪重要的政治家张安世（卒于前62年），[2]旁边的第25号陪葬墓埋葬着他的夫人。张安世的父亲张汤是汉武帝（前141—前87年在位）最为信赖的大臣之一，曾担任廷尉和御史大夫，这是朝廷上最为重要的两个职务。可是张汤渐渐失去了皇帝的信任，最后自杀而死，死时不名一文。[3]张安世也身居高位，他从政三十多年，因曾多次使汉朝度过危机而得以善终，所以他的命运与他父亲的不同。他的墓里随葬有2000多件陶俑和木俑，这显示出他显赫的地位。尽管墓的外椁已经被盗并被焚毁，但他的墓中仍然发现了大量的陪葬品。

张安世生前可能使用过这件铜漏，死后的他仍然可以继续使用。同时，铜漏也是他的政治才能和政治地位的象征，因为当时从中央到地方最基层的办公场所，以及整个国家范围内的驿站都必须配备水漏。从秦代开始，各级官吏都必须在收发邮件时记录下日期和时刻，并把这些信息记录在文书上。根据法律，延误文书的传递会受到惩罚，惩罚的轻重视文书的重要性和延误的时间长短而定。[4]（叶山）

1. CASS 2011. **2.** 张安世的生平见 Loewe 2000, pp. 672-674；《汉书》卷五九《张汤传》，第2647—2658页。**3.** Loewe 2000, pp. 692-694；《史记》卷一二二，第3137—3144页；《汉书》卷五九《张汤传》，第2637—2647页。**4.** Chen Songchang 2009; You Yifei 2015.

50. 金饼

西汉（前206—9）
金质，每件直径5.7—6.6厘米，重227.6—254.4克
1999年陕西谭家乡出土
西安博物院

51. 马蹄金

西汉（前206—公元9），公元前1世纪
金质，每件高4.1厘米
2015年江西南昌海昏侯（刘贺，卒于前59年）墓出土
江西省文物考古研究院，南昌

在中国，以金为货币可以追溯到战国时期（前475—前221）的楚国，其上的文字称其为"郢爰"。这种货币是用金版裁成16—24个有印迹的小方块，每块重约250克。[1]秦朝统一六国以后，对货币进行了标准化，圆形的铜钱（"半两"钱）进入日常流通（见图录17），金币成为上币。[2]史籍中找不到关于秦代金币的详细记载，考古发掘也没有发现秦代金币的实物，[3]但在全国范围内已经发现有超过400件汉代的金质货币，其主要样式就是这里看到的金饼。

这十件金饼（图录50）是汉长安城遗址以东大约四公里的一个砖场在基建时偶然发现的，总共发现了219件。金饼每件重约250克，相当于汉制的一斤（平均为244—254克），形状是有凹凸的圆饼。多数金饼上的印迹和刻画的几何形状及汉字，应该是表示金饼的质量、用途、地名、族名和吉祥语。[4]金币在汉代使用很广泛，是间接交换和财富贮存的有效手段。每年诸侯王都要向中央政府贡献酎金，这是金币的一个重要的用途。[5]

2011年，当地政府拦截了南昌西郊一起盗掘古墓活动。随后的考古发掘表明墓主人为刘贺（前92—前59），他曾在公元前74年时登基称帝，但仅在位27天就遭大臣的弹劾被废黜，此后被称为海昏侯。海昏侯墓出土了大量的陪葬品，包括马车、乐器（见图录

50，细部

50

51，侧视及俯视图

57），以及数万枚竹简。[6]同时主墓室中还出土了378枚各式金币，除金饼外，还有48枚马蹄金和25枚麟趾金被一起放在漆盒内，有的上面有等级标志（上、中、下）。这两种形式的金币的发现具有重大意义。公元前95年，汉武帝（前141—前87年在位）下令把金币的名字改为麟趾金和马蹄金，这是为了应和当时降临的白麒麟和天马等祥瑞。[7]以前也发现过一些零星的此类金币，但现在的这一套是最为完整的。[8]马蹄金和麟趾金等装饰性造型的金币相对稀少，从这一点可以推断汉代金质货币的主要样式是金饼。（陆鹏亮）

1. An Zhimin 1973. **2.**《汉书》卷二四《食货志》，第1152页。**3.** 陕西曾发现两批据称是秦代的金币，但学者们不太同意这种断代，参见 Zhu and Hei 1964；An Zhimin 1973；Zhang Xiande 1985。**4.** 有关这次发现的详情，见 Xu Jin 2000。**5.** Sadao 1986, pp. 592-593. **6.** 这次发掘工作还在进行，发掘报告还没有发表。但2016年在北京首都博物馆展出了这次发现的部分文物，见 Nanchang 2016。**7.** Ibid., pp. 118-223;《汉书》卷六《武帝纪》，第206页。1973年在河北定县中山怀王刘修（卒于前55年）墓出土了五件镶嵌有掐丝帖花镶玻璃的马蹄金和麟趾金，见 Hebei 1981, p. 3, pl. 1。

52a—c. 熹平石经残石三块

东汉（25—220）

石质，a）6 厘米 ×12 厘米；b）10 厘米 ×18.5 厘米；c）11
厘米 ×20.5 厘米

1980 年代河南洛阳汉魏故城遗址出土

河南博物院，郑州

　　熹平石经因汉灵帝刘宏的第二个年号而得名，"熹
平"的意思是明亮安宁。当时朝廷正进行着一项宏伟
的工程，即校订各种儒家经典。为进行这项工作调集
了一大批学者，由著名的学者、官员和书法家蔡邕总
其成，对儒家经典的不同版本进行了校对，剔除其中

52a

52b

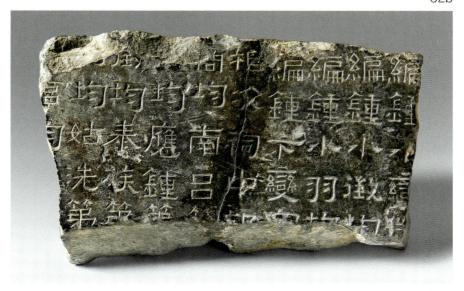

52c

的错误和前后矛盾之处。这项任务异常艰巨，共用了九年时间才得以完成。校订后的经文被镌刻在 46 块巨型石碑上，石碑矗立在洛阳太学讲堂的前面，作为学习儒家经典的官方定本。碑石落成后吸引了大批的学者和访客，"车乘日千余两，填塞街陌"。[1]

东汉灭亡后的战争让石经遭受了无法挽回的损失，当时乱军把太学烧为平地，许多石经遭到破坏或遗失。这三块残石是过去几个世纪从汉代的遗址中得到的，经过研究，发现它们的文字分别属于古代中国的卜筮之书《易经》，和曾以为早在秦代就已经遗失的儒家经典《乐经》。石经用隶书书写，字体优美，传统上被认为是蔡邕的作品。石经上的字体扁平，结构平稳，笔画流利、饱满，体现出隶书成熟阶段的雄浑风格。

（孙志新）

1.《后汉书》卷六十《蔡邕传》，第 1990 页。

53. 王杖诏令简

东汉（25—220）
木质墨书，高 23—24 厘米
甘肃武威磨咀子 18 号墓出土
甘肃省博物馆，兰州

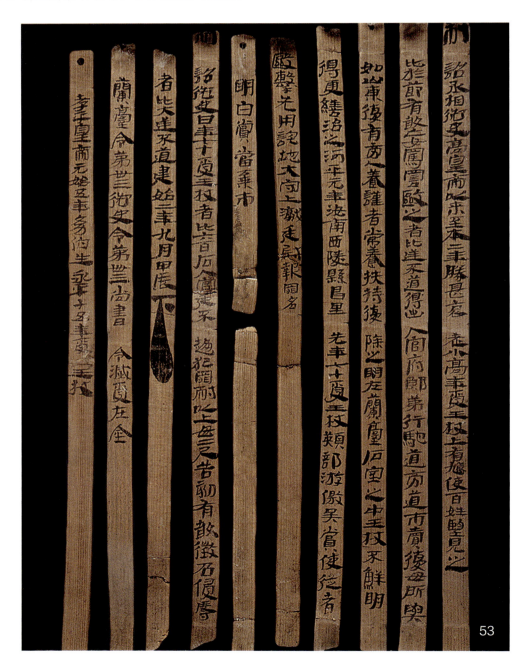

53

54

54. 鸠杖

东汉（25—220）
木质，手杖高 196.5 厘米；杖首长 21.2 厘米，高 9.7 厘米
1958 年甘肃武威磨咀子 18 号墓出土
甘肃省博物馆，兰州

对老年人的尊重和爱护是中国传统儒家思想中最基本的价值观，这在汉代被写入了法律。在纸出现之前，简牍是通常的书写材料。这十枚木简（图录 53）记录的诏令规定了老年人应该享受的权利与特殊待遇。根据诏令，七十岁以上的老人为政府所承认的高年老人，可以享受相当于六百石官员的待遇。[1] 高年老人如经商可以免税，如有轻微的违法行为也可以免于被起诉和惩罚。此外，如果有人愿意赡养孤寡的高年老人，也可以免除赋税和徭役，这可能是中国历史上最早的社会福利措施。

这批木简出土于一座东汉墓葬，墓主人可能是位高年老人。与木简一起出土的还有一支手杖，杖首呈鸠形（图录 54）。[2] 这件鸠杖显然是一件陪葬品，是对原物的忠实复制。按照汉朝的诏令，这种鸠杖被赐给高年老人作为其身份的象征。持有鸠杖的老人可以自由地出入官府，也可以在仅供皇帝使用的驰道边上行走。如果有人胆敢欺辱老人，会受到政府的起诉和严厉惩罚。

（孙志新）

1. Kaogu 1960; Chen Zhi 1961. **2.** Gansu 1960, p. 19.

55. 汉归义羌长印

东汉（25—220）
青铜，3.5 厘米 × 2.3 厘米
中国国家博物馆，北京

这枚青铜印据报告发现于新疆维吾尔自治区沙雅玉奇喀特古城。当时游牧民族——羌人在这一带活动。[1] 通

55，印底部及侧面

过与同类器物进行比较，这枚印章的时代可以确定为东汉，这也与印章上文字的书法特点相吻合，即字形狭长，笔画浑厚方正。印章的钮为羊形，这是外族首领印章的标准样式，中国官员的印通常用龟钮。

自公元前2千纪起，羌族就活动在中国的西北和西北边疆一带。[2] 羌人时常与其他游牧部落联合，对边境线上的中原居民造成威胁。到东汉时，羌人也从事农业，不再单纯地依赖游牧。这样一来，许多羌人迁徙到中国内地。汉朝政府把这些羌人纳为自己的臣民，并设置属国进行管理，要求他们纳税并服徭役。羌人向汉朝进贡并朝见天子，作为交换，归义的首领会得到汉朝颁赐的头衔和这样的印章。（孙志新）

1. Li Fang 2013, p. 61. **2.** M. Lewis 2007, p. 141.

56. 司禾府印

汉代（前206—公元220）
煤精，1.6厘米 ×2厘米
1959年新疆维吾尔自治区民丰县尼雅出土
新疆维吾尔自治区博物馆，乌鲁木齐

随着在西域（现新疆维吾尔自治区）的影响日益扩大，汉朝在那里设立了军事和政治的指挥部，而后又进行屯田活动。这种策略相当有效，不仅为军事进攻建立了坚实的基地，还可为军队提供食物补给，省去了从内地转运的高额成本。

这件煤精印章发现于中国西北边陲的尼雅古城遗址，这里在汉代是精绝国的所在地。[1] 尼雅古城现在是一片废墟，但它曾经是荒凉沙漠中的一片绿洲，热闹非凡，满是来往于中国和中亚、西亚的商人和使节。尼雅古城可能也是汉朝的一个前哨，尽管"司禾府"

57

56，底部及侧视图

1. Shi Shuqing 1962, pp. 24–26. 2. Jia Yingyi 1984, p. 87.

的名称在史籍中没有记载，但这一机构很可能在汉朝设立于尼雅的军事和屯田基地中存在过。负有类似职责——与农业有关的事务——的官吏，在汉代以及以后的典籍中都有记载。[2]（孙志新）

57. 鎏金青铜钮钟六件

西汉（前 206—公元 9），前 1 世纪
青铜鎏金；高度（按降序排列）分别为：24.4 厘米，23 厘米，21 厘米，20 厘米，18.6 厘米，16.5 厘米
2015 年江西南昌海昏侯（刘贺，卒于前 59 年）墓出土
江西省文物考古研究院，南昌

青铜编钟从周代（约前 1046—前 256）一直到汉代都是祭祀音乐的基本乐器。这些钮钟没有钟舌，按大小依次悬挂在装饰精美的钟架上，用钟槌敲击来发声。一般来说，比较大的钟音量较大而音调较低，一套大小不等的钟组合在一起可以演奏乐曲。编钟一般用于宗教仪式和正式的宴会，它们不仅是贵族身份的标志，同时还可以营造一种神秘的气氛，使人们可以与祖先的灵魂进行交流。[1]

这六件钮钟最近出土于以奢华著称的海昏侯墓（见图录 51），在汉代，像这样鎏金的编钟非常罕见。[2]根

据以往的考古发现，汉代一整套的编钟通常有 19 件，包括 14 件像这样的钮钟和 5 件甬钟。[3] 钮钟和甬钟的横截面都呈杏仁形，底部的开口都是弧线形，但两者用于悬挂的部位不一样。钮钟是 U 形的钮，而甬钟有管状的附有铜环的长柄。因为编钟的特殊形状，击打它的中心和旁边可以发出两种不同的音调。这种"一钟双音"现象是周代编钟制作中最具特色的成就，以前认为其制造方法在秦汉时期已经失传。可是在一些汉墓中发现的编钟表明，西汉时期仍在制造双音编钟。[4] 周代的礼乐制度在战国时期（前 475—前 221）崩坏，汉朝政府曾致力于恢复周礼，而这些编钟正是这种努力的象征。（陆鹏亮）

1. 关于中国编钟的英文详细讨论，可参看 Falkenhausen 1993。**2.** 这座墓葬的发掘报告还没有公布。关于这次发现的初步讨论——包括这六件钮钟，见 Nanchang 2016。**3.** 过去三十多年里在广州、洛庄和盱眙的西汉诸侯王墓中出土了几组成套的编钟，分别见 Luozhuang 2004；Guangzhou 1991, pp. 38-40；Nanjing Museum 2013。另外馆藏和私人收藏中有一些不成套或单个的编钟，见 Wang Zichu 2003, pp. 353-359；Li Xueqin 1997。**4.** 最近在盱眙和南昌的诸侯墓中也出土了类似的编钟，但没有进行声学分析，见 Dayunshan 2013b 及 Nanchang 2016。

57，细部

58，铭文细节

58. 编磬

西汉（前206—公元9）

石质，尺寸大小不一

2000 山东章丘洛庄吕王（吕台，卒于前186）墓14号陪葬坑出土

章丘市博物馆

　　这组编磬出土于西汉吕王吕台（卒于前186年）墓陪葬坑，同时伴有一大批其他的乐器。这一墓葬共出土编磬6套107件：每套20件的共4套，13件的1套，14件的1套。[1] 现在的这一套由20件大小不同的磬组成，原来悬挂在糅漆木架上，木架仅残存部分。每件石磬上都刻有文字，上面的"益"字说明石磬制作于临近的益县，文字也标明了每件石磬的悬挂位置。从东周一直到汉代的磬并不少见，但就数量和质量而言，这次的发现意义非凡。这些石磬大多数都完好如初，仍可以用于演奏。[2]

　　和编钟（见图录57）一样，编磬主要用于祭祀，在东周达到成熟。西汉的编磬仍然保持着曲尺形和下部有圆弧的形状。演奏时用槌敲击较长的一边，声音悦耳，与编钟相配合，音色庄重而和谐。这样的演奏可以表达对祖先的敬重，也是社会正义的象征。孟子（前372—前289）就曾用"金声玉振"来赞颂孔子（前551—前479）的功绩。（陆鹏亮）

1. 这座墓葬还没被发现，但陪葬坑出土的带有"吕"字的封泥提示了墓主人的信息，见 Luozhang 2004。2. 2004 年对此次出土的所有编钟和编磬进行了声学检测，结果显示它们组成了完整的七音音乐，共跨两个八度，见 Zheng and Fang 2007。

59

60

59. 陶曲裾衣舞俑

西汉（前206—公元9）
陶质彩绘，高49厘米
1989—1990年江苏徐州驮篮山楚王墓出土
徐州博物馆

60. 陶绕襟衣舞俑

西汉（前206—公元9）
陶质彩绘，高44.7厘米
1989—1990年江苏徐州驮篮山楚王墓出土
徐州博物馆

这两件乐舞陶俑表现了舞蹈动作的一个瞬间。她们的发式和服装整齐划一：头发从中间分开再结成圆

形发髻；服装则是拖地的长衣，长衣底部张开呈喇叭状。衣袖很长，能遮住双手，似乎在随着动作而飘动。其中一个舞俑的身体（图录59）向前微微倾斜，扬着右臂；她的衣袖下垂，尽管衣袖在这一刻并没有动，却好像表现出了接下来要做的动作。另外一个舞俑（图录60）身体向左倾，呈"S"型；她的双臂上扬，在身体两侧形成圆滑的曲线，双臂的前后都刻有"五"字。她的头、身体以及被遮掩在流动长袖中的手臂，都是用模具分别制作再组装到一起的。

为了把生前所能享受的乐趣和各种活动转移到死后的世界，时人通常会把日常生活中用到的物品用陶制成模型和死者一起下葬，称为明器。这些陶质的舞

61

俑就是用来为死者在死后提供娱乐的，在西汉时期是一种非常流行的明器。舞俑像是在表演一种缓慢、优雅的楚地舞蹈，这种舞蹈在当时很受欢迎。[1] 其特点是身体的摆动和舞动的长袖相得益彰，这也反映在当时的诗歌中：

奋长袖之飒纚。
要绍修态，
丽服扬菁。
眳藐流眄，
一顾倾城。[2]

（张仲麟）

1. J. Lin 2012, pp. 126-127. 2. 摘自张衡（78-139）所作《西京赋》。

61. 陶抚瑟俑

西汉（前 206—公元 9）
陶质彩绘，乐手高 33 厘米；瑟 14 厘米 × 54 厘米
1989—1990 年江苏徐州驮篮山楚王墓出土
徐州博物馆

62. 陶奏编钟俑

西汉（前 206—公元 9）
陶质彩绘，高 32 厘米
1989—1990 年江苏徐州驮篮山楚王墓出土
徐州博物馆

63. 陶吹奏俑

西汉（前 206—公元 9）
陶质彩绘，高 34.5 厘米
1989—1990 年江苏徐州驮篮山楚王墓出土
徐州博物馆

这三件踞坐女乐俑与上面的舞俑（图录 59、60）
同属于一个表演团体，都出土于江苏徐州驮篮山楚王
墓。乐俑是用灰陶土模制后经低温烧制而成。而上面
的颜料并不是通过烧制的方法附着于表面的，所以很
不牢固，几乎全都不复存在了。

抚瑟俑（图录 61）与仿制的乐器一起出土，其身
体微微向前倾斜，双手前伸，似乎正在演奏。[1] 抚琴俑
演奏的是一件汉代的弦乐器，乐器被塑造得非常逼真，
可以看出是瑟——一种弹拨乐器，一般有 25 弦。[2] 瑟右
边的四个凸起物是模仿瑟的木弦柱，是用来固定丝弦的。

奏编钟俑（图录 62）的旁边没有发现乐器，但从
她的姿势可以推定她的身份。俑采取踞坐的姿势，双
臂前伸，右臂比左臂略高。她双手半握，原先手中应

该有一对木槌，用来敲击编钟——一种打击乐器，通
常被成组地悬挂在木架上。

第三件乐俑（图录 63）的双手举到嘴边，应该是
在吹奏一种管乐器。乐俑的手在出土时已缺失，但在
其旁边发现了一件排箫和一件笙，表明了她在乐队中
的作用。[3]

根据《礼记》，乐舞在宫廷礼仪中起到了非常关键
的作用，可以促进天人之间的和谐。拥有乐手和舞者是
贵族的一种特权，具体的数量依其爵位而定。[4] 因此，
楚王墓出土的这些陶乐舞俑的规模也与他的身份相适
应。乐舞俑的功能并不仅限于在死后为墓主人提供娱
乐。（张仲麟）

1. J. Lin 2012, p. 134. 2. 考古发掘所得到的瑟的弦数，
有 25、24、23 和 19 不等，似乎存在着地区性的差异，
可参见 Kishibe Shigeo 1948, p. 153。3. J. Lin 2012, p.
134. 4. Legge 1967, pp. 93-131.

64. 杂技舞乐画像砖

东汉（25—220）
陶制，38 厘米 × 44.7 厘米
1972 年四川大邑县安仁乡出土
四川博物院，成都

　　这件画像砖生动地描绘了汉代宴会的场景，宴会上进行着各种表演，场面奢华。画面的右上部有两个人在表演杂技，一个人在跳丸，另一个人右手舞剑，左肘顶起一个瓶子。画面右下方是一个穿着漂亮长袖衣服的舞女，另有一个人笨拙地张开双臂试图抓住她。舞者身后的乐人们在吹奏排箫。画面左上部坐着男女主人，正在欣赏着表演，他们面前有两个酒尊。这件画像砖构图简洁生动，所有的图案都是用浅浮雕加上凸起的轮廓线条构成，这是四川汉代画像砖的典型风格。[1]

　　东汉时期，四川及周边地区常用画像砖来装饰墓室，成都附近发现的砖一般为方形，质量最好。[2] 画像砖上的图案，一般是用木制的模具印在潮湿的黏土上，可以表现多种多样的场景，诸如神仙（图录 137、138）、日常生活（图录 97、98），或者像图录 64 一样的社会生活场景。这些画像砖反映出中国人的一个根深蒂固的观念，那就是事死如事生。因为汉代留下来的其他类型的图像材料很少，这些画像砖能加深我

64，拓片

们对汉代生活的理解。（陆鹏亮）

1. 这件画像砖据说出于安仁的一座汉墓，在成都以西 42 公里，见 Wei and Yuan 2006, no. 94。2. 画像砖在 20 世纪前半叶开始出现在古董市场，1950 年代以后，经过考古，发掘四川也出土了一大批东汉画像砖。就画像砖和墓葬的关系，学者们在风格分类和思想意义两方面都进行了探讨，见 Feng Hanji 1961a; Yuan Shuguang 2002。

64

65. 鎏金银青铜盘龙纹壶

西汉（前 206—公元 9）
青铜鎏金银，高 59.5 厘米，最大直径 37 厘米
1968 年河北满城 1 号墓（刘胜，卒于前 113 年）出土
河北博物院，石家庄

这件器物非常精美，出土于中山靖王刘胜（前 165—前 113）墓的主墓室，中山国位于今河北省西部。[1] 这座墓是汉代考古最重要的发现之一，出土了许多豪华的工艺品，体现出汉朝工匠精湛的手艺和中山靖王奢侈的生活方式。这件壶的外形轮廓呈曲线，表面鎏金鎏银，使整个壶显得熠熠生辉。壶身有四条简化的鎏金龙，龙身互相缠绕，姿态流动，壶盖顶部的三只凤凰互相连接呈环状。盖子上的三个手柄以及器物口沿、颈部和圈足上的几何纹都经过鎏银处理。器物的样式与战国时秦国的风格近似，体现出公元前 3 世纪—前 2 世纪手工工艺的传承。[2] 从这件器皿底部的铭文来看，它原先是楚王宫内的酒器，楚王曾参与公元前 154 年的"七国之乱"。这件酒器可能是刘胜的父亲，也就是汉景帝（前 157—前 141 年在位）在叛乱平息后赏赐给他的战利品。这件器物为我们呈现出奢侈物品在汉代贵族间流通的情形。（陆鹏亮）

1. Mancheng 1980, pp. 40-43. **2.** 山东临淄齐王墓出土了几件秦代的银器，见 Zibo 1985; Xu Longguo 2004。

66. 错金青铜勾连云纹钫

西汉（前 206—公元 9）
青铜错金，高 61.5 厘米，最大宽度 33.5 厘米
1964 年陕西西安莲湖南小巷出土
西安博物院

这件器皿造型华丽，体形高大厚重，装饰有两个铺兽衔环，底部铭文有 19 个字，但有些字已经模糊不清。[1] 器物表面的错金十分精巧，组成变形的云纹和几何纹。镶嵌用的金丝极为纤细，需要高超的工艺水平才能把它镶嵌到青铜表面。镶嵌的线条与其背景看上去相当均衡和谐，进一步展示了当时成熟的和充满创造力的设计语汇。之前战国时代的错金银青铜器一般都器

形较小，嵌丝较粗。这件以及满城汉墓出土的同类器物均展现了汉代镶嵌工艺发展的杰出成就。

该器物通体呈方形，但它和锺或壶（图录 65、67）一样都是盛酒器。文献记载和青铜器物的铭文都证明这种类型的器物被称作"钫"。钫在战国时期就有，盛行于西汉时期，但在东汉时期消失。[2] （陆鹏亮）

1. 有关这件器物的发掘报告至今没有公布。上面铭文的内容包括十八斗的容积和阴历三月二十的日期，但没有年份，见 Xi'an Museum 2013, p. 165。**2.** 关于对钫的总体讨论，见 Sun Ji 2008, pp. 367 - 368；关于汉朝钫的形式的演化，见 Wu Xiaoping 2005, pp. 62-68。

67. 鎏金青铜锺

西汉（前 206—公元 9）
青铜鎏金，高 78 厘米，最大直径 42 厘米
2003 年陕西西安未央枣园出土
西安博物院

类似图录 67 这样的圆球状的器皿名为壶或锺，自战国到西汉时期一直主要用作盛酒器。[1] 这件器皿出土于一座汉墓的侧室中，同样的器物共出土两件，这是其中的一件。[2] 这座墓的大部分被盗，不过幸运的是，这座墓室并没有受到盗扰，出土了几十件青铜器和陶器。

这件器物令人惊叹，它的表面整体鎏金，盖子顶部挺立着一只神鸟。它体量很大，是目前同类器物中最大的一件。然而更为重要的是在发现的时候它里面盛放的物质：得益于盖子密封严实而保存下来的 26 升绿色的液体。[3] 经过科学分析发现，液体中含有 0.1% 的酒精，还有少量其他中国的酒里常见的物质。这是考古发掘获得的最多的西汉酒。传世文献中记载这种器物是盛酒器，这次发现不仅证实了这一说法，还为中国酿造史的研究提供了珍贵资料。（陆鹏亮）

1. "壶"和"锺"两种名称都出现在文献和器物铭文上，学者们认为它们是一种器物的两种名称，见 Sun Ji 2008, pp. 316-317。**2.** 发掘简报见 Xi'an 2003。**3.** 根据注释 2 中所引用的简报，两件中只有一件盛有液体，另一件表面有一条 10 厘米的裂纹，里面没有任何东西。

66

67

68

68. 鎏金青铜尊

西汉（前206—公元9），公元前2世纪晚期—前1世纪
青铜鎏金银彩绘，高13.6厘米，直径14.5厘米
2003年陕西省西安雁塔芙蓉园1号墓出土
西安博物院

　　这件青铜尊造型优雅，表面刻有云纹和神兽纹，纹饰线条流畅，分为两层。该器物质地为青铜鎏金，表面金光闪闪，盖子上的三个柄为神鸟状，底部的足为熊形。用红绿两色在盖子内部和器物底部画的图案，分别是夹杂在云纹中间的神鸟和兔（见细节图）。长沙一座西汉晚期墓中出土了一件类似的器物，因此我们可以把图录68中的这件青铜尊的时代定在公元前2世纪晚期—前1世纪。[1]

　　其他同类器物上的铭文显示这种形状的器皿被称为"尊"或"温酒尊"，这说明它们是用来盛放经多次酿造的酒的。[2]尊是汉代非常流行的盛酒器，当时的画像砖（图录64）等图像资料显示，在宴会中它们是与长柄勺一起配合使用的。（陆鹏亮）

68，彩绘底部细节

1. 这件器物出土于西安的一个建筑工地，见 Cheng Liquan et al. 2004, pp. 699–703。长沙出土的那件器物见 CASS 1957, pp. 112–113。**2.** 两件山西右玉出土的尊上有铭文"中陵胡傅铜温酒樽，重廿四斤，河平三年（前26年）造"，见 Guo Yong 1963。以前认为这种器物是盛放化妆用品的"奁"，这次的发现纠正了这种说法，见 Wang Zhenduo 1963。关于"温酒"的详细讨论，见 Sun Ji 2008, pp. 362–363。

69，细部

69. 错金银嵌宝石青铜鸟柄汲酒器

西汉（前206—公元9），公元前2世纪
青铜鎏金镶嵌金银宝石，高36.2厘米，底部直径6.5厘米
2010年江苏盱眙大云山1号墓（江都王刘非，卒于前129年）出土
南京博物院

  这件精美绝伦的汲酒器出土于江都王刘非（卒于前129年）墓的庖厨区，与这批餐饮器具一起出土的还包括一件漆案与一些饮食器。[1]从战国一直到汉，汲酒器都非常罕见，这件是其中之一，也是目前为止所发现的装饰最为华丽的一件。[2]它用青铜制成，通体镀厚金。其顶部的神鸟镶嵌着金银，做工精巧、独具匠心，鸟的两只眼睛用透明的红玛瑙制成。鸟的背部有孔，鸟身与一个竖直的管子相连，最下面是一个中空的容器，容器底部也有孔，这一奇特的造型表明其作用类似虹吸管。实验表明，液体（酒）可以通过底部的小孔进入容器内，当用拇指压住鸟背上的孔时液体不会流出，这样的话，就可以轻松地把酒从大容器中盛进酒杯，比用勺子舀要更加方便。这件汲酒器设计巧妙，说明当时的人们已经具备了基本的大气压力知识，并能够把它成熟地运用于手工工艺中。（陆鹏亮）

69

1. See Dayunshan 2013b; Nanjing Museum 2013, pp. 221–225. **2.** 除这件

外，类似的汲酒器只出土了两件，分别发现于山东临淄的一座公元前 3 世纪的墓和河南三门峡的一座早期汉墓；见 Shangwang 1997, pp. 23-25, 183-185。这两件汲酒器都用青铜铸造而成，表面没有镀层或镶嵌物。

70. 云纹漆鼎

西汉（前 206—公元 9），前 2 世纪
木胎漆器，高 25.6 厘米，口径 21.2 厘米
1972 年湖南长沙马王堆 1 号墓（轪侯夫人，约卒于前 168 年）出土
湖南省博物馆，长沙

这件漆鼎是汉代早期四川地区官府手工业作坊所制漆器的典型代表。漆器表面有典型的云纹和表示容积的文字"二斗"（1 斗为 10 升，相当于 2 公升），此外还有烙印的"成市"字样，为"成都市府"的简称。[1] 马王堆 1 号墓共出土了 184 件漆器，其中 73 件表面有类似的印记。这些漆器上共同的图案元素和工艺特点也能进一步证明它们是在成都地区制造。

漆器制造在战国时期发展迅速，到了汉代，四川

地区官府作坊中的漆器制造达到了一个新的高度。公元前 4 世纪晚期，秦国吞并了巴蜀，即今天的四川省和重庆市。巴蜀并入秦的过程相对比较平稳，使得这一地区避免了秦统一战争和秦末战争的动乱。四川地区包括成都在内的一些城市成了漆器制造的主要中心。在汉朝官僚体制的高效管理下，四川地区漆器的生产规模大、流通范围广，一直到达西南边陲的贵州和今天朝鲜平壤附近的乐浪郡。[2] 这里我们可以看到，尽管马王堆地处以前楚国的漆器制作中心，但当地的贵族仍然选择使用四川的漆器，说明在汉代蜀地漆器很受欢迎。

发现图录 70 中的漆鼎的马王堆 1 号墓还出土了一套七鼎六匕，它可以帮助我们认识汉代的用鼎制度。鼎最初用青铜铸造而成，是中国古代最重要的身份标志，尤其是在周代，当时对用鼎的数量有严格的规定。根据该墓中所出竹简遣册，死者葬礼上共使用了六套鼎，这符合东周时期（前 771—前 256）对诸侯的礼制规定。该墓的墓主人是轪侯利苍（前 193 年封侯）的夫人，

70

她沿用了这一制度。[3] 这次的发现也反映出汉代的一种新的趋势，即用漆器替代青铜来制作礼器。（陆鹏亮）

1. 发掘报告见 Mawangdui 1973, pp. 78–79。对铭文的识读，见 Yu and Li 1979。**2.** 关于中国漆器从战国到汉代的发展变化，见 Wang Zhongshu 1982, pp. 80–91；Watt and Ford 1991, pp. 15–19。**3.** See Yu Weichao 1979.

71. 云纹漆钫

西汉（前 206—公元 9），前 2 世纪
木胎漆器，高 50.7 厘米，最大宽度 22.5 厘米
1973 年湖南长沙马王堆 3 号墓（约前 168 年）出土
湖南省博物馆，长沙

这件漆钫是一件盛酒器，它器型硕大，生动地展现了汉代漆器与其他材料的器物在装饰图案上的互相借鉴。同一墓葬共出土了三件类似的钫，这是其中之一。它的表面从口沿到足绘有几何纹和云纹，从上到下分为水平的六层。盖的顶部也同样遍布变形的卷云纹。这些红黑两色构成的图案属典型的汉代风格。底部用红色书写着它的容积"四斗"。

这座墓的遣册上记录着"髹画钫三皆有盖"，从而使这种器物的定名得以确认。[1] 漆钫呈四方形，这种器物最初由青铜铸造，也见于陶器，流行于战国到秦汉时期（见图录 66）。漆器的典型形状为圆形，制作技术的成熟使得制作这种异形的漆器成为可能。同一墓葬中还出土了漆锺，也是一种盛酒器，器形为圆形，这种器物最初也是用青铜铸造的。（陆鹏亮）

1. 发掘报告见 Mawangdui 2004, pp. 118–120。

72. 漆饮食器

西汉（前 206—公元 9），前 2 世纪
木胎漆器，耳杯长 16.8 厘米，宽 12.5 厘米，深 4.5 厘米；漆盘最大直径 18.3 厘米；漆案长 60.2 厘米，宽 40 厘米，深 5.5 厘米；漆卮高 8.8 厘米，直径 9.1 厘米
1972—1973 年湖南长沙马王堆 1 号墓（轪侯夫人，约卒于前 168 年）和 3 号墓（轪侯儿子，卒于约前 168 年）出土
湖南省博物馆，长沙

漆器利用漆树（Rhus verniciflua）的树汁制成，是东亚最早和最伟大的发明之一。早在新石器时代，中

71

国的东南地区就开始了对漆的利用。生漆是有毒的，中毒的症状与中气根毒藤（poison ivy）相似，但干燥以后对人体无害。漆的抗水、抗酸、抗热功能都很好，很适合制作餐饮用具。[1]

现在看到的这一组漆器完好如初，它们代表了西汉早期漆器制作所取得的成就。[2] 漆器是在匀称的木胎表面均匀地施以黑漆和红漆，主要用三种方法成形。像这两件漆盘一样的圆形器物，它们的胎是用整块的木料用旋盘做成的。其他形状的器具，包括这件漆案和耳杯，它们的胎也是用整块木料斫出来的，但不是用旋盘做成。圆柱状的卮是用薄木片卷成后再用木钉固定而成。这些器皿的表面有流畅连贯的卷云纹和几何纹，表现出成熟和规范的工艺水准。

漆器上面的铭文表明了它们的作用和容积，这两件漆盘里面都写有"君幸食"的字样，外面都写着"一

72，耳杯

72，漆盘

72，漆案

升半升"，升是中国古代容积单位，约合 200 毫升。在发现时，有些漆盘里面还残留有牛、鱼、雉的骨头。耳杯是汉代一种典型的饮酒器，也称为"羽觞"。耳杯里面写着"君幸酒"，外面写有"一升"。卮上的文字一样，也是"君幸酒"，不过容积是"二升"。长方形的漆案只在底部写有"轪侯家"的字样。

这些器皿组合在一起，是供单个人使用的一套饮食器，反映出汉代豪华宴会上的用餐礼仪。马王堆 1 号墓发现有一只食奁，里面装着类似的器具，另外还有一只带盖的杯子和一双筷子（图 73）。古代中国的

宴会，每个人都有自己的几案，其上放有一个食奁，食奁里面是各种饮食器。与今天不同，宾客并不是围坐在一个大桌子旁共享餐食的。（陆鹏亮）

1. 关于漆的特性及其在早期中国的使用情况，见 Garner 1979, pp. 19-24；Watt and Ford 1991, pp. 1-2。2. 五件漆盘出土于轪侯夫人（约卒于前 168 年）墓（1 号墓），见 Mawangdui 1973, pp. 86-87。漆案耳杯和卮出土于轪侯儿子（约卒于前 168 年）墓（3 号墓），见 Mawangdui 2004, pp. 126-129, 134, 138。

72，后

图 73 一套残留有食物的漆器，1972 年湖南长沙马王堆 1 号墓（轪侯夫人，约卒于前 168 年）出土

73. 双层漆奁

西汉（前 206—公元 9），前 2 世纪
夹纻胎漆器，高 16.9 厘米，直径 24.1 厘米
1973 年湖南长沙马王堆 3 号墓（约前 168 年）出土
湖南省博物馆，长沙

　　这件漆奁与一大批乐器、木乐舞俑和侍女俑一道，出土于墓葬的北椁箱，漆奁造型豪华，共有两层，是死者的个人用品。[1] 在下面一层发现了一只铜镜，说明这件漆奁是用来盛放化妆品的。它的黑漆表面绘有红绿两色的云纹，云纹的轮廓用白颜料进行了仔细勾勒。这件漆奁的特别之处在于，它的图案是用矿物质颜料和油调制后描绘上去的。在马王堆 1 号墓和 3 号墓出土了超过 500 件的漆器，而用这种方法绘制图案的只有很少的几件。[2] 颜料中油的种类还没有经过分析，但它们数量如此之少，质量又如此之高，我们有理由相信，这种彩绘漆器在汉代应该属于漆器中的上乘。

　　这件漆奁的胎质也值得注意，在汉朝早期，木胎要常见得多，而这件漆奁用的是夹纻胎。夹纻胎是用木或泥做成内胎，用麻或丝缠紧，再涂上一层漆，反复几次，等几层纤维都干透后，把木胎或泥胎去掉即可。夹纻漆器在汉代早期只占漆器的很小一部分，但在汉代中期，即公元前 1 世纪以后其数量逐渐增加。[3]

（陆鹏亮）

73

1. 发掘报告见 Mawangdui 2004, pp. 155-157。 **2.** 3 号墓中除了这一件外，只有一个长方形的奁是用这种油彩进行彩绘的，在 1 号墓中只有一件九子妆奁用的是这种颜料。 **3.** 关于汉代漆器各种胎的详细情况，见 Wang Zhongshu 1982, p. 82。

74. 鎏金青铜熏炉

西汉（前 206—公元 9）
青铜鎏金，高 14.4 厘米，直径 9.3 厘米
1978 年山东淄博齐王（刘肥，卒于前 188 年）墓 5 号陪葬坑出土
齐文化博物院，淄博

这件精致的熏炉出土于汉代一座诸侯王墓的陪葬坑，坑内藏满精美绝伦的武器及个人用品，此熏炉展现了秦汉宫廷用香的豪华。[1] 当熏炉里面的香料燃烧时，芬芳的香气可以从熏炉盖子上镂空的地方散发出来。汉以后的朝代都是用木炭炙烤香木，而汉代及以前是燃烧香草，考古发掘所得的标本证明。[2] 在汉代，外国香料经由丝绸之路进入中国，成为当时最贵重和最有

利可图的商品。拥有这种熏炉的贵族会要求其做工精良、材质昂贵，以展示自己的财富和品位。这只熏炉表面鎏金，金光铮亮，上面有透雕的盘龙纹，完全可以达到要求。

熏炉上面的铭文有助于理解当时的衡制，铭文上写："左，重三斤六两。今三斤十一两。"显然，在这件熏炉存世的时候曾经有过一次衡制的变动。熏炉重 875 克，换算下来，在这次变动中，1 斤（16 两）由原来的 259 克减少到 237 克。铭文也反映出汉代早期非常重视记录豪华器物的重量。（陆鹏亮）

1. 墓区的主墓还没有被发掘，据推测墓主人是汉朝第二代齐王刘襄（卒于前 179 年），见 Zibo 1985。 **2.** Sun Ji 2008, pp. 413-416.

75. 青铜骑兽人物博山炉

西汉（前 206—公元 9）
青铜，高 32.3 厘米，炉盖直径 13.1 厘米，底盘直径 22.3 厘米
1968 年河北满城 2 号汉墓（窦绾）出土
河北博物院，石家庄

这种形状的香炉被称为"博山炉"，这个名称直到 5 世纪才开始使用，而以神圣的终南山为形状的铜香炉在汉代的诗中就已经有过描绘。[1] 中国最晚在公元前 5 世纪已经开始使用香炉，但博山炉直到公元前 2 世纪才开始流行。[2] 在河北满城中山靖王刘胜（前 165—前 113）及其夫人窦绾墓中发现的两件是其中最精致的。[3] 现在的这件出自窦绾墓，它为促进我们对汉代文化的了解提供了非常珍贵的材料。

香炉底下有底盘，炉身呈圆锥体，由一个力士托举着，力士跪在神兽的背上。炉盖镂空，可以出烟，其上的图案分为两层。上一层是流云萦绕的山峦，其间点缀有人物和动物的图案；（P153）下一层是朱雀、虎、骆驼和飞龙等汉代早期艺术中的四神图案。我们熟悉的四种方位神，包括东方青龙、南方朱雀、西方白虎和北方玄武（龟蛇合体）等，可能要到公元 1 世纪时才固定下来。窦绾墓出土的香炉是用骆驼而不是玄武来代表北方的。[4]

这里的骆驼反映出汉朝和其北方及西北方的游牧民族之间频繁的互动，其形式包括贸易、掠夺和战争。香炉炉盖上层的装饰进一步表现了汉人对吸收外来艺

74

75

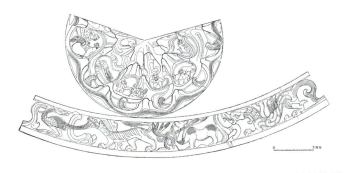

75，炉盖线描

术形式的兴趣，特别是两个细节——斗兽和驱车——
和汉朝西北边疆鄂尔多斯地区出土的金属牌饰上的图
案很相似。[5]（曾蓝莹）

1. Sun Ji 1991, p. 362. 2. Ibid., pp. 358－364；Erickson
1992. 3. Mancheng 1980, vol. 1, pp. 63－66, 253－257. 刘
胜墓出土的香炉曾在大都会博物馆展出过；见 Fong 1980,
pp. 330－331, no. 95, ill.。 4. Tseng 2011a, pp. 249－260.
5. Rawson 2006, p. 81.

76. 鹿形灯

西汉（前 206—公元 9）

青铜鎏金，高 45 厘米，灯盘直径 22.2 厘米

2010 年江苏盱眙大云山 1 号汉墓（江都王刘非，卒于前 129 年）出土

南京博物院

这件灯具精美绝伦，展现出汉代诸侯王宫中器物的高贵华丽。它出土于江都王墓主墓室南回廊的西部，共有两件。墓葬的这一区域储藏着豪华的浴室用具，包括一批形状各异的青铜灯具以及银沐盘和石搓。[1] 这件灯的造型是鹿，鹿的身体健壮，四腿站立，昂首向上。鹿

的口中衔着灵芝状的支架，支架上托着圆环状灯盘，灯盘内有三个圆锥状的烛钎。从鹿的外形来看，它长长的颈部像骆驼一样，长着鬃毛，可能是麋鹿，西方也称这种鹿为"大卫鹿"（Elaphurus davidianus）。[2] 麋鹿在古代受到尊崇，被看作一种祥瑞，在《尔雅》——成书于公元前 3 世纪，是中国现存最早的百科全书式辞书——中被列为兽类之首。[3] 这件灯具通体的鎏金彰显着它的奢华，整个灯盘、支架和鹿呈"S"形，表现出当时高超的工艺水平。

可以想象，灯盘上的三个尖锥可以插上现代的蜡烛，然而在汉代还没有固体的蜡烛，所以它们应该另有用途。在使用时，灯盘里面加上动物或植物油脂，然后在尖锥上插上麻秆作为灯芯。[4] 科学分析表明和这件鹿灯一起被发现的黑色不规则块状物是蜂蜡。[5] 这一发现提供了特殊的实物证据，证明在汉代蜂蜡已用于照明。文献记载在汉高祖（前 202—前 195 年在位）时，今福建地区的闽越王曾给朝廷进贡蜜烛 200 枚。[6]（陆鹏亮）

1. Nanjing Museum 2013, pp. 259-263. 这次发掘过程的简要介绍见 Dayunshan 2012。**2.** 麋鹿在 1866 年由法国传教士大卫（Père Armand David）引入西方，他把几只雌麋鹿和麋鹿骨骼运回巴黎，这种鹿后来就以他的名字命名。在中国古代，麋鹿曾在沼泽和湿地大量存在，但 19 世纪末在野外基本消失。详情见 Beck and Wemmer 1983, pp. 1–7。**3.**《尔雅》卷十，第 359 页。**4.** 关于秦汉时期灯具的使用和分类的详细情况，见 Ye Xiaoyan 1983, Sun Ji 2008, pp. 405-412。**5.** See Ma Saiping et al. **6.** 见《西京杂记》卷四，第 167 页。

77. 鎏金青铜羊形灯

西汉（前 206—公元 9）
青铜鎏金，27.4 厘米 ×11.1 厘米 ×21.8 厘米
1982 年陕西凤翔出土
西安博物院

这件"金羊"体现了汉代灯具的巧妙设计。[1] 羊采取卧姿，通体鎏金，面部表情沉着自信。羊的颈部有一个铰链，背部可以打开以盛放灯油。盖子的尾部有小流，可以固定灯芯，也能让剩余的灯油顺利地流回空心的羊体中。

"羊"在汉语中与"吉祥"的"祥"字发音相近，

也因此经常作为好运的象征。青铜羊灯在汉代并不少见，河北满城中山靖王刘胜（卒于前 113 年）墓就出土了一件与之非常相似的灯。[2] 然而，整体鎏金的羊灯非常稀罕。这件灯具很特别，符合汉代诗歌对金羊灯的赞美："贤哲勉务，惟日不足；金羊载耀，作明以续。"[3]

（陆鹏亮）

1. 根据考古报告，这件器物出土于凤翔县的北郊，但不清楚是出自墓葬还是窖藏；见 Xi'an Museum 2013, p. 170。**2.** See Mancheng 1980, pp. 66-69. **3.** 诗的作者是东汉史学家、学者李尤（约 55—135，或约 44—126）。见《艺文类聚》卷八十，第 1370 页。

77

77，闭合与开启的样子

78. 九枝灯

西汉（前206—公元9）
青铜，高85厘米
1976年广西壮族自治区贵县罗泊湾1号墓出土
广西壮族自治区博物馆，南宁

中国古代的照明设施有多种样式，多枝灯是其中较为流行的一种。早期比较著名的一件出土于河北省平山县公元前4世纪后期的中山国墓中。[1]这件灯具用青铜铸造而成，工艺精湛，共有15个分枝，上面有8只猴子在摇荡嬉戏，底下有两个仆人在向它们抛掷食物。另一件是河南一座东汉（25—220）晚期墓中出土的彩绘陶灯，有一米多高，制作精美（见图录134）。[2]

现在的这件灯具，在圆形底座中间竖立着高大的树干，顶端是水鸟形的油盏，水鸟扁嘴尖尾，像是水鸭。九个枝被分为三层，每枝上都有一个心形的小灯盘，中间有灯炷来固定灯芯。这件灯具出土于一座大型墓葬，墓葬陈设豪华，墓主人可能是汉朝西南边郡的太守。[3]与这件灯具同时出土的还有一整套的礼器、服饰和漆器，它们证明了中央政府对遥远边郡的影响。（孙志新）

1. Hebei 1995, pp. 133-134. 2. Tonghuagou 2000. 3. Jiang Tingyu 2009, pp. 165-172.

79. 错金银嵌宝石青铜镇四件

西汉（前206—公元9），公元前2世纪
青铜镶嵌金、银和宝石，每件高3.1厘米，直径4.6厘米
2010年江苏盱眙大云山2号墓出土
南京博物院

席镇是汉代贵族重要的室内装饰物。在公元3世纪椅子沿丝绸之路传到中国之前，人们通常是坐在地上或矮榻上，为了舒适会铺上草制或织物制成的席子。席镇一般一组四件，用来压住席子的四角。[1]比较奢侈的席镇一般是用贵重的材料制成的，包括玉、贝壳以及镶嵌着金、银和各种宝石的青铜，就像现在这种一样。一些席镇中间是空的，填充铅以增加重量，单件一般重600—800克。[2]

这四件铜镇非同一般，出土于江都王刘非（卒于前129年）王后墓。[3]镇上面有两种壮实的动物，可能是熊和虎，互相撕咬在一起。镇的表面镶嵌有金、银和各种宝石，装饰得极为豪华。斗兽的图案反映出游

79，细部

牧民族的影响（见图录31a，b）。江苏附近地区的汉代诸侯王墓也出土过一些具有游牧风格的工艺品，如徐州狮子山楚王墓中出土的金牌饰。[4]中国典型器物中大量使用游牧风格的装饰母题，进一步反映了汉朝贵族对异域文化的喜好。（陆鹏亮）

1. 1942年山西的一座汉墓中出土了一件坐枰和四个席镇，见Ono and Hibino 1946, pl. 22。2. 关于席镇的详细讨论见Sun Ji 2008, pp. 252-254。3. 这座墓在现代遭受过盗掘，墓中没有出现任何可以直接证明墓主身份的物品。由于这座墓和刘非墓在一个陵区，被认为是江都王王后的墓。幸运的是，这几件席镇与其他一些奢侈的器物被完整地保存在墓的主室南边厢内，见Nanjing Museum 2013, pp. 304-309; Dayunshan 2013b。4. See J. Lin 2012, pp. 188-191.

79

80. 青铜鎏金银俳优席镇两件

西汉（前 206—公元 9），公元前 2 世纪
青铜鎏金银，每件 5.5 厘米 × 5.1 厘米 × 7.5 厘米
2010 年江苏盱眙大云山 1 号墓（江都王刘非，卒于前 129 年）
出土
南京博物院

　　这两件俳优表情滑稽，与一起出土的另外两件非常相似的物件一样，都是江都王刘非（卒于前 129 年）所用的豪华席镇。[1] 铜镇刻画出俳优表演的瞬间，塑造得很成功，体现了汉代人物造型艺术的水准。两个人物均采取坐姿，穿着华丽的长袍，身体部分裸露。其中的一个人把手举到耳边，另一个人把双手轻轻放在膝上。两人的相貌都一样：宽脸，鼓眼，高颧骨，扁鼻子，大嘴巴。他们的表情夸张，身体和头部比例失调，说明他们可能是汉朝宫中的俳优。俳优通常由侏儒充当，以语言和表演诙谐幽默著称。在文献记载中，他们通常陪伴在堕落的、贪图享乐的达官贵人左右。[2]

　　文献记载和出土文物进一步证明了汉代俳优表演的流行和发展。刘非的同父异母兄弟刘胜（卒于前 113 年）的墓中也出土了两件类似的席镇，后者是现在看到的这两件铜镇原先的主人。[3] 四川地区东汉时期（25—220）的墓葬出土了许多大型的造型相似的陶俳优俑，

表明了俳优表演的延续。[4]　（陆鹏亮）

1. Nanjing Museum 2013, pp. 322-327. 2. 见《史记》卷一一二，第 2957 页；《汉书》卷五三，第 2431 页，卷六八，第 2940 页。关于俳优的进一步讨论，见 Yu Tianchi 2005。 3. See Mancheng 1980, pl. 60. 4. Suo Dehao et al. 2012.

81. 鎏金银嵌宝石青铜骰

西汉（前 206—公元 9）
青铜鎏金银镶嵌宝石，直径 2.2 厘米
1968 年河北满城 2 号汉墓（窦绾）出土
河北博物院，石家庄

　　这件发现于中山靖王刘胜夫人窦绾墓（见图录101）中宝石似的骰子，展现了汉代宫廷中奢侈的娱乐活动。[1] 骰子共有 18 个面，其中两个面的金底上用银错出汉字"骄"（意为"胜"）和"酒来"，其余的16 个面上是数字 1—16，面与面之间镶嵌着绿松石和玛瑙。

　　这件特别的骰子和 40 件"宫中行乐钱"一起出土，行乐钱上有吉祥语。青铜骰子在其他地方也有发现，不过是和六博——中国古代一种非常流行的棋类游戏

配合使用的。[2] 六博用的骰子和上面这件不同，不写"酒来"，而写着"驕"（意为"负"）。六博的骰子上面的装饰也要少得多，如山东临淄齐王墓陪葬坑出土的青铜错银骰子。

这种骰子的详细使用规则我们还不太清楚，[3] 现在能知道的是，它是用扔掷的方法来决定每个玩家应该喝多少杯酒——实际上，这和现代的玩法没有什么大的区别。这件骰子不光外形奢华，也是已知唯一的一件汉代宫廷用的酒令骰子。（陆鹏亮）

1. Mancheng 1980，pp. 272-274. 2. 我们也不清楚六博的玩法，详细的讨论见 Fu Juyou 1986。3. See Zibo 1985.

82. 长寿绣残片

西汉（前206—公元9），公元前2世纪
绢地丝绣（锁绣），54厘米 × 41厘米
1972年湖南长沙马王堆1号汉墓（軑侯夫人，约卒于前168年）出土
湖南省博物馆，长沙

长沙马王堆的三座墓是西汉早期的軑侯家族墓，为中国最为著名的考古发现之一。马王堆汉墓出土了大量各种类型的工艺品，其中的豪华纺织品是目前为止汉代考古中发现数量最多、品种最全的一批。[1] 质量最好的织物出土于軑侯夫人墓中，特别是西边箱的六个竹笥中的织物，全部完好如新。这些织物包括几千件布料、袍子、手套、鞋子、绣枕以及各式各样的服装，主要是丝织物，也有少量苎麻和大麻织物，其中颜色最为绚丽的是40件刺绣品，发现时有残片也有整件的长袍。

现在的这件残片上的云纹是用紫灰、浅棕红、橄榄绿、深绿等四种颜色的丝线精心绣出的。在中国古代云纹通常与长生不老的观念联系在一起，这个传统源自战国，到西汉时比较具有代表性。蒙古国诺因乌拉匈奴墓和江苏扬州广陵王墓都出土过带有类似图案的织物。[2] 在这座墓的遣册上，相同图案的织物被称为"长寿绣"，这为我们提供了汉代时这种图案的原始名称。

其他两类刺绣的云纹图案分别被称为"信期绣"和"乘云绣"。这些图案为什么会如此命名，而且名称

82

与对应的图案也不是很相称，其中的原因我们现在都还不清楚。这类刺绣的名称也许来源于制作这些精品的绣工或者作坊的名字，而与图案本身无关。（陆鹏亮）

1. 这三座墓根据发掘时间的早晚分别被命名为 1—3 号墓：1号墓是轪侯夫人辛追（约卒于前 168 年）的墓；2 号墓的墓主人是轪侯利苍（卒于前 186 年）；3 号墓是轪侯一个儿子（约卒于前 168 年）的墓。利苍是长沙国相，在公元前 193 年被封为轪侯。不幸的是，利苍的墓曾经被盗，出土的器物很少，但在其中发现了他的两枚私印，这为我们提供了墓主人的信息。1 号墓没有被盗扰过，出土了数千件物品，包括漆器、纺织品、帛画、竹简，还有保存完好的死者尸体。3 号墓也未受盗扰，出土了两件地方的和军事用的地图以及一些书籍。这几座墓葬的发掘情况见 Mawangdui 1973 and 2004；英语讨论见 Buck 1975，Silbergeld 1982–1983，及 Wu Hung 1992。 2. Mawangdui 1973, pp. 57–62. 英语的简要讨论见 Li Wenying 2012, pp. 134–136。

83. 朱红罗绮手套

西汉（前 206—公元 9），前 2 世纪
罗绮，绢，丝绦，25 厘米 ×（8.2—9.9）厘米
1972 年湖南长沙马王堆 1 号汉墓（轪侯夫人，约卒于前 16 年 8）出土
湖南省博物馆，长沙

在 1 号墓的北边箱出土了三副具有相似图案的手套，现在看到的是其中的一双。北边箱里放置的许多奢华的物品，是墓主人的起居空间的象征。[1] 每件手套都使用了三种不同的布料：用绢作手套的主体，以菱形图案的纱作中心装饰（见图录 87），用手编的丝绦装饰边缘。丝绦制作精巧，只有 0.9 厘米宽，用红、白、黑三色丝线编成。丝绦上每隔约 6.3 厘米就有织出的篆书"千金"二字。墓里面的遗册记载这几副手套是用"千金绦"来饰边缘的。"千金"代表着巨额的财富，

84

后来变成对别人女儿的一种尊称。这种丝绦非常精细，既费工又费时，汉代以后极少再见到。（陆鹏亮）

1. 发掘报告见 Mawangdui 1973, pp.51-52, 69。英语的简要讨论见 Li Wenying 2012, pp. 140-142。

84. 茱萸纹绣残片

西汉（前 206—公元 9），公元前 2 世纪
绢地丝绣（锁绣），34 厘米 × 35 厘米
1972 年湖南长沙马王堆 1 号汉墓（軑侯夫人，约辛于前 168 年）出土
湖南省博物馆，长沙

这件刺绣品制作精细，是反映西汉时期成熟的图案设计和工艺水平的又一个例证。[1] 与"长寿绣"（图录82）上的大型云纹图案不同，这件绣品上的图案的每个单元都要小一些，刺绣的针脚也更细密一些。与其他绣品不同，墓中的遣册上并没有记录这种图案。绣品上朱红的花蕾和卷涡纹表明这种图案是茱萸，这种植物结红色的果实，在中国古代被广泛用于药物及

祭祀。每年九月九日（重阳节）这一天，在头上插上一枝结满果实的茱萸据说可以避邪。[2]

这件绣品以及所有马王堆 1 号墓发现的刺绣的针法实际上都是极费功夫的。同样的图案出现在墓中发现的不同绣品上，有的颜色有变化，有的在针脚旁边还保留着勾勒的线条痕迹。尽管不同的刺绣品上会有相同的图案，但刺绣的质量参差不齐，有的和线描的图案完全相符，有的则有一定的差距。这样来看，这些绣品应该是在高度组织化的作坊中生产出来的，而不是单个工匠的作品。截至目前，经考古所发现的西汉早期的锦通常只有两三种颜色，其图案也比同时期的刺绣品简单。图录 84 中的刺绣品绚丽多彩，应该是汉代后期多色织锦（图录 88、89）的灵感源泉。（陆鹏亮）

1. Mawangdui 1973, p. 62. 2. 中国古代人们利用茱萸的详情参见 Guo Peng 1995。

85

86

85. 印花敷彩纱

西汉（前206—公元9），公元前2世纪
绢地版印加手绘，59厘米 × 40厘米
1972年湖南长沙马王堆1号汉墓（軑侯夫人，约卒于前168年）
出土
湖南省博物馆，长沙

这件织物残片色彩艳丽，体现了西汉时期在纺织品上制作图案的一种特殊方法。[1]织物上蔓延开来的图案是分两步完成的：先用黑色印出图案的枝蔓部分，然后用红色、灰色、白色手工绘出花穗、蓓蕾和叶片。图案很可能是用镂空版印制的，因为图案的交叉处有断纹现象，但也不能完全排除雕刻凸版印制的可能性。广州西汉南越王墓出土了两件云纹印戳和一些纺织品（见图37a，b），[2]印戳上的图案和马王堆出土的两片织物上的图案几乎一模一样（见图36）。

不管这些图案是用镂空版还是用雕刻凸版印制，所有这些精美绝伦的织物制作起来都极为费时。从图案单位的大小来推算，单单是每件成品上的图案就需要按印几千次，这还不算第二步的手工描绘所花的时间。从劳动的密集性和成熟的图案设计来推断，与这座墓出土的所有的精美绣品一样，这些织物同样也是由官府的作坊制作完成的。（陆鹏亮）

1. 发掘报告见 Mawangdui 1973, pp. 56-57; Li Wenying 2012, pp. 132-133。2. Guangzhou 1991, pp. 91-92.

86. 几何纹绒圈锦残片

西汉（前206—公元9），公元前2世纪
平纹经重地加提花经线图案，20厘米 × 7.5厘米
1972年湖南长沙马王堆3号汉墓（约卒于前168年）出土
湖南省博物馆，长沙

这件织物残片的表面与起绒织物相似，是汉代织锦的一种特殊品种。[1]致密的几何纹在织物的表面凸起，同时，在制织时用高度卷曲的经线来达到绒织物的效果。这种复杂的工艺只在西汉存在了很短的一段时间，除了马王堆出土的几件外，在蒙古国诺因乌拉和甘肃武威的墓葬中也发现了一些。[2]因这种提花织物的效果与刺绣相似，学者把它与"织锦绣"相联系。据史书记载，这种神奇的技术在公元54年就已经失传了。[3]

（陆鹏亮）

1. 这件残片出土于3号墓的南椁箱。与1号墓相比，3号墓出土的纺织品数量较少，保存状况较差，见 Mawangdui 2004, pp. 214-216。2. See Umehara Sueji 1960, pp. 78-79. 3. Li Wenying 2012, pp. 125-126.

87. 菱纹罗绮

西汉（前206—公元9），公元前2世纪
罗绮，56厘米 × 49.5厘米
1972年湖南长沙马王堆1号汉墓（軑侯夫人，约卒于前168年）
出土
湖南省博物馆，长沙

同类的丝织品在马王堆1号墓共出土了十件，这是其中的一件，这种轻巧的菱纹罗绮是汉代一种典型的丝织品。[1]与同一墓葬出土的多彩绚丽的刺绣相比，图录87的颜色为单一的烟色，花纹也较为细小，反映出一种沉静的审美情趣。罗绮上的菱形图案有细微的差别，可以分为两类：一种是绛色的多个小菱形纹，一种是烟色的菱纹和T形线。两种图案大体上都呈现出一个大的菱形在较窄的两角再加上两个小的菱形的样子。学者们认为这种图案是从当时最为流行的饮食器耳杯（见图30）的形状简化而来，与文献中记载的杯纹相吻合。[2]

这种丝织品是在踏板织机上由两个织工合作完成的，一个人负责织物的质地，另一个负责图案。罗绮尽管看上去很朴素，却是由工艺淳熟的官府作坊生产出来的高档产品。（陆鹏亮）

1. 发掘报告见 Mawangdui 1973, pp. 48-49。关于它的织作结构的简要英文介绍，见 Li Wenying 2012, pp. 130-131。2. 尽管没有类似遣册一类的直接证据来证明，但学者们普遍认为这种菱形图案就是成书于东汉的辞书《释名》中所说的"杯纹"，见 Mawangdui 1973, pp. 48-49; Li Wenying 2012, pp. 130-131。

88. 锦枕

东汉（25—220）

织锦，17 厘米 ×30 厘米

1995 年新疆维吾尔自治区民丰县尼雅 3 号墓出土

新疆维吾尔自治区文物考古研究所，乌鲁木齐

1988—1999 年，一个中日联合考古队在尼雅遗址进行了九次考察，其中在 1995 年发掘了八座墓葬，出土了一些公元 2—3 世纪的精美绝伦的纺织品。[1] 这件枕头出自一座男女合葬墓，其中男墓主人可能曾是精

绝国首领。[2] 这件织物为我们展现了最为成熟的织锦工艺，包含五种颜色：蓝底，上有红色、黄色、白色、绿色的图案。尽管织作结构承自前代，但这件多色织锦与西汉通常只有两到三种颜色的织锦相比，显然是一种超越。[3] 要在整幅的织物上织出如此复杂的颜色，需要卓越的技术和大量的人工，只有官府作坊才能满足这些要求。变形云纹之间所绣的文字进一步证明了这件丝织品的特殊地位。

尼雅遗址的同一墓葬内还发现了一件锦被（图

88

74），用两片与锦枕相同的材料做成。两片材料都是整幅宽，展示了原来织物的完好状态。织物上绣着 11个汉字："王侯合昏千秋万岁宜子孙'。"王侯合昏"意指王与侯的家族的联姻，也表明这些织物只可能产自官府作坊，是汉朝赏赐给外邦的礼物。（陆鹏亮）

1. 发掘报告见 Niya 1999。**2.** 这一具体墓葬的发掘情况，见 Xinjiang 1999b。**3.** See Li Wenying 2012. pp. 120–125.

图 74 带有文字的锦被（细部），东汉（25—220），织锦，168 厘米 ×94 厘米，1995 年新疆维吾尔自治区民丰县尼雅 3号墓出土，新疆维吾尔自治区文物考古研究所，乌鲁木齐

89. 双头鸟枕

东汉（25—220）

织锦，10 厘米 ×46 厘米 ×16 厘米

1959 年新疆维吾尔自治区民丰县尼雅 1 号墓出土

新疆维吾尔自治区博物馆，乌鲁木齐

变形的云纹以及交织着文字的动物纹，都是汉末到晋代（约 1—3 世纪）中国丝织品的典型特点。[1] 丝绸之路沿线的西部边远地区的遗址（位于现在的新疆地区），得益于沙漠极其干燥的自然条件，留下了许多保存非常完好的丝织品。尼雅就是其中之一，这一遗址位于现在的民丰县北边 115 公里，一般认为是汉朝控制下的精绝国遗址。1901 年，奥利尔·斯坦因（Aurel Stein，1862—1943）发现这一遗址，获取了大批文物，其中就包括佉卢文木简，佉卢文是贵霜帝国（30—375）时使用的一种印地文字。[2] 1950 年代以来，经过科学发掘已经发现了大量精美的织锦，这些织锦来自中国内地，或是朝廷的赏赐，或是供交易、买卖的奢侈品。

这件枕头发现于 1959 年，是中国考古队在尼雅遗址最早的发现之一。[3] 枕头里面填充了植物茎秆，枕布是用典型的织锦缝制而成，上有变形的鸟兽纹，其中交织着汉字"延年益寿宜子孙"。

特别值得注意的是代表鸟头的两个尖角，上面有红色的织物缝制的眼睛，以及用三种颜色来表现的颈部羽毛。这种枕头曾被定名为"鸡鸣枕"，是可以将死者带到天国的一种明器，但这一命名找不到同时代的文献依据。[4] 这种双头造型更可能代表着一种神鸟，而不是真正的公鸡，它颈部的三角形装饰更说明了这一点。我们也在新疆地区的其他墓葬中发现了类似形状的枕头。[5] 它可能是专门用于丧葬的枕头，根据当地的葬俗，用奢华的汉锦制作而成，是丝绸之路上文化交流的象征。（陆鹏亮）

1. 在中国，锦从周代起出现，在战国时期传播到整个中国，甚至远达西伯利亚，俄罗斯巴泽雷克墓中的发现可以为证。湖北马山战国墓葬（前 3 世纪）中出土的一批织锦，是这一时期最有代表性的发现。从数量和质量两方面来看，织锦的生产在汉代都达到了最高峰。见 Zhao Feng 2004。**2.** 这次探险的简要情况，见 Stein 1933。**3.** 发掘简报见 Xinjiang 1960。**4.** See Xinjiang 2002, pp. 242-243. **5.** 关于在阿斯塔纳和营盘发现的类似枕头的情况，见 Xinjiang 1999a。

90

90. 晕繝绛花毛织袋和青铜镜

东汉（25—220）至晋代（266—420），公元 3 世纪
袋：晕繝绛毛织物，毛毡，绢，17 厘米 ＝ 12 厘米；
镜：青铜，直径 9.4 厘米
1995 年新疆维吾尔自治区民丰县尼雅 5 号墓出土
新疆维吾尔自治区文物考古研究所，乌鲁木齐

　　这件袋子出土于尼雅遗址的一豆女性墓葬，由两片绛毛织物缝制而成，说明了丝绸之路沿线化妆品使用的情况。袋子的金色表面上织出一条花卉图案带，

图案带位于蓝底上的红、白、绿线排列的晕繝之中。袋子内衬毛毡，袋边镶嵌有各色的绢片作为装饰。[1] 在发现封里面装有一枚青铜镜、一件铁搭扣以及胭脂、红毛线和头发。根据铜镜的款式可以将这套物件的时仁定为公元 3 世纪。（陆鹏亮）

1. See Niya 1999. 相关技术分析，见 Zhao and Yu 2000, p. 89。

91

91. 鎏金银青铜象和驯象俑

西汉（前206—公元9），公元前2世纪
青铜鎏金银，象30.5厘米 ×14厘米 ×20厘米，驯象俑7.2
厘米 ×3.8厘米
2010年江苏盱眙大云山1号墓（江都王刘非，卒于前129年）出土
南京博物院

　　与这件青铜象和驯象俑一起出土的，还有一件青
铜犀牛和驯犀俑（图录92），这又映出江都王刘非对
珍奇动物的喜好。[1] 和犀牛一样，象在几千年前就生活
在中国的中原地区，但因气候变化和对象牙的过度猎
取而逐渐退缩到汉朝版图的南部和西南部边陲。[2] 以象
为器形或装饰有象图案的中国古代青铜器都有发现，
湖南醴陵出土的一个商代（约前1600—前1046）象尊
就是其例证。[3] 图录91非常独特。象塑造得很逼真，
身体各部位比例精确，背部隆起，皮肤褶皱很深，前
脚有五个脚趾，后脚四个脚趾，甚至还有性器官。和
象一起出土的俑，头大身短，比例不大谐调，穿着中
式长袍。我们对他的身份还不是十分确定。一些学者
认为他可能是闲暇时的诸侯王，但这件俑的头部和躯
干比例失调，说明他可能是驯象的人，类似于侏儒俳
优（见图录80）。（陆鹏亮）

91，驯象俑

1. 见 Dayunshan 2013b，及 Nanjing Museum 2013, pp. 55-
61（驯象俑），333-335（象）。**2.** 有关象在中国境内的消退，
见 Elvin 2006。**3.** 湖南出土的这件青铜尊1980年曾在美国
大都会艺术博物馆展出，见 Fong 1980, pp. 128-129。

92. 鎏金青铜犀牛和驯犀俑

西汉（前206—公元9），公元前2世纪
青铜鎏金，犀牛19.8厘米×8.4厘米×9.8厘米，驯犀俑4.7
厘米×3.2厘米
2010年江苏盱眙大云山1号墓（江都王刘非，卒于前129年）
出土
南京博物院

　　因为几千年的大规模猎杀，到汉代时犀牛在中国
已经几乎绝迹。文献记载和考古发现都证实在商代（约
前1600—约前1046）和周代（约前1046—前256），
犀牛的栖息地曾遍布中国南北。甲骨文中也记载着一
些商王的猎犀活动。犀牛的角可制成酒杯，厚实的犀
牛皮是制作铠甲的最佳原料。[1] 因为属于珍稀物种，犀
牛受到汉朝皇室和贵族的钟爱，最早是从东南亚引进
的。在西安东郊汉薄太后（卒于前155年）南陵从葬坑中，
考古人员就曾发现爪哇独角犀以及熊猫的骨骼。[2]

　　现在的这件是唯一一件从有明确年代的汉墓中
出土的犀牛雕像。[3] 墓主人为江都王刘非（前169—前
129），以生活奢侈著称。苑囿中的这些珍奇动物不仅
反映着墓主人奢华的生活，也象征其拥有的权力——
可以越过边境，远达域外。这件雕塑对犀牛的解剖比
例刻画得非常精确，证明雕塑的制作者一定亲眼见过
犀牛。与犀牛同出的驯犀俑也表现出异域的特点。这
组独特的雕塑为我们提供了江都王苑囿的生动景象，
反映出汉朝和周边国家的联系与交往。（陆鹏亮）

1. 关于中国历史上与犀牛有关的文化背景和相关器物的详细
讨论，见Sun Ji 1982。**2.** 发掘简报见Wang Xueli 1981；关
于犀牛物种的更多情况，见Sun Ji 1982。**3.** 这组文物出土于
主墓室的前室，见Dayunshan 2013b和Nanjing Museum
2013, pp. 328-332, 336-342。

92

93. 玉熊

西汉（前206—公元9）
玉（软玉），长20.3厘米
1994年江苏徐州北洞山楚王墓出土
徐州博物馆

熊是中国的本土物种，自古以来在中国的许多地方都发现过熊的踪迹，文献中对熊的最早记载见于《诗经》，时代为公元前1千纪的早期。[1] 在汉代，皇家苑囿中豢养熊，皇帝、后妃及随从可以在苑囿中欣赏熊的表演或是熊与其他动物的搏斗。有一个著名的故事，说的是中国历史上一个女性的榜样，她就是汉元帝（前49—前33年在位）的妃子冯媛，当一只熊意外地跑出圈栏冲过来时，她奋不顾身地挡在元帝的前面保护他。[2]

熊的主题在汉朝非常流行，出现在各种材质的工艺品上，从金属制品、漆器、壁画，到画像砖和陶器。西汉早期南越王宫殿遗址出土的空心砖端面的熊的形象就是其中最早的例子之一（见图64）。它与游牧民族马饰上熊的图案非常相似，说明它可能受到北方草原艺术的影响。

然而让人不解的是，中国早就有熊，但似乎直到汉代，熊的形象才开始出现在艺术品中。商、周的艺术品，特别是青铜器上，有许多真实或虚构的动物图案，但就是没有熊。在汉代，熊突然成为出现最多的动物形象之一，这种现象值得我们进一步去研究和证明，而这有赖于将来新的考古发现。 （孙志新）

1.《十三经注疏》，第265页。 2.《汉书》卷九七，第4005页。

94. 鎏金银盒

西汉（前206—公元9），公元前2世纪
银鎏金，高12.1厘米，直径13.2厘米
2010年江苏盱眙大云山1号墓（江都王刘非，卒于前129年）出土
南京博物院

这件带盖的盒子与青铜犀牛和象等一组文物（图录91、92）一起，出土于江都王刘非墓主墓室的前室。[1] 盒子分为相似的两半，表现出一种异域的审美情趣，其所用的工艺也与中国汉代的大多数金属制品不同。它的上下两个部分可能都是用有凹槽的水滴形模具冲压成型的。中国其他地方也出土了几件类似的器具，有银质的，也有青铜的。[2] 其中银质的被认为是来自安息（今伊朗东北部）的两只奠酒碗（phiale），青铜质的

93

94

则是本地所做的外来银碗的模仿品。[3] 这种造型起源于
波斯阿契米尼王朝（前550—前330），在安息与古希
腊交流频繁的希腊化时期（前323—前31），这种造
型多见于西亚（图75）。中国所有已知的这类银器都
发现于东部和南部，说明它们是通过海上贸易通道进
入中国的。根据史书记载，安息帝国（前247—224）
曾与汉朝有过贸易往来。[4] 中国的达官贵人们得到这些
来自异域的器物后，再对它进行改造——加上盖子，
以符合中国人的品位。诸如云南等边远地区不容易得
到进口的奢侈物品，因此那里的人们用青铜对这种流
行的器物款式进行了仿造。

　　然而，最近有学者对这些器物的生产和断代提出
了截然不同的意见。倪克鲁（Lukas Nickel）认为这些
器物都是中国本土制造的，证据之一是伊朗和希腊世
界都没发现过带盖的盒子这种器形，之二是这些器物
是铸造成的，并不是锤打或冲压而成的。此外，他认
为这些器物的时代要早一些，是公元前3世纪通过北
方游牧民族进入中原的。[5] 要解决这一争论，还需要更
进一步的科学研究，但它受来自域外的影响是很明显
的。这件盒子体现了中国在接受外来艺术风格时的创
造性和自信心。（陆鹏亮）

图75　奠酒碗，波斯，阿契米尼王朝时期（前
550—前330），前465—前425年，银质，
高4.8厘米，直径29.5厘米，弗里尔美术馆
史密森学会，华盛顿特区（F1974.30）

1. 发掘报告见 Dayunshan 20○3a。2. 考古发掘发现了几件同
类的器物。广州南越王赵眜（卒于前122年）墓出土的一件
与此非常相似，见 Guangzhou 1991, p. 209。齐王刘肥（卒于
前188年）墓陪葬坑也出土了一件同类银器，器物上另有三个
铜兽钮和青铜高圈足座，见 Zibo 1985。云南晋宁滇国11号和
12号墓中出土了两件青铜质仿制品，二有动物形状的钮和
低圈足，见 Yunnan 1959, p. 69。3. See Sun Ji 1996 4.《史记》
卷一二三，第3162，3172—3173页。5. See Nickel 2012.

95. 彩绘陶六畜

西汉（前206—9）

陶制彩绘：公猪及母猪，每件高24厘米，长43厘米；羊，高33.5厘米，长40厘米；母鸡，高12厘米，长15厘米；公鸡，高15厘米，长15.5厘米；牛，每件高39厘米，长71厘米；狗，每件高20.6厘米，长30.2厘米；马，每件高61厘米，长70厘米

1995—2003年陕西咸阳汉阳陵东外藏坑出土

汉景帝阳陵博物院，咸阳；陕西省考古研究院，西安

这一组彩绘陶制动物出土于咸阳汉景帝（前157—前141年在位）阳陵陪葬坑，其中有马、牛、羊、鸡、犬、猪，它们是西汉时饲养最多的六种家畜。

猪和羊是南区一个丛葬坑内发现的数量最多的陶制动物塑像。[1] 丛葬坑的中段有漆木器和陶器，东段则发现了大量的动物骨骼。[2] 同一个坑内还出土了一枚铜印和四枚封泥，封泥上有文字"太官令印"，太官令主要负责皇帝的饮食。[3] 铜印上的印文为"仓"，这提示这个坑可能象征着皇帝御用的粮食储藏设施。[4]

这些陶制的动物，形象逼真、数量众多，可以证实西汉有在墓葬中模仿生前财产房屋的习俗。据传世文献记载，墓葬中要有丰富的随葬器物，与活人所需要的一样。[5] 因此，汉阳陵陪葬坑所发现的大量陶制动物也可以看作在阴间供应皇帝的食物的一部分。

95，公猪和母猪

95，羊

95，公鸡和母鸡

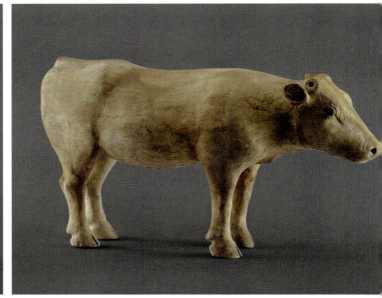

95，牛

这些陶制动物是用模制成的，应该是在西汉都城长安（今西安）的工坊内制作，并在附近的陶窑中烧制而成的。在长安城西北的市场区发现了专门制作墓葬塑像的作坊及陶窑的遗址，它们很可能就是制作这些陶动物的场所之一。这些作坊一次可以烧制 8000 件陶俑，可以胜任为皇帝的陵墓批量制作陶制陪葬品的工作。[6]（张仲麟）

1. Yangling 1994, pp. 13-15. 2. Ibid. 3. Li Manli 2011, pp. 4, 67. 4. Jiao and Ma 2008. 5.《盐铁论校注》卷六，第 355—356 页。6. Sterckx 2009, p. 858. See also Zhou and Wang 1985.

95，狗
对面页 95，马

96. 陶狗

东汉（25—220）
陶制，高 42.5 厘米
1987 年河南南阳东关出土
河南博物院，郑州

  这件陶狗采取卧姿，红陶无釉，它捕捉住狗动作的一个瞬间：眼睛圆睁，耳朵尖耸，咧着嘴好像正在狂吠，龇着牙凶相外露。陶狗的身体结实，中空，是用模具制作成的，耳朵、牙齿和眼睛等其他部位是单独塑造后再安装到身体上的。同类型的一些陶狗，中空的身体是先用模具分两半制成，再依纵向沿着头、胸、背和臀部连接起来。有些表面施釉，通常为光亮的绿色，是在铅釉中添加了一氧化铜。

  刻画得细致入微、表现出敌意的如图录 96 中的狗，

经常出现在墓葬中作辟邪之用，也用来保护墓主人及其带到阴间的财富。成熟的艺术手法和技术手段使得这些陶狗更加逼真写实，反映出东汉时期对死后生活不断增强的人文主义观念。（张仲麟）

97. 收获弋射画像砖

东汉（25—220）
陶制，39.6 厘米 × 45.6 厘米
1972 四川大邑安仁出土
四川博物院，成都

  四川出土的画像砖很少有描绘狩猎场景的，现在的这件就是其中之一。画面的下部刻画了六个正在收割庄稼的人物。画面上部左下角两个跪坐着的射手正在瞄准一群越过池塘的飞鸟。每个射手的左边是一组

97

97，拓片

四个三角形的装置。从右边的射手现存的细节来看，这个装置是用丝线和箭连接在一起的。这块画像砖表现的是弋射的场面，它是从东周（前771—前256）到东汉一直在使用的一种独特的猎取大型飞鸟的方法。从青铜器上刻画和镶嵌的图案可以看出，弋射所用的箭是用丝线系在有重量的装备上。如果射中，系有重物的箭就会牵制住鸟，使它无法逃脱。[1]

原始文献材料表明，在战国时期，弋射被看作一种贵族的休闲活动，其目的是提高自身的修养。[2] 然而到了汉代，尽管这种猎捕方式还保留着一些贵族色彩，但它已经在整个社会范围内广泛流行开来。[3]（张仲麟）

1. 关于弋射可参见 Cong Wenjun 1995；Hsü Chung-shu 1932, pp. 417–418；Song Zhaolin 1981。 2. Chen Qiyou 2002, p. 1638. 3. Knechtges and Tong 2014, p. 137. See also Zhao Fuxue 2008.

98. 制盐画像砖

东汉（25—220）
陶制，36.6 厘米 × 46.6 厘米
四川邛崃花牌坊出土
四川博物院，成都

这块画像砖的场景从左边的一个有顶的高架建筑展开，与右边底部的另一个有屋顶的建筑遥相呼应。一条蜿蜒曲折的山路也从这里延伸到群山深处，各种

各样的鸟兽及猎人掩映于山峦之中，呈现出一派生机勃勃的景象。

高架建筑内有四个人物，两两相对，正在劳作。他们屈膝伸臂，用力拉着一根长长的绳索，绳索穿过架子上的辘轳，两头各挂着一只吊桶。随着工人拉动绳索，两个吊桶从架子下的深井中同步上下。这个井结构独特，可以判定为一口盐井，因为它与同时期画像砖上的水井不同。[1] 画面右边的前景表现的是制盐的流程。一组大釜放在灶上，一个站着的人在那里看管；其左边坐着一个人，正在给灶膛添火。另有一个人背着筐或袋子在运盐。中间前景中的运盐人所表现出的方向象征着整个制盐过程的先后顺序。

98

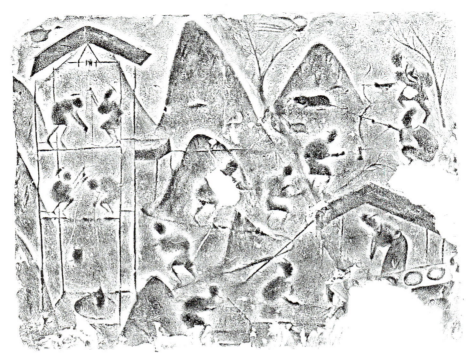

98，拓片

汉朝从汉武帝（前141—前87年在位）时开始对盐实行专营政策，全国范围内盐的生产和流通都由国家控制，这一政策一直到东汉和帝（88—105年在位）时才被废除。[2] 这块画像砖上所描绘的可能是四川地区私人制盐的场景。[3]

图录98以及与之类似的画像砖是用刻制的木板模制而成的。从同类的画像砖上残留的颜色痕迹可以看出，这些模制的画像砖曾经涂有鲜艳的色彩，从而产生与同时期墓葬中的帛画和壁画一样的视觉效果。[4]

（张仲麟）

1. Wei and Yuan 2006, pp. 81-83. 2.《后汉书》卷四，第167页。3. 私人对盐的制造和买卖可能在和帝之前已经开始，而在四川地区可能早在西汉就已经存在。参见《汉书》卷九一，第3690页。4. Wei Xuefeng 2002, p. 24.

99. 窦绾用鎏金镶玉青铜枕

西汉（前206—公元9）
青铜鎏金镶玉（软玉），最大高度20.2厘米，长41厘米，深11.8厘米
1968年河北满城2号汉墓（窦绾）出土
河北博物院，石家庄

100. 玉九窍塞

西汉（前206—公元9）
玉（软玉）：眼罩，每件直径4.5厘米；耳填，每件长1.6厘米，直径约0.8—1.2厘米；鼻塞，每件长1.5厘米，直径约0.7—1.1厘米；口琀，4.8厘米×2.2厘米；肛塞，长3.8厘米，直径2厘米；圭形器，长7.6厘米
1968年河北满城2号汉墓（窦绾）出土
河北博物院 / 河北省文物考古研究院，石家庄

101. 金缕玉衣

西汉（前206—公元9）
玉（软玉）和金线，长172厘米
1968年河北满城2号汉墓（窦绾）出土
河北博物院，石家庄

这套金缕玉衣出土于中山靖王（刘胜，卒于前113年）王后窦绾墓中。窦绾夫妇的墓都是在山崖上开凿而成，有明显的东西轴线。两座墓之间有长约50米的通道连接起各个墓室。墓的后室和其他部分以石门隔开，这是墓主人的私人空间，尸体就存放在这里。其他墓室都是砖木结构，只有后室比较特殊，全部是用石材修筑而成。这样两种不同的结构也许可以说明石材在西汉墓葬风俗中的象征作用。玉长期以来就被认为是石的精华，窦绾的尸体用大量的玉材装殓，似

乎正与这种象征作用相等。[1]

　　这套"金缕玉衣"是将小玉片用金线缀合而成，分为十个部分：头、躯干、双臂、双手、双腿和双脚。在每一个部分，玉片都被非常细致地切割成形并连接在一起，以展示身体各部位的曲线。头部有雕刻而成的鼻子和一双耳朵。躯干的曲线同样也都展现得很真实。"金缕玉衣"对人体的表现非常细致，它上面没有纽扣和开口，说明这套装裹象征着在层层叠叠的玉石中，人的躯体所完成的一种神奇的转换。[2] 其中的第一层包括一套与图录100一样的玉塞，用来堵住人体的九窍以密封尸体，接着再用大大小小的玉璧包裹，然后用图录101中的"金缕玉衣"装殓。这一全套的玉殓具整体地取代了尸体，在葬仪中具有象征意义，象征着死者得到了永生。

　　窦绾下葬时，她的头枕在了一个长方形的鎏金镶玉铜枕上（图录99），它是西汉贵族中一种常见的葬具。[3] 这种枕头的两侧通常有兽头状的突起，在金属做成的框架中镶嵌玉石作为面板。图录99中的玉板较为独特，它们略带弧度，中间有圆孔。这些特征说明它们可能是由玉璧改造而成的。　（张仲麟）

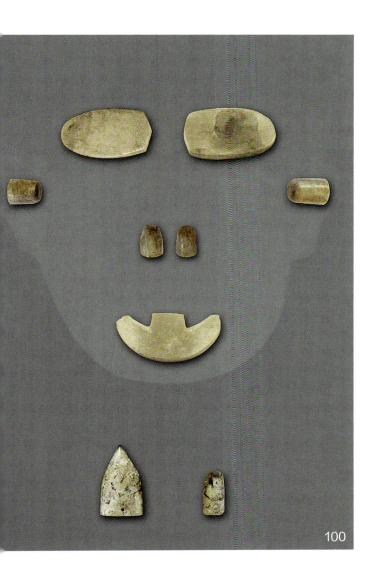

1. Wu Hung 1997, p. 157. 2. Wu Hung 2010, pp. 140–145.
3. Musée Guimet 2014, p. 186.

102

102. 组玉佩

西汉（前 206—公元 9）
玉（软玉），尺寸各异
2001 年陕西西安新城窦氏（卒于前 135 年）墓出土
西安博物院

　　这组大型的玉佩由 11 件雕刻而成的玉饰组成，包括一件玉瑗、两件长袖舞人、两件双龙形玉珩、两件尖尾凤鸟形玉觿、两件凤鸟缠带形玉佩，以及两件奇异的人鸟合体形玉饰。这些玉饰线条流畅，透雕精美，细致入微。这组饰品中最令人惊叹的是玉瑗，它上面刻有两只熊和两只猴子，姿势或坐或动。从考古发现的现场来看，这组玉佩原来是用丝带连接起来的一组饰品，以玉瑗和玉珩为中心线，悬挂在脖子或腰带上。

　　大型的成组玉佩在西周（约前 1046—前 771）开

始出现，西周晚期时尺寸变得尤为大，已知最大的一个，长度超过了两米。最大最精美一组出土于虢国君主墓。它包括两个部分，共 74 厘米长。上半部分由一条龙形玉饰和 18 枚管状的玉珠以及 103 颗圆形的玛瑙珠组成；下半部分是由 7 个由大到小依次排列的玉璜，以及 374 颗玛瑙和玻璃串珠连缀而成。到东周时期（前 771—前 256），组玉佩长度变短，变得更加紧凑。从东周晚期遗址出土的木俑身上来看，当时宫中的侍者把玉组佩悬挂在自己的腰间。

　　这组玉佩是在窦氏家族一个成员的墓中发现的，窦氏是汉皇族的姻亲，这说明在汉代这种组玉佩还在使用。双龙回首形玉珩反映了早期的传统，而猴子和熊的图案则是比较新奇的装饰母题。　（孙志新）

103. 鎏金银铜铺首

西汉（前 206—公元 9），公元前 2 世纪
青铜鎏金银，12.2 厘米 ×7.3 厘米
1968 年河北满城 1 号汉墓（刘胜，卒于前 113 年）出土
河北博物院，石家庄

　　这件铜铺首做工精美，出土于墓主刘胜（前 165—前 113）头部附近，共有两只。[1] 从出土的位置来看，它应该是内棺上的装饰性把手，内棺现在仅存一些漆制和金属的配件。除了这两件铺首外，考古人员还在内棺周围发现了 20 件棺环，在外椁周围另发现了 11 件兽面衔环铺首。

　　图录 103 中这件铺首的装饰十分独特，表面鎏金鎏银。在交织勾连的铜环之上，有一个骑在兽头上的神怪形象，神怪两侧各有一只怪兽，它们身体攀绕、四肢健壮。兽头是从战国时期一直到汉代铺首上常见的图案，但兽头上面的神怪形象不多见。它鼻子扁平、嘴巴宽阔，显露出游牧血统的异域风格。两侧的两个怪兽形象，也可见于同时期其他一些工艺品（见图录 28），进一步体现出西方文化的影响。虽然还没有准确辨识出这一神怪形象，但它造型可怖、强悍，似乎是用来驱除恶魔对墓主人阴间生活的威胁的。

　　　　　　　　　　　　　　　　　　（陆鹏亮）

1. 发掘报告见 Mancheng 1980, pp. 33-35。

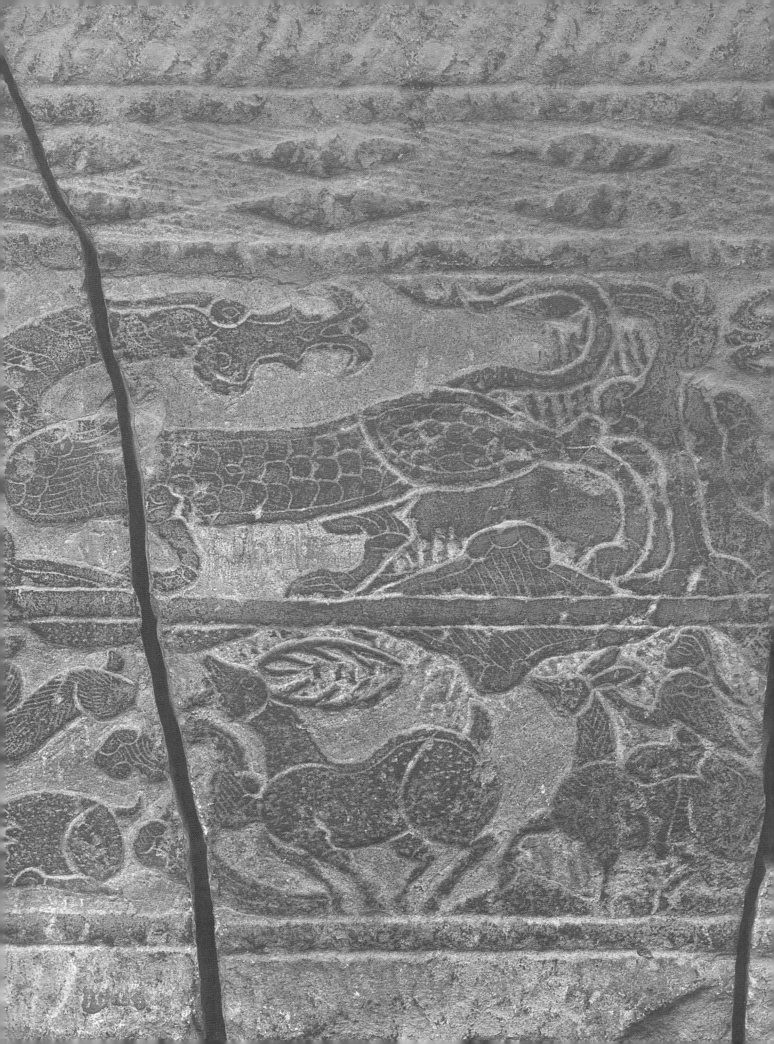

公元前1世纪，汉帝国发展的步伐异常迅猛。通过横跨欧亚大陆的丝绸之路，和连接南海、印度洋与波斯湾的海上交通线路，汉帝国和境外诸国建立外交、开展贸易。伴随着经济的空前繁荣，文化交流也日渐增长。

本书最后一部分展示的艺术作品反映了汉代疆域内视觉及物质文化的多样性，其影响和灵感来自南方和西南方的少数民族地区以及亚欧大陆的其他地区，也来自形态各异的各种宗教信仰。譬如，大型石雕卧狮（图录104）的造型和特征都可以追溯到古代波斯的艺术，带有竖棱纹和双龙图案的高大石柱（图录105）提示了希腊文化的影响。两枚金带扣——一枚表面有精巧细密的金粟（图录106），另一枚镶嵌宝石（图录107）——以及一件青铜鎏金的镂空当卢（图录108），明显是受到了北方草原游牧文化的启发。

海上贸易带来了大量的香料、宝石、玻璃、金属，而同时输入的水晶、紫晶、海蓝石、绿宝石制作的项链（图录111a，b）和红玉髓雕刻的动物形小佩饰（图录110）也激发了中国工匠的灵感，他们因而创造出新颖的艺术风格和时尚。更引人注目的是一种多面体的金珠（图录112；113a，b），它体现了汉朝和印度的相互往来。进口的玻璃制品激发了中国南方本土玻璃制品（图录114）的发展，当地生产的玻璃器则为东亚和东南亚的市场提供了货源。

虽然西南地区已经接受汉朝的管辖，但是当地居民仍然保留着鲜明的民族特征和地域性文化，这在人物和动物形的灯具（图录118—120）、羊角钮钟（图录121）、錾刻有动物纹饰的干栏式铜屋模型（图录133），以及用于节庆和祭祀活动的贮贝器和扣饰（图录123—125）上都可以看到。嵌有铜泡的磨光黑陶大罐（图录127）也是一件重要的实物，它展示出西南地区的居民与北部边疆游牧民族通过遥远的贸易通道相互联系。出土的陶制明器显示出不同地区的建筑样式——在北方是多层的屋宇和望楼（图录128），而在南方则是干栏式的房屋（图录131）。

对神仙、灵异和冥界的信仰遍布全国各地。神怪的影响在刻有西王母的画像砖（图录138），挂满铜钱的"摇钱树"（图录135），以及充满鸟、兽和神怪形象的多枝彩绘陶灯（图录134）上都有体现。还有一套石墓门，上面装饰有各种祥瑞和象征神仙的图案，说明它是通往天国的"入口"（图录139）。

一面鎏金铜镜（图录140）奏响了秦汉帝国的故事的最后乐章，时间恰是公元元年前后的新旧千年之交，正值汉朝鼎盛时期。镜子背面铸有出没于祥云之中的龙、鸟、龟，和一圈长铭，铭文写道："中国大宁，子孙益昌。黄常（裳）元吉，有纪刚（纲）。"这段文字恰如其分地阐发了当时的时代精神——来自各地的人都认同自己为"中国人"，都把中国看作他们共同的家园。这正是秦汉留下的最为重要的遗产。　（孙志新）

104. 石狮

东汉（25—220）
石质，高 91.5 厘米，长 130 厘米
山东博物馆，济南

中国原来不产狮子，中国的狮子是从古代波斯和印度引进的。最早关于狮子的记载是在《汉书》中，书中提到了汉文帝（前 180—前 157 年在位）和汉景帝（前 157—前 141 年在位）时皇家苑囿中的狮子。[1] 到了东汉时期，安息国和大夏国的君王曾把狮子当作礼

物送给汉朝。[2] 这种奇异的动物引起汉朝人的极大兴趣，随着在后来的数百年中佛教在中国逐渐传播，狮子作为佛教中的保护兽更加流行起来，出现在绘画、陶瓷、金属、织物、建筑等多种媒介中。大型的石狮很快出现在皇家和贵族墓的"神道"两侧，同时也成为官府衙门以及私人宅第大门两边的标准装饰元素。

现在的这件石狮为雄性，头部夸张，长长的鬃毛从颈背部一直延伸到胸部。尽管它的四条腿大部分已经不存，但腿根残存的部分以及它结实的胸部和紧绷

105，铭文细部

的腰部说明它最初呈一种阔步行走的姿态。它与美国
大都会艺术博物馆收藏的一件陶瓷壁画中的走狮很像，
有可能正是这幅壁画的灵感来源。[3] 石狮的头后有一行
铭文，上写"洛阳中东门外刘汉所作师（狮）子一双"。

（陆鹏亮）

1.《汉书》卷九六，第 3928 页。2.《后汉书》卷八八，第
2918 页。3. Harper et al.1984, pp. 12–13, fig. 9.

105. "邪相刘"石柱

东汉（25—220），公元 2 世纪
石质，高 213 厘米
1896 年山东历城（今章丘）龙山孙家庄出土
山东博物馆，济南

　　这件造型独特的石柱，尽管顶部和底座已经不存，
但它仍然是东汉墓葬"神道"两侧石柱的典型代表。
柱身中间有瓜棱纹，上面缠绕着两条龙，柱子上端平
面上刻有铭文，铭文现在仅存"邪相刘"三字。根据
文献记载，有学者认为这件石柱是琅邪相墓的标志，
墓主人为赵相刘衡的兄长，死于公元 165 年。铭文最
初应该有九个字，"汉故琅邪相刘君神道"。[1]

　　这种瓜棱形直纹石柱在中国汉代相当少见，其形
式并不是本土的风格，而是受到希腊艺术的影响。[2] 与

之类似的刻有动物形象和铭文的石柱，在之后的 3—6 世纪的各朝代中更为常见，在南京地区（地面上）就保留了一些。学者们认为它们是受印度石柱的影响——与印度孔雀王朝的阿育王（约前 269—前 232）有关，体现着中印交流的结果。[3] 现在的这件石柱使得我们可以进一步追溯到 2 世纪，帮助我们去了解当时在建筑风格上中外交流的情况，这种风格对以后的陵墓石刻有着重要的影响。

通过这件石柱我们也可以了解 19 世纪金石学的一些情况。石柱背面下部刻有当时著名金石学家尹彭寿（1835—1904 以后）所做的题记，他在 1897 年时发现了这件石柱。题记记录了尹彭寿对石柱上残存的三个字的考证，在今天他的考证结果仍然具有重要参考价值。这反映出中国学者的作风，他们崇尚古物，仔细梳理古代文献并对其进行考证，且将考证所得记录在器物上以惠及后世学者。有时金石学家同时也是艺术家。尹彭寿的题记用优雅的汉隶书写而成，其本身也是一件书法作品，与汉代的石柱浑然一体。（陆鹏亮）

1. 这件石柱被发现后，曾有一些关于它的拓片和文字详情的成果发表，简要介绍见 Wang Xiantang 1936。2. 汉代仅有的类似例证是 1964 年在北京西郊出土的一对石阙柱。其中的一件上的完整铭文说明它们立于幽州（今北京）书佐秦

君墓的神道两旁。根据一起出土的器物铭文，可将其时代定在公元 105 年；见 Beijing 1964。学者们对这种类型的石柱的起源还有争论。一般认为这种风格源自西方，不过也有学者认为是来源于中国用竹、木捆扎而成的柱子，见 He Xingliang 1992。3. See Watt et al. 2004, pp. 24-26；Yang Xiaochun 2006。

106. 八龙纹嵌宝石金带扣

汉代（前 206—公元 220），约公元前 1 世纪—1 世纪
金质镶嵌多种宝石，6 厘米 × 9.8 厘米
1976 年新疆维吾尔自治区焉耆县博格达沁古城遗址出土
新疆维吾尔自治区博物馆，乌鲁木齐

这枚带扣的穿孔呈弧形，扣舌可以活动，是用单片的金页模压锤鍱成型的。它的图案中央有一条龙，龙有角，睁眼张口，龙身修长，其上有密集的金珠，中间夹杂着圆形的嵌孔，嵌孔原来镶有宝石。另有七条小龙，也装饰有金珠和宝石，环绕在大龙周围。带扣用一条精细的金线镶边，外面再围以一圈盘绕的金丝。与其他出土的同类器物相比，图录 106 与朝鲜所发现的带扣从设计和工艺上来看都最为接近，后者同样是模压锤鍱成型，上面也一样遍布细小的金珠和金丝。[1] 值得注意的是，这两件文物的发现地刚好是在汉帝国的最东和最西的边疆地区。

这件带扣显著的特点就是它的金珠工艺——用其表面上细密金珠来突出图案，产生独特的纹理效果。这种工艺是在公元前1千纪的后半期传入中国的，传入的途径可能是连接南亚和西亚的海上贸易通道，因为在南亚和西亚地区，早在公元前3千纪就采用了这种工艺；[2] 也有可能是通过北部的草原传入的，内蒙古阿鲁柴登墓出土的金冠上就有这种金珠，因此也可作为一个证据。[3] 这种技术还有可能是由游牧民族传播开来的，他们自史前时期起就成为中国和西方联系的渠道。在西汉末和东汉初，中国的工匠掌握并大量运用这种工艺，其根据是在一些汉代遗址中发现了具有中国主题的金珠工艺饰品。[4] 这一件和在乐浪发现的带扣，从其奢华的图案和超凡的工艺水准来看，应由皇家作坊制作，是由皇帝赏赐给地方诸侯王和边地太守的礼品。（孙志新）

1. Machida 1987, pl. 2. Han Xiang 1982, p. 9, pl. 1.1. 2. Guangzhou 1991, vol. 1, p. 132, vol. 2. colorpl. 19.3. 3. Tian and Guo 1986, p. 343. 4. Sun Ji 1994, p. 59.

107. 嵌宝石金牌饰

西汉（前206—公元9）
金质镶嵌玛瑙、赤铁矿、绿松石和贝壳，长20厘米
2001年陕西西安马腾空15号墓出土
陕西省考古研究院，西安

这件精美的牌饰是用整块的金板镶嵌宝石制成。牌饰表面图案复杂，刻画了几种动物及骑手的形象，造型生动活泼。一条龙占据了金牌表面的大半，龙口大张，龙身蜿蜒曲折，龙头扭向中间的一条有条纹的玛瑙。龙的耳朵和眼睛用镶嵌的暗色赤铁矿表现，龙脊和龙角上则密集地镶嵌着绿松石。龙身上有一名骑手，头戴尖帽，手持武器——可能是一把斧头。与龙相对的是另一名骑手，骑在一头奔牛上，也戴着尖帽，手里持有武器。牛的眼睛和犄角用赤铁矿来装饰，驭手的腰带和靴子用镶嵌的绿松石表现。与骑牛者相背的是另一个人物，此人骑在一匹奔马上，马尾飘动。骑马者腰带上悬挂着剑，剑上镶有绿松石。

这种类型的带饰一般都成对出现，是军事服饰的常见配件。现在的这件出土于一座陈设奢华的大型墓葬，里面殉葬有六匹马，墓葬位于汉宣帝（前74—前49年在位）杜陵附近。[1] 从墓葬的规模、豪华程度及其显赫的位置来看，墓主人应该是一位高级将领。这件

107

金牌饰应该来自中亚或者西亚，不仅因为它和阿富汗北部黄金之丘发现的金饰惊人地相似，[2] 也因它展现出来的技术水平。与中国使用的铸造技术不同，这件金牌是用冷作的方法锤打成形。这种工艺当时在西方已经存在几千年了。（孙志新）

1. Wang and Xiao 2011, p. 2. 2. Hiebert and Cambon 2008, p. 246, fig. 61, p. 266, fig. 106.

108. 鎏金青铜当卢

西汉（前 206—公元 9）
青铜鎏金，高 16.5 厘米
2000 年山东章丘洛庄吕王（吕台，卒于前 186 年）墓 9 号坑出土
济南市考古研究所

这件当卢非常精致，上面是一匹奔腾的骏马图案，马的后腿翻转了 180 度，这个姿态有违常理，但视觉上充满动感。图案用流畅的线条和造型表现了马的耳朵、眼睛、弯曲的脖子和身体，以及沿着脊柱修剪得整整齐齐的鬃毛。马背和马身上律动的条纹平添了几分动感。整个透雕的外框呈带有尖角的三角形，由两只嘴部弯曲、身体呈带状的怪兽组成。当卢的背面有三个环，上面两个，下面一个，当卢就是通过这些圆环用皮质的带子系在马的额头上。

这一引人入胜的形象，是在公元前 1 千纪最后的几个世纪里，欧亚草原的游牧民族从黑海之滨传播到中国北部和西北部边疆的装饰母题的一个典型例证。这种母题似乎最初表现的是雄鹿的形象，后来逐渐增添了其他特征。到公元前 5 世纪，它在斯基泰艺术中出现，表现为一个有蹄、长喙、有角的动物。这种形象在中国最早出现在陕西那林高兔村发现的一件公元前 4 世纪—前 3 世纪的金头饰上，在这一地区，中原民族与游牧民族交往非常频繁。[1] 在汉朝之前的几个世纪中，这种母题在中国本土及游牧人群的工艺品中越来越流行。这种后蹄翻转的动物图案有着深远的影响，逐渐传播到了中国的中原，南方出土的一座公元前 3 世纪的墓葬中发现的漆盒，上面就有这种图案，就是证明。[2]（孙志新）

1. Dai and Sun 1983. 2. Hunan 2000, pp. 162–163, fig. 194.

108

109. 希腊文铭文铅饼五枚

汉朝（前206—公元220）或中亚到西亚，公元2世纪
铅质，每件直径5.5厘米，重110—118克
1976年甘肃灵台康家沟出土
灵台县博物馆

这五枚铅饼非常奇特，是在一个建筑工地上被偶然发现的，发现地点位于西汉都城长安（今西安）西北方向约200公里的灵台县，一共出土了274枚。铅饼均略呈凹凸形，凸面上有浅浮雕的龙的图案，凹面有一圈外国字母。科学分析表明其成分主要是铸铅。[1]

在这次发现之前，中国境内也出土过几枚铜饼，它们也有相似的图案和铭文，在20世纪前半叶引发了持续不断的学术争论。学者们推测铜饼是拉丁语系国家、罗马或者拜占庭的铜币，甚至是俄国的勋章。1953年，密兴黑尔芬（Otto Maenchen-Helfen）[也译作门琴黑尔芬、马恩岑等，此处据夏鼐先生的译法。——译者注]的讨论比较有说服力，他认为这些铜饼是中国汉代制造的，时间不晚于公元2世纪，上面的铭文是对晚期安息铸币德拉克麦（drachms）上的铭文"'ΒΑΣΙΛΕΩΣ ΒΑΣΙΛΕΩΝ ΑΡΣΑΚΟΥ ΕΠΙΦΑΝΟΥΣ ΦΙΛΕΛΛΗΝΟΣ'以讹传讹的结果"。[2]这是经常出现在安息钱币上的套语，是对安息统治者头衔的敬称，"万王之王，安息（安息王朝的建立者），显赫的，爱慕希腊的"。夏鼐先生把密兴黑尔芬的研究成果介绍到中国，但他认为这些铜饼不是中国制造的，理由是铜饼上的铭文以及龙的图案都不符合中国的风格。[3]

1965年以后，考古学家在陕西和甘肃发现了几批类似的金属饼，它们和现在这几件一样，都是铸铅的。[4]1990年一枚同样的铅饼被发现，一同出土的还有三枚方形的、上有马的图案，以及一枚椭圆形的有龟背图案的铅锭，学者们认为这些就是所谓的"白金三品"。[5]根据文献上的记载，白金三品是在公元前119年，为了缓解货币短缺，由汉武帝（前141—前87年在位）下诏颁行的一种用银和锡铸造的高面值货币。[6]这些铅饼在刚铸成时可能看起来和银饼差不多，但文献中并没有中国钱币使用外国文字作铭文的记载。此外，在公元前2世纪的中国也不太可能出现对希腊文字的拙劣模仿，因为这种文字在西亚的使用不会早于公元2世纪。在没有更多的考古证据以前，我们还无法得到一个确切的结论，这些铅饼很可能是公元2世纪时西汉"白金"龙纹币的仿制品，无疑受到了安息风格的影响，铅饼上安息风格的希腊文和汉朝风格的龙的图案，是中国汉朝、希腊化时代的西方和中亚通过丝绸之路频繁交流的珍贵物证。（陆鹏亮）

1. 发掘简报见Lingtai 1977. 2.Maenchen-Helfen 1952. 3.Xia Nai 1961. 4.1965年在汉长安城（今西安西查寨）出土了一只陶罐，陶罐内装有13枚铅饼，见Xi'an 1977。1973年陕西扶风也出土了两枚类似的铅饼，见Luo Xizhang 1976。另外，西安市文物局、陕西长武县博物馆、甘肃礼县文化馆、甘肃西和县博物馆等也分别收藏了一些，见Dang Shunmin 1994。灵台发现的一批，包括现在这几件，是目前为止数量最多的一批。5.See Dang Shunmin 1994. 6.参见《史记》卷三十，第1427页。

109

110. 肉红石髓动物串坠

印度或东南亚，约前 300—前 100
肉红石髓，每颗约 1.4 厘米 × 0.9 厘米
1975 年广西壮族自治区合浦环城堂排 2 号墓出土
广西壮族自治区博物馆，南宁

这组宝石雕刻的小动物饰品中有五个为鸟形、六个为兽形，每个动物胸部都有小孔，说明最初是被串在一起作为项链用的。鸟形的宝石看上去是天鹅或者大雁，扁喙、长颈，双翅向尾部折叠；兽形的可能是狮子或老虎，采取卧姿，阔口、方颌、拱背，长尾夹在两个后腿中间。

这些饰品尽管尺寸不大，却很有立体感，造型高度抽象，雕刻手法简单粗犷。这种风格和当时中国珠宝工匠精湛细腻的作品形成鲜明的对比。考古发现证明，这些小饰品来自南亚或者东南亚，[1] 可能是印度工匠或掌握印度技术的东南亚工匠为供应东南亚或者中国市场而制作的。

这组饰品用肉红石髓雕成，其材料来自印度——自古就为亚洲和欧亚大陆的工艺品供应宝石。宝石最初通过陆路的草原和丝绸之路传至中国，后来经由海路，因为海上贸易在公元前 1 千纪的后半期发展迅速。发现这组饰品的合浦古城，在汉代时是一个繁忙的海港，许多的商船从这里扬帆起航，远赴印度洋。[2]（孙志新）

1.Marshall 1951，pp. 230-273，pl. 49b；Glover and Bellina 2011，pp. 39-41. 2.Jiang and Peng 2002.

111a，b. 宝石串珠两串

印度，公元前 1 世纪—公元 1 世纪
紫水晶、海蓝宝石、绿柱石和无色水晶，每件珠子长 0.8—2.5 厘米
1990 年广西壮族自治区合浦黄泥岗 1 号墓出土
广西壮族自治区博物馆，南宁

宝石雕刻是中国最古老的工艺品种之一，其历史可追溯到公元前 5000 年。浙江杭州附近的一个新石器文化遗址出土的几件玛瑙耳环是其中年代最早的发现之一，这些耳环虽然外形相对简单，但表面被打磨得很光滑。宝石雕刻在接下来的时代中和玉石雕刻一起继续发展。但由于中国的资源有限，雕刻所用的石材主要限于玛瑙和绿松石。在秦汉时期，随着海上贸易的迅速发展，雕刻原材料的供应状况有了巨大的改善，许多新的宝石品种越过重洋来到中国，包括琥珀、紫水晶、海蓝宝石、绿柱石、红玉髓、天青石和水晶等。

雕刻这些珠子所用的宝石无疑来自其他国家，可能是从印度进口，因为那里有着丰富的宝石储藏，是古代许多亚洲和欧亚文明的主要宝石供应地。多面体的珠子形状复杂，也可能是印度制造。这种双金字塔

的六边形（图录111b），从风格和工艺来看，都和印度的产品非常相似。[1]（孙志新）

1. Glover and Bellina 2011, p. 17.

111a

112a—f . 金珠饰品

印度或大夏，约前1世纪—公元2世纪
金质带细珠，每件直径0.4—1.9厘米
2001年广西壮族自治区合浦九只岭东汉墓出土
广西壮族自治区博物馆，南宁

这六颗金珠大小形状各不相同，最大的一颗呈两头渐细的卵形，其表面可被分成三个小区域，每个区域都用盘绕的金丝和小金珠来装饰。另外一颗珠子为球形，其表面密集地覆盖着一条条细金线。另外两颗珠子为十二面空心球体，由小环组成，连接处焊有密集的小金珠。这些珠子结构复杂、装饰精美，体现了当时工匠精湛的技艺。

多面体的珠子在巴基斯坦、缅甸、泰国、印度尼西亚、越南和中国的许多古遗址都有发现，[1]说明当时它们在中亚、南亚、东南亚和中国都很受欢迎。它们的时代是在公元的最初几个世纪，当时这一地区的海上交流日益繁荣。这些珠子可能是在塔克西拉制造的，这座古城是南亚和中亚联系的枢纽，曾出土了大量的类似金珠。[2]（最近在阿富汗发现的，特别是其中多面体的和有细小金珠装饰的珠子，把这些珠子与古代的大夏和波斯联系了起来，这两种文化制作精细首饰的历史都很悠久。）（孙志新）

111b

110. 肉红石髓动物串坠

印度或东南亚，约前 300—前 100
肉红石髓，每颗约 1.1 厘米 × 0.9 厘米
1975 年广西壮族自治区合浦环城堂排 2 号墓出土
广西壮族自治区博物馆，南宁

　　这组宝石雕刻的小动物饰品中有五个为鸟形、六个为兽形，每个动物胸部都有小孔，说明最初是被串在一起作为项链用的。鸟形的宝石看上去是天鹅或者大雁，扁喙、长颈，双翅向尾部折叠；兽形的可能是狮子或老虎，采取卧姿，阔口、方颌、拱背，长尾夹在两个后腿中间。

　　这些饰品尽管尺寸不大，却很有立体感，造型高度抽象，雕刻手法简单粗犷。这种风格和当时中国珠宝工匠精湛细腻的作品形成鲜明的对比。考古发现证明，这些小饰品来自南亚或者东南亚，[1] 可能是印度工匠或掌握印度技术的东南亚工匠为供应东南亚或者中国市场而制作的。

　　这组饰品用肉红石髓雕成，其材料来自印度——自古就为亚洲和欧亚大陆的工艺品供应宝石。宝石最初通过陆路的草原和丝绸之路传至中国，后来经由海路，因为海上贸易在公元前 1 千纪的后半期发展迅速。发现这组饰品的合浦古港，在汉代时是一个繁忙的海港，许多的商船从这里扬帆起航，远赴印度洋。[2] （孙志新）

[1].Marshall 1951，pp. 230-273，pl. 49b；Glover and Bellina 2011，pp. 39-41. [2].Jiang and Peng 2002.

111a，b. 宝石串珠两串

印度，公元前 1 世纪—公元 1 世纪
紫水晶、海蓝宝石、绿柱石和无色水晶，每件珠子长 0.8—2.5 厘米
1990 年广西壮族自治区合浦黄泥岗 1 号墓出土
广西壮族自治区博物馆，南宁

　　宝石雕刻是中国最古老的工艺品种之一，其历史可追溯到公元前 5000 年。浙江杭州附近的一个新石器文化遗址出土的几件玛瑙耳环是其中年代最早的发现之一，这些耳环虽然外形相对简单，但表面被打磨得很光滑。宝石雕刻在接下来的时代中和玉石雕刻一起继续发展。但由于中国的资源有限，雕刻所用的石材主要限于玛瑙和绿松石。在秦汉时期，随着海上贸易的迅速发展，雕刻原材料的供应状况有了巨大的改善，许多新的宝石品种越过重洋来到中国，包括琥珀、紫水晶、海蓝宝石、绿柱石、红玉髓、天青石和水晶等。

　　雕刻这些珠子所用的宝石无疑来自其他国家，可能是从印度进口，因为那里有着丰富的宝石储藏，是古代许多亚洲和欧亚文明的主要宝石供应地。多面体的珠子形状复杂，也可能是印度制造。这种双金字塔

的六边形（图录111b），从风格和工艺来看，都和印度的产品非常相似。[1]（孙志新）

1. Glover and Bellina 2011, p. 17.

111a

111b

112a—f . 金珠饰品

印度或大夏，约前1世纪—公元2世纪
金质带细珠，每件直径0.4—1.9厘米
2001年广西壮族自治区合浦九只岭东汉墓出土
广西壮族自治区博物馆，南宁

这六颗金珠大小形状各不相同，最大的一颗呈两头渐细的卵形，其表面可被分成三个小区域，每个区域都用盘绕的金丝和小金珠来装饰。另外一颗珠子为球形，其表面密集地覆盖着一条条细金线。另外两颗珠子为十二面空心球体，由小环组成，连接处焊有密集的小金珠。这些珠子结构复杂、装饰精美，体现了当时工匠精湛的技艺。

多面体的珠子在巴基斯坦、缅甸、泰国、印度尼西亚、越南和中国的许多古遗址都有发现，[1]说明当时它们在中亚、南亚、东南亚和中国都很受欢迎。它们的时代是在公元的最初几个世纪，当时这一地区的海上交流日益繁荣。这些珠子可能是在塔克西拉制造的，这座古城是南亚和中亚联系的枢纽，曾出土了大量的类似金珠。[2]（最近在阿富汗发现的，特别是其中多面体的和有细小金珠装饰的珠子，把这些珠子与古代的大夏和波斯联系了起来，这两种文化制作精细首饰的历史都很悠久。）（孙志新）

113a，正面和背面

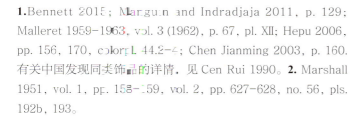

112a—f

113b

1.Bennett 2015；Marguin and Indradjaja 2011, p. 129；Malleret 1959–1963, vol. 3 (1962), p. 67, pl. XII；Hepu 2006, pp. 156, 170, color pl. 44.2–4；Chen Jianming 2003, p. 160. 有关中国发现同类饰品的详情，见 Cen Rui 1990。**2.** Marshall 1951, vol. 1, pp. 158–159, vol. 2, pp. 627–628, no. 56, pls. 192b, 193。

113a，b . 金珠饰品两件

东汉（25—220），公元 1 世纪
金质，a）1.6 厘米 ×1 厘米 ×0.6 厘米；b）2.1 厘米 ×1.6 厘米 ×0.6 厘米
1980 年江苏邗江甘泉 2 号墓出土
南京博物院

这两件小饰品反映出中国夺目光彩的金珠制造工艺，这种工艺是通过贸易通道从西方传入的。盾形的这件（图录 113a）代表着一个神奇的炉灶，它的顶部有一小盘小金珠，可能象征着五谷丰登。[1] 饰品的反面用细金线组成"宜子"两个汉字，这是汉代器物上最常见的吉祥用语之一。

第二件饰品（图录 113b）由三个结状的饰品组成，这种结状饰品叫作"胜"，是女性的一种发饰，经常出现在西王母（见图录 138）的头上。根据文献的记载，"胜"象征着正义。[2]

尽管我们还不太清楚这两件饰品的具体作用，但按其尺寸来说，它们可能是某种吉祥符。两件饰品都出土于同一墓葬，墓主应该是东汉广陵（今江苏扬州地区）王刘荆（卒于 67 年）。[3] 这座墓葬出土了大量的奢侈物品，包括几个罗马玻璃器皿的残片和类似在广西发现的金珠（图录 112a—f）。这两件饰品均使用外国的技法制作，它们和进口的器物一道，表现了汉代贵族中对域外奇珍的追捧。

（陆鹏亮）

1.西安出土的一件与这件相似，是从小金珠盘中伸出一只烟囱状的管子，说明它当初的设计是炉灶的样子。也有学者认为它是制作仙药的炉子，那些小金珠就象征着仙药。见 Xi'an Museum 2013, p. 46。**2.** 关于"胜"的讨论，见 Sun Ji 2008, pp. 283–284。**3.** Nanjing Museum 1981.

114

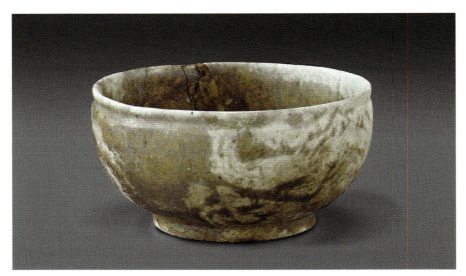

115

114. 弦纹玻璃杯

西汉（前206—公元9）
玻璃，高5厘米，最大直径8.3厘米
1987年广西壮族自治区合浦文昌塔70号墓出土
广西壮族自治区博物馆，南宁

　　这件玻璃杯曾被认为是古代罗马世界的舶来品，现在已被证实是中国南方制造的。关键的证据是其中的氧化钾，这种成分以独特的分子结构出现，并不出现在同时代的西方玻璃中。[1]广西壮族自治区合浦县发现了大量类似的玻璃器皿，说明在这个繁忙的港口周围曾经有兴盛的玻璃产业。除了考古发现外，传世文献中也有对玻璃制作的描述及制作配方的记载，它们都可以作为进一步的证据。[2]

　　合浦地区有许多玻璃制造中心，其生产的产品多种多样，有奢华的器皿，也有个人的装饰品。最常见的是各种珠子，在一处遗址中常常就可以发现成百上千枚。这些玻璃生产中心似乎不仅供应中国市场，其产品也远销南亚和东南亚，在越南和印度的海滨地区发现的相关文物可以证明。[3]（孙志新）

1. Borell 2010, p. 132. 2. Huang Qishan 1988, p. 270. 3. Borell 2010, pp. 136–138.

115. 玉碗

西汉（前 206—公元 9）
玉质，高 5.2 厘米，口径 10 厘米
1976 年广西壮族自治区合浦风门岭 26 号墓出土
广西文物考古研究所，南宁

玉是中国古代最受尊崇的自然原材料，玉质的器物经常会被一些次的材料仿制。但在极少数情况下，玉也会被用来仿制其他材质的器具，比如这件酒碗。发掘报告简单地将其材料列为玉，但没有具体说明它的矿物成分。[1] 它的材料质地不透明，碗身有黄褐色的条纹，看上去像是蛇纹石，最初应该大致呈半透明的绿色。因此照传统的意义来说，它可以被归为玉类。

在汉代的酒具中，只在南方沿海地区发现有这种形状的酒碗，同一地区也曾发现有同时期的玻璃碗。[2] 它们在形状上非常相似，玻璃碗不光材料新异，造型也很奇特，考虑到这些，这只玉碗可能是模仿玻璃碗制成的。类似的例子还有广西壮族自治区贵县罗泊湾一座西汉墓出土的玉质高足杯，它也是模仿自地中海进口的一件玻璃高足杯。[3]（孙志新）

1. Hepu 2006、p. 32. colorpl.33. 2. 同一地区出土的玻璃碗见 Borell 2010。另参见图录 114。3. Guangxi 1988, p. 54, colorpl. 8.

116. 青铜錾花高足杯

东汉（25—220）
青铜，高 12.8 厘米
1955 年广西壮族自治区贵县火车站 74 号墓出土
广西壮族自治区博物馆，南宁

这件高足杯杯体呈圆柱形，杯底部呈圆弧形，由斜坡形圈足作支撑。杯身錾刻有深对角线斜纹，形成三排菱形图案，图案边界有密集的短条纹加以强化。口沿部錾刻一条菱形纹。坡足用一条三角形纹装饰，也是阴刻深纹。

这件高足杯代表了中国南部和西南部边疆的古人所制作的一种罕见的青铜制品，这一地区与南亚及东南亚有着频繁的交流。[1] 高足杯表面的图案使用的是錾刻工艺而非铸造，这与中国早先或同时代的主流青铜器不同。杯体上面的直条纹也很独特。这些显著的特征反映

116

出其在制作工艺上所受的外来影响，这种影响是通过海上贸易从印度洋彼岸传来的。它的器形可以追溯到罗马的玻璃高足杯，而它杯体表面的图案极有可能来自古代南亚和东南亚的青铜器。[2]（孙志新）

1. Guangxi 1972, pp. 22-30. 2. Guizhou 1959, pp. 85-103.

117. 带凸饰玻璃环

西汉（前206—公元9）
玻璃，直径5.3厘米
1982年广西壮族自治区合浦文昌塔1号墓出土
广西壮族自治区博物馆，南宁

这件玻璃饰品的形状是一个椭圆形环外加六个三叉状的凸起，其中的两个凸起已经破碎不存。[1] 它形状独特，吸引了许多学者的兴趣，有的学者甚至大胆推测它代表着海龟。[2] 这是一件非常重要的考古发现，可以使我们对中国古代南方地区和东南亚早期文化之间的联系和互动有更多的认识。

玉质有缺口和小突的耳饰在台湾卑南的卑南文化（存在于公元前3300—前2300）和三和文化（存在于前200—前100）早期墓葬中都曾有所发现。[3] 类似形状的饰品和耳环在越南北部、柬埔寨和菲律宾的青铜时代遗址中也有发现，所属时代与中国汉朝部分重合或者稍晚。[4] 这些文物共同说明了南中国海地区各种早期文化之间繁荣的海上往来。这种饰品的起源似乎更早，因为在广东曲江马坝的一座墓葬中就发现了一件类似的石质耳环，时代为公元前2千纪的晚期。[5]（孙志新）

1. Wei and Rong 2002, p. 187, fig. 223. 2. Han Huchu 2011, pp. 130 - 134. 3. 关于卑南文化和三和文化的时代，见 Zang and Ye 2005, pp. 7–8；玉器的图解见 pp. 113-130。4. Yang Shiting1998, pp. 289, 303. 5. Ibid..See also Guangdong 1978, pp. 1–15, fig. 18.

118

117

118. 胡人座陶灯

东汉（25—220）
陶制，高30.2厘米，最大直径10.5厘米
1955年广西贵县高中工地14号墓出土
广西壮族自治区博物馆，南宁

这件无釉红陶灯出土于贵县（今贵港）郊区的一座东汉墓中。[1] 灯具的照明部分呈碗状，碗的腰部略微内收，通过一个小的圈足与下面的灯座相连。灯座为一个小心翼翼地用头顶着油灯的男子形象。他身体强壮，面部向前，采取坐姿，姿态拘谨，双膝和双脚并拢，双手放于膝盖上。

119

这件陶制雕塑的表面刻画得简单且生动形象，表现出的细节引人入胜。例如人物的两束头发或者头饰从中间往两边分于，缠绕于头部，形成一个高起的环形屏障，用来放置灯碗。人物浓眉，大眼，高鼻梁，络腮胡，和同时期的陶俑形象不同，表现出异族的特征。有人认为这个人物是裸体的，因为在他的身体上可以看到弯曲的轮廓线。[2] 但是他脖子周围两条相交于胸骨的刻线，可能代表着一件薄衣物的领子，而领子下面简略的短竖纹表现的是纺织品粗糙的质地。（张仲麟）

1. Guixian 1957. pp. 155-157. 2. Guangxi 2006, p. 178.

119. 青铜凤鸟形灯

西汉（前 206—公元）

青铜，33 厘米 × 42 厘米 × 15 厘米

1971 年广西壮族自治区合浦望牛岭 1 号墓出土

广西壮族自治区博物馆，南宁

这件灯具出土于汉朝南方的海滨古城合浦，是中国南方青铜器中的典型器物。[1] 灯具作鸟首回望形，鸟可能是凤鸟或者孔雀，这种造型在中国中部和东部遗址中很少见到。这件器物还有一点特别之处，那就是鸟的羽毛和其他的装饰是錾刻上去的，而非铸造而成。[2]

这件灯具体现了汉代一种独特的设计发明，即名为釭（意为"中空"）的空心灯。[3] 灯点燃后产生的烟会通过一个通道——从这一件来说，是鸟的大嘴和管状的颈部——收集到中空的灯体中，灯体中一般盛水。这样就可以控制室内的烟气，使灯旁的人免受烟熏之苦。（陆鹏亮）

1. 发掘报告见 Guangxi 1972。2. 其上刻有纹饰的汉代青铜器是起源于南方的一种装饰风格，见 Wu Xiaoping 2014。3. 这种类型的灯具在许多汉代遗址中都有发现，详细讨论见 Sun Ji 2008, pp. 410-412。

120

120. 青铜人形吊灯

东汉（25—220）
青铜，高 27.6 厘米，灯盘直径 8.9 厘米
1974 年湖南长沙收集
湖南省博物馆，长沙

东汉时期，中国的海上贸易得到了发展——中国与南亚、东南亚以及地中海地区的商业活动相当繁荣——不仅带来了许多异域的商品，如香料、宝石和玻璃器皿等，也加强了与外国人的接触，外国人的形象也因此成为各种材质的工艺品的流行样式，尤其是在中国南方的沿海地区。

这件铜吊灯表现的人物形象，可能是来自东南亚的外国人，其与中国人不一样的特征表现为深目、高鼻、卷发，头发系成高髻。穿着也和东南亚原住民一样，仅在腰间缠着一条带子。他面前捧着一个圆形的灯盘，灯盘中有放灯芯的尖柱。人物肚子向下匍匐，双腿伸展，好像浮在水面上一样。他的身体中空，可以储存膏液；背后开小口，盖着可以启闭的盖子；他的胸部有小孔，膏液可以从小孔进入灯盘。

人物的肩膀和臀部上有三条链子，吊在一个穹顶形的小盘下，小盘上有一只孔雀，孔雀高冠开屏。在中国发现的众多灯具中，这是已知唯一一件带有吊链的，这表明它受到了古代地中海地区的影响，因为地中海地区盛行吊灯。这件铜灯的整体造型——灯盘置于一侧，用三个吊链保持平衡——同样也和古希腊罗马世界的器具相类似。（孙志新）

121

121. 人面纹羊角钮铜钟

西汉（前206—公元9）
青铜，高19厘米，宽24厘米
1976年广西壮族自治区贵县罗泊湾1号墓出土
广西壮族自治区博物馆，南宁

　　这件青铜钟通常被称为"羊角钟"，因它上部伸出的两个弯曲的柄而得名，这也使它和中国古代其他地方发现的钟有所区别。它的横截面呈椭圆形，上面有长方形开口，铜钟可以通过开口被悬挂起来。它较宽的一面上铸有浮雕式的人面图案，其意义和功能目前还不清楚。

　　这类钟在中国南方和东南许多边远地区都有发现，包括湖南、贵州、云南和广西，在越南北部也有发现，其中时代最早的是公元前5世纪。[1] 它们的大小各不相

同，高度在15—37厘米，偶尔会有一组两件或四件同时出现。学者们认为这种钟和中国古代文献中所记载的越族有关，这一少数民族在汉代很活跃。[2]

　　敲击这种钟的不同部位可以发出两个不同的声调。根据广西发现的同时代的岩画，它们原来应该被悬挂在架子上，一套有四件或更多。它们也经常和铜鼓一起出现，铜鼓也和越族有关。有时还伴随着半环钮钟、竹笛，甚至铜锣一起出土，说明这些乐器是配合在一起演奏的。[3] 然而，不知道出于什么原因，这种钟到西汉末期就消失了。　（孙志新）

1. Jiang Tingyu 1989, pp. 102–103. 2. Jiang Tingyu 1984, p. 69; Jiang Tingyu 1989, p. 108. 3. Jiang Tingyu 1984, p. 68.

122

122. 青铜双牛

西汉（前206—公元9）
青铜，每件高27厘米，长41厘米
2003年广西壮族自治区合浦风门岭26号墓出土
广西文物考古研究所，南宁

　　这对青铜立牛，一公一母，一起出土于风门岭26号墓，时代为西汉晚期。通过它们的相对尺寸和身体结构，并结合同时期中国文献中的有关记载，可以确定它们是黄牛。[1]

　　公牛（左）比母牛略高，肩部肌肉更发达，身体也更加结实、强壮。母牛（右）体形较为柔和，轮廓更为浑圆。两只牛被塑造得非常写实，眼睛突出、鼻子上有褶皱，真实地反映了牛的自然特征。牛角呈新月形，造型夸张，全身遍刻细小的三角形纹，让人联想到牛皮的质地。两只牛四腿直立，直视前方，姿态坚定。它们的耳朵应该是被分别铸造然后再装配到牛身上的。（张仲麟）

1. Xiong Zhaoming 2006.

123. 青铜四牛鎏金骑士贮贝器

西汉（前206—9）
青铜，高50.2厘米，直径25厘米
1956年云南晋宁石寨山10号墓出土
云南省博物馆，昆明

　　石寨山遗址位于今天滇池东南方向约一公里处，为滇国的一座大型的王族墓地，对滇国的最初记载出现在《史记·西南夷列传》中。[1]于此处出土的这件贮贝器，器形呈桶形，腰部略收，两边有虎形手柄，虎似乎正在攀登。器物的顶端立有一匹马，马上是鎏金的骑士，旁边沿逆时针方向环绕着四头牛。

　　西汉早期和中期的这种贮贝器可能是从铜鼓演化而来，顶上增加的塑像把顶部变成了一个装饰性的盖子。[2]这种贮贝器的流行似乎和滇国的社会经济发展同步。在青铜时代的顶峰，贝壳成为流通货币，鼓形、双鼓形和桶形的贮贝器也随之出现。但随着滇国和西汉交流的加强，特别是当西汉在云南地区设立郡县以后，铜币取代了贝币，类似图录123中的这种贮贝器就不再使用了。（张仲麟）

1. Higham 1995, p. 159. 2. Xiao Minghua 2006, p. 171.

123

124. 青铜祭祀贮贝器

西汉（前 206—公元 9）
青铜，高 40 厘米，直径 33.3 厘米
1992 年云南江川李家山 69 号墓出土
李家山青铜器博物馆，江川

　　李家山墓地位于石寨山墓地南 40 公里，发掘于 1972 年，共发现墓葬 27 座。[1] 在其中的 7 座墓葬中发现了大量文物，有一些时代至西汉早期，也就是和石寨山的许多墓葬同属一个时期（见图录 123、126）。[2]

　　这件贮贝器出土于李家山 69 号墓，一起出土的共有三件。它的质地是青铜，形状呈鼓形，鼓腰略收，腰上有四个双绳状圆环柄。器物表面铭刻行船和舞蹈图案，图案中间夹杂有同心圆环和锯齿纹等几何图案。

　　这件贮贝器上的场景精细，器壁很薄，应该是同时使用了双范法和失蜡法两种铸造方法。[3] 对滇文化青铜器铸造技术的鉴定只能依靠器物本身，因为截至目前还没有出土过任何的铸造设施，也没有发现过有冶金场景的任何图像资料。比如说，李家山和石寨山出土的一些动物形杖饰就是用泥范双范铸造完成的。一些用作贮贝器的薄壁鼓状器是用蜡板铸造成的，蜡板上有用印制或刻画着图案的陶芯玉制的纹饰。顶部装饰性盖子上的人物通常是被单独铸造完成后再铆接或焊接上去的。[4]

　　盖子上人物密集，35 个人围绕着中间的一个柱子。

一个鎏金的女人坐在轿子上，轿子由四人抬着，旁边有两个骑士护卫，两侧有仆人跟随。和图录 123 中的骑士一样，这名女性身上的鎏金表示着她高贵的身份。一个跪着的女人，可能是个仆人，高举着一只伞盖；另外有一个女人和两个男人手持着铁锹和播种工具。这一组人物表现的可能是一个与农业有关的祭祀活动。其余的人物分散在盖子外沿，表现了热闹的市场景象。这些人物应该是用失蜡法铸造好了以后焊接到器物的盖子上的。[5]　（张仲麟）

1. Zhang and Wang 1975. 2. Pirazzoli-t'Serstevens 1988. 3. 东南亚以及中国云南地区，有着高度发达的青铜铸造工艺传统——同时使用双范法和失蜡法两种铸造方法。用双石范或双泥范铸造的青铜器可以追溯到公元前 2 千纪中期。在湄公河流域遗址中发现的用失蜡法铸造的青铜器，其时代最早可到公元前 1000—前 500 年。可参见 Higham 1995，pp.171-172；Li Xiaocen 1999，pp. 2、53。4. Higham 1995，pp.172-173. 5. Li Xiaocen 1999，p.55.

125. 青铜剽牛祭祀扣饰

西汉（前 206—公元 9）
青铜，高 10.3 厘米，宽 13.4 厘米
1992 年云南江川李家山 68 号墓出土
李家山青铜器博物馆，江川

　　这件青铜扣饰出土于李家山 68 号墓，这是其中陪葬

品最为丰富的墓葬之一。扣饰上面的结构繁复,有 11
个人和一头牛,表现了祭祀前的剽牛场面。扣饰的右
侧有立柱,上有一只供祭祀用的牛,牛和人物一起给
予了整个构图以方向性,把观者的注意力引向右边。
柱子的表面装饰有三角形纹和弦纹。

扣饰上 11 个人的装扮都差不多,全都穿着刺绣的
衣服,戴着大耳环,腕臂戴着成串的镯子。这些人物
表现了一个紧张激烈的瞬间。两个人在牛头的两边,
拉住系在牛脖子上的绳子。其他的人表情相对平静,
面带笑容,在给前两个人帮忙,他们或者拽住牛的尾巴,
或者用绳子缚住牛。然而,并不是每个人看上去都很
成功,其中就有一个人被牛猛顶了一下,头朝下吊挂
在牛角上。有斗牛场面的扣饰通常描绘的是大的祭祀
活动中的一个场景,其他与此相关的还有斗牛入场和
牛被制伏后遭到屠杀的场景。[1]

关于这种长方形牌饰的功能,目前还有不同的意
见,有的牌饰出土时粘有绢丝和漆皮,这说明它们可
能曾经被装在有机材料上作为表面的装饰。[2] （张仲麟）

1. Fan Haitao 2007, pp.63-64. 2. Xiao Minghua 1999,
pp.426-427.

126. 鎏金青铜双人盘舞扣饰

西汉（前 206—公元 9）
青铜鎏金,12 厘米 × 18.5 厘米
1956 年云南晋宁石寨山 13 号墓出土
云南省博物馆,昆明

这件青铜鎏金饰品表现了两个人在一条蜿蜒曲折
的蛇上跳舞的场景。两人装束相似,都穿着紧身系带
的衣服,佩长剑,头发在脑后梳成髻。他们衣服上遍
布窄小的水滴形图案,衣料酷似有条纹的织物,上面
点缀着反转的"Z"形纹。这些细节使我们仿佛看见了
这种表演中舞者所穿的华丽衣服的真实样子。

两个舞者伸开双臂和双腿,均衡地指向左右两边,
两人动作相反但互相呼应,创造出一种既平衡又具有
动感的构图效果。右边的舞者双手各持一个圆盘,圆
盘一个朝上一个朝下。两个舞者面部表情生动活泼,
他们张大着嘴,似乎在边跳舞边唱歌。

底下的蛇咬着一个舞者的脚踝,又缠绕着另一个
人的脚踝,以起到支撑的作用。蛇在滇文化中经常被
看作一种神物,蛇的图案也是同时代云南地区常见的
装饰母题。[1]这件牌饰上的蛇也可以看作是出于设计的

127

需要，它把两个人物有机地连接在一起，使得构图更加稳定。[2]（张仲立）

1. 流行的说法有把蛇看成神秘力量的象征以及大地的象征，见 Yunnan1959；Feng Hanji；以及 Huang Derong 2003，p.39。2. Huang Derong 2003，p.43.

127. 双耳陶罐

西汉（前 206—公元 ?），公元前 3 世纪—前 2 世纪
陶制抛光镶嵌铜泡，高 26 厘米，底径 8 厘米
1985 年四川甘孜新龙谷日石棺葬出土
甘孜藏族自治州博物馆，康定

这种双耳罐与安弗拉式（amphora）双耳陶罐相似，可以帮助我们了解汉帝国西南边疆文化传播的一些情况。类似的陶罐主要发现于岷江、雅砻江、金沙江和澜沧江等沿江地区的石棺墓中，地域上从四川西部一直到南部边陲的云南省。[1]这种墓的墓穴呈长方形，在四面和顶部围有石板。已发现的陪葬品通常有陶器、金属兵器和钱币等，其中这种类型的陶罐因其独特的

外形吸引了人们的关注。

双耳陶罐的历史可以追溯到公元前 1000 年，它发现于中国西北的甘肃、青海和陕西等省份。陪葬品中的一些金属兵器，比如铜柄铁剑，也表现出北方草原民族的影响。学者们推测这些陶罐的主人应该属于羌族的一支，可能来自北部草原，他们和周围的人虽有接触，但保持了自己的一些风俗习惯，比如死后土葬而不是火葬。[2]墓葬中发现的钱币主要是西汉早期的"半两钱"和"四铢钱"，这就把墓葬的时代定在公元前 107 年汉武帝设立汶山郡之前。这一族群可能继续往南迁徙到位于今天云南的滇人地区。同样风格的器物，包括陶罐和剑，也出现在滇文化的墓葬中，体现出了他们的影响。[3]

图录 127 是这种独特的陶罐中最为引人注目的一件。它的造型简单而醒目，是用手工将泥条盘筑成形。器物表面残留有擦痕，说明用坚硬的材料进行过抛光处理。发现的同类陶罐大多为素面，而这一件则不同，它的上部和双耳表面镶嵌细小铜泡，彰显出它的特殊

地位。1983 年在甘孜吉里龙几座墓葬出土的陶罐,器形相似但镶嵌物较少。[4] 陶罐的双耳反映着这个族群游牧民族的器形意识,而镶嵌的金属则体现出在西南地区定居的农业社会的影响。(陆鹏亮)

1. 这些石棺墓从 1930 年代起就在理番(今理县)被发现,包括这些陶罐在内的陪葬器物流入私人手中或被馆藏。该墓在此后由当地的大学和博物馆进行了一些科学的勘察和发掘,见 Cheng Te-k'un 1946;Feng and Tong 1973。现在的这件出土于雅砻江流域发现的七座墓葬之一,位置在甘孜北约 80 公里;见 Ge Le 1987。2. See Sun Ji 2008,pp.512-514. 3. 对于这种类型陶罐的研究的全面回顾,见 Xie Chong'an 2005。4. See Jililong1986.

128. 七层彩绘连阁陶仓楼

东汉(25—220)
陶制彩绘,高 175 厘米,长 87 厘米
1988 年河南焦作出土
河南博物院,郑州

这件建筑模型共有 31 个可拆装的部件,由七层的主楼和四层的辅楼组成。两个楼之间以阁道相连,庭院建有围墙。两个建筑都塑造得很鲜明,每层都开有门窗,其余的空间则布满彩绘的几何纹饰。

庭院的大门正对着主楼的前门,一个人扛着一袋谷物从左边进大门,一只看门狗斜躺着,正看守着门右手边相连的仓楼。院墙上有一对门阙。连接两座楼的阁道位于第三层。灰色陶楼表面残留的红色、黄色和白色的颜料仍依稀可辨。

图录 128 是专门用于墓葬的明器,系模仿原物制成,展现出东汉的建筑水平。多层建筑在当时是一项非常了不起的工程成就,把这样的陶楼模型埋葬在墓中,应该是用来象征死者永恒的地位和权势。[1] 在河南北部的焦作地区出土了大量与图录 128 类似的多层陶楼,说明焦作可能是汉代建筑明器的一个制作中心。[2]

(张仲麟)

1. Pillsbury et al.p.10. 2. Hang Changsong et al.2010,pp.57-58.

129a—d. 瓦当四件

西汉(前 206—公元 9)
陶制,每件直径约 16.3—17 厘米
陕西凤翔孙家南头出土
陕西省考古研究院,西安

用文字作为装饰的瓦当在汉代开始流行。[1] 现在看到的这几件出土于孙家南头秦汉礼制建筑遗址。[2] 图录 129a 上的文字为"长生无极",类似的吉祥语在汉代瓦当上很常见。官府和宫殿的名字,或者宫殿名加上吉祥语也时而出现在瓦当上,比如图录 129b 上的文字为"都司空瓦",都司空是管理工程的官府机构。与之类似,图录 129c 为"来谷宫当",图录 129d 为"羽阳千岁"。

瓦当在中国古代后期成为金石学家和艺术家们灵感的重要源泉,它们有时也会被雕刻成砚台并作为古董来收藏。瓦当上的字体隽秀古雅,对后世,特别是对 18—19 世纪的书法有很大影响。(陆鹏亮)

1. See Wang Zhongshu 1982,pp. 148-150. 2. See Yong Cheng 1984.

130. 陶水管

西汉(前 206—公元 9)
陶制,高 40 厘米,长 64 厘米
2001 年陕西咸阳汉阳陵出土
汉景帝阳陵博物院,咸阳

秦汉时期的城市和宫殿中有发达的排水设施。当时使用大型的陶制水管来解决上下水问题:圆形的用于清水,五角形的用于污水。五角形的形状可创造一个很稳固的结构。[1] 这种陶水管在许多秦代遗址中都有发现,包括咸阳宫殿遗址和秦始皇帝陵中的建筑遗址。在汉代这种陶水管被继续使用,现在的这件就出土于汉景帝(前 157—前 141 年在位)阳陵。[2](陆鹏亮)

1. 参见本书刘怡玮《秦汉帝国的都城》一文。2. 关于秦代的陶水管的信息,可参见 Shaanxi 2004,p.730,以及 Portal 2007,pp.85-86;关于现在这件陶水管的更多信息,见 Taipei 2009,p.190。

129a—b

130

131，陶屋的正面、背面

131. 带圈陶屋

西汉（前206—公元9）

陶制，34 厘米 × 27.5 厘米 × 22.5 厘米

1971 广西壮族自治区合浦县望牛岭 1 号墓出土

广西壮族自治区博物馆，南宁

131，庭院俯视图

这件 L 形的干栏式陶屋出土于沿海的合浦，是西汉中期到晚期南方流行的建筑明器的一个典型代表。整个模型分为两个部分：长方形的庭院和 L 形的主体建筑。主屋在外墙上开门，位于上层，应该是人居住的空间，而下层的庭院用来圈养家畜。院子里共有五头猪，有一公一母，还有三头吃奶的小猪。

屋顶上刻有垂直的瓦垄，用水平的浅线刻画出瓦纹。这些细部的刻画似乎在象征当时南方修筑干栏式建筑时所用的材料。当时广西地区这类民居的主要样式是墙有木柱，屋顶苫瓦。

干栏式房屋也体现了现代中国南方的建筑特色和生活方式，这种类型的房屋应该是为适应南方湿热的气候状况而出现的。这件陶屋中双层式干栏的形式来源于当地的实际情况，而庭院式结构则应该是取自中国中原地区的样式。　（张仲麟）

· 251 ·

132

同时期墓葬出土陶灶的常见式样。它们通常有两到三个灶眼，适合于多个炊具。釜通常为大口，深腹，圆底。

灶头上的釜由两个人照看，其中一个似乎正在把东西往外舀，另一个正在搅拌里面的东西。灶的每一边都有一个站着的人在从一个大缸中舀水。这一系列的动作说明它可能是染坊中所用炉灶的模型。[2]

（张仲麟）

1. Guangxi 2006，p.183. 2. Ibid.

132. 红陶灶

东汉（25—220）

陶制，21.5 厘米 × 28 厘米 × 18.8 厘米

1954 年广西壮族自治区贵县新村 22 号墓出土

广西壮族自治区博物馆，南宁

这件微缩陶灶模型为长方体，顶部有坡度。高的一侧端面有一个圆拱形的火门通向炉膛，有一个人在照管火门。低的一侧端面有一个长方形烟道，上接烟囱。烟囱的顶端似乎残缺，从其他类似的陶灶模型判断，残缺的部分应为兽头的形状。[1] 陶灶为红陶，不施釉。每个立面的表面都有浅刻的双重边界线，顶部有交叉阴影纹。

陶灶上有三个灶眼，放置三个大釜。这种组合为

133. 干栏式錾刻纹青铜仓

东汉（25—220）

青铜，54 厘米 × 58 厘米 × 42 厘米

1990 年广西壮族自治区合浦黄泥岗 1 号墓出土

合浦县博物馆

这件青铜仓模型反映出流行于中国南方的一种建筑样式，它的主体房屋高出地面，下面有四个支撑的立柱，可以看出是一座干栏式建筑。波浪形的屋顶表现出瓦的结构和质地。青铜仓的前面有门，门可以打开，其上有圆形门环。

青铜仓的四个立面都装饰有錾刻图案。前立面分为三块，中间是两层的仓门，上面刻有一只美丽的大鸟，五根长长的尾羽非常绚丽。传统上认为这只大鸟是凤凰，[1] 但从它的外形特征和出土的地理位置来看，它有可能是一只孔雀。鸟站立在一个兽面上，兽面的双眼呈杏仁形。兽面位于门环的右侧，使得画面比较平衡。门两侧的两块嵌板上各有一个手持长兵器的人物形象。左侧的人持戈，右侧的图案保存状况不佳，看不出所持为何种兵器。

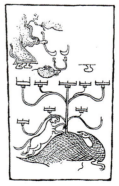

133，前面板錾刻细描　　　　　　　　　　133，左立面面板

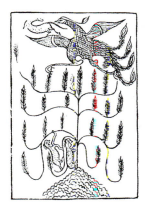

133，背部面板

133，右立面面板

两个人物周围的空白处填补有小型的动物和人物图案。青铜仓的后立面结构相似，中间的嵌板描绘了一只凶猛的老虎，老虎周围还有其他小型鸟兽的图案。后立面两个侧板的图案似乎相互对称，刻画了一只和前立面同样的鸟，侧板上还有一棵树，树有多个枝丫，下面的树枝悬挂着两只动物。

该青铜仓的两个侧立面各由两个嵌板组成，右立面的两块板上是同样的神兽图案。从保存下来的图案我们可以看出它与其他立面的构图相似，在主图案的周围也同样填充着小型的鸟、兽、人物图案。左立面的左边板上是一盏灯（与图录 78 相似），还有一只鸟，鸟身上的羽毛用交叉纹和圆点表现。有一只动物跳到鸟背上攻击它，鸟回首做出反应；从右边板上残留的刻痕可以看到一只展翅飞翔的孔雀，以及它下面的两个人物形象。（张仲麟）

1. Jiang Tingyu 2009, p.239.

134. 彩绘多枝陶灯

东汉（25—220）
陶制彩绘，高 110 厘米
1991 年河南济源桐花沟 10 号墓出土
河南省文物考古研究院　郑州

这件陶灯出土于河南济源一座公元 1 世纪的墓葬中，呈树形，有 15 个树枝。[1] 它是汉代同类型器物中最为精美的一件，现在已知的多枝灯的树枝数在 5—29，图录 134 中的陶灯上的枝数在其中是第二多的。[2]

陶灯下有底座，树干由下至上有三个由大到小的承盘。最高一个承盘的顶端有一只鸟，鸟冠很漂亮，这是其中最大的一个盛油脂的灯盘。四个树枝从树干伸出，另外的 12 枝安插在盆子的口沿上。每一个树枝上都支撑着一个小的灯盘，可以盛油点燃。各种绚丽的颜色——白色、黄色、红色、绿色、紫色、黑色——为陶灯增添了不少色彩，这就使这盏灯无论是否点燃，都显得非常壮观。

作为墓葬中用的明器，这件灯具反映的是汉代对死后灵魂不朽的信仰。[3] 灯上的树枝来源于两种原型：一种上有仙鹤，另一种为羽人御龙。一只硕大的龟在最下面的承盘中，它的背上驮着整个树干。鹤和龟在

汉人的心目中都是长寿的象征。[4] 此外，陶灯下部山峦状的底座上有 3 个人物和 25 个动物的形象，底座表面彩绘有流云图案。流云象征着所有的这些人物、仙人和祥瑞的动物都高高地位于人间世界之上，这样就把这件灯具转化成了一个神仙的国度。（曾蓝莹）

1. Tonghuagou 2000. 2. He Zhiguo 2007，p.264. 3. 关于墓葬中多枝灯功能的讨论，见 Ibid.，pp.258–261；Lin Shengzhi 2012。关于其他多枝灯代表的长生不老的内涵，见 Rawson 1996，p.191. 4. Tseng 2011a，pp.345–347.

135. "西王母"陶座青铜摇钱树

东汉（25—220）
青铜，高 152 厘米
1983 年四川省广汉市万福乡
广汉市文物管理所出土

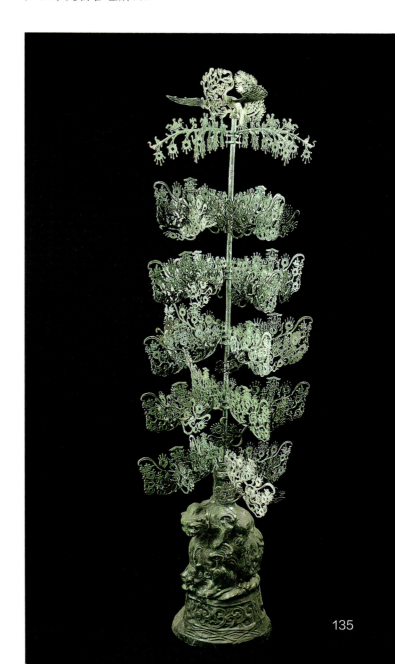

这件器物为一种墓葬用的明器，被称为"钱树"或"摇钱树"。在现存记载中，"钱树"的名称首次出现在公元8世纪的文献中。然而，时代较早的器物与较晚的记录之间有没有联系，我们还不是很清楚。[1] 从已知的大概二百多个例证来看，中国汉代摇钱树的使用盛行于西南地区，时间在公元1—3世纪。[2]

图录135出土于四川广汉市万福乡，墓葬被盗严重，几乎没有发现与这件摇钱树有关的背景信息。[3] 然而，它确实是极少数通过考古发掘得到且保存完好的实物之一。摇钱树用青铜制成，立于陶座上，上面遍布钱币。[4] 这些钱也是用铜制成，是真正货币的替代品——供死者在阴间使用的财富的象征。

西王母的形象出现在每一个树枝的中心，她坐在宝座上，上有华盖，两侧有龙虎护佑。[5] 在上层的树枝上，西王母由两个跪着的有翼仙人服侍——一个在献灵芝，一个在捣仙药——另外有舞者和乐人在歌舞演奏。在下层的树枝上，她的随从分布在弯曲的细枝之上；跳

跃的马和马背上的仙人为死者指引着通往西王母世界的通道。这些细部刻画使得该摇钱树精美绝伦，成为适宜的陪葬品，因为死者希望能把现世的享乐延续到另一个世界——在那里他们的生命会得到永恒，正像那些神仙和他们的统治者西王母一样。（曾蓝莹）

1. He Zhiguo 2007, p.1. 2. Erickson 1994 考察了其中的69件，而 He Zhiguo 2007 讨论了189件，见 pp.84-104, 271-295。3. Tang Changshuo 1994, p.116. 4. 关于这件器物的详细讨论，尤其是陶座，见 Rawson 1996, pp.177-178。5. 更多关于西王母的介绍，参见图录138。

136

136. 九头人面兽画像石

东汉（25—220）
石质，58 厘米 ×144 厘米 ×18 厘米
山东滕州黄安岭出土
山东博物馆，济南

　　这件画像石上的图案分为上下两层。下层的中间是一个骑鹿的羽人，引导着两乘鹿车。一只翼虎在最前面，后面跟着一只熊、一只兔和另外两只鹿。上层的画面以飞龙为主体，一条巨龙回头看着一辆由另外两条龙拉的车子。一只九头神兽是整个队伍的前锋，神兽为龙身，身上有翼。两层图案都有云纹和山峦图案，说明这是一个高于人世的所在。这些视觉上的安排结合在一起，代表了汉代人想象中的神奇国度，那就是传说中神仙和瑞兽居住的地方。

　　不清楚这个九头神兽是否有什么确切的象征意义。作为最大的数字，"九"经常有"很多"和"最大"的含义。正像西王母随从中的九尾狐，这个九头兽可能也是以一种艺术化的方式，来表达最不寻常的祥瑞。这种母题也会有变化，山东发现的其他一些画像石，其上面九头兽的身体就像虎不像龙。还有，正像嘉祥出土的一块画像石所示，神兽的九个头并不一定都从背上长出，而是长在脖子上，三个为一组，共有三组（图案 76a，b）。[1] 此外，多头的特征把神兽和现实中所见的动物区别开来，而且在汉代的艺术中，这种神兽的头数从两个到九个不等。有意思的是，在嘉祥出土的另一块画像石上，有好几种多头动物出现在同一个画面中。[2] 与之相似的是，在 1953 年出土的著名的山东沂南画像石墓中，我们可以看到一只九头龙、一只双头鸟和一只双头鹿，它们都出现在同一块画像石上。[3]

（曾蓝莹）

1. Zhu Xilu 1992, pl.127. 2. Ibid., pl.105. 3. Zeng Zhaoyu et al. 1956, pl.62.

137

137，拓片

138

137. 伏羲女娲画像砖

东汉（25—220）
陶制，39.2 厘米 × 47.9 厘米
四川崇州收集
四川博物院，成都

伏羲和女娲在中国上古的历史和神话中扮演着多种角色。女娲的传说可能来源于据说在中国存在过的母系氏族社会。女娲在创世神话中也起着关键的作用：她不仅在支撑天的柱子折断后炼五色石补天，还在天地开辟以后用黄土造人。伏羲是人类文明的化身：他发明了渔猎的网罟，在仰观日月星辰、俯察山川河流和人间百事以后创造了八卦——后为《易经》所用。我们不清楚二人是怎么结为神界伴侣的。在现有的汉代文献中，他们的主要身份是三皇中的两位，偶尔也被描述为兄妹。直到公元 9 世纪时，才出现了关于他们"不伦婚姻"的记载。

然而在汉代艺术中，成对出现的伏羲和女娲是一个非常流行的主题。[1] 在这里，他们被塑造成人兽混合体，长着爪和卷曲的长尾。女娲像少女一样梳着双髻，手里拿着排箫和月亮，月亮为圆盘状，里面有一棵树和一只蟾蜍。

伏羲手持一个小鼓和一轮太阳，太阳为一个圆盘，中间有一只飞鸟。这样的图案象征着阴阳和谐：阴＝女＝月＝女娲（＝矩＝地）；阳＝男＝日＝伏羲（＝规＝天）。[2]

然而，我们并不清楚为什么排箫和鼓这两种乐器会出现在图案中。在汉代艺术中，伏羲和女娲一般手持规矩，这象征着中国天圆地方的宇宙观。也许这块画像砖中的乐器是为了强调一种和谐的状态。[3]

（曾蓝莹）

1. Tseng 2011a, p.286. **2.** Ibid, pp.287-289. **3.** 巫鸿（见 Lim 1987，p.171）认为这种变化可能是因为伏羲是创造乐器之神。

138. 西王母画像砖

东汉（25—220）
陶制，45 厘米 × 39.5 厘米
1972 年四川大邑安仁镇出土
四川博物院，成都

这件画像砖表现了西王母的形象。在汉代之前西王母所指的是部落的名字、地名，还是一位神仙、一个人物或者是一种人兽混合体，现在并不清楚。然而

图 77 图录 138 中的西王母图案拓片，以及其两侧画像砖上的太阳（左）和月亮（右）图案拓片

汉代的人以字面的意思来理解，把西王母看作统治着神仙国度的西方女神。现存的关于西王母的文献资料很少，但汉代艺术中关于她的图像资料很丰富。[2]

西王母端坐在画像砖中心的宝座上，戴着一种被称为"胜"的特殊头饰，她的头顶有华盖，左右有龙虎护卫，显得十分威严。她的随从——一只三足乌、一只蟾蜍、一只兔子和一只九尾狐——在旁边陪侍。西王母的仕女们正在接待一个叩头的人，这或许就是死者。一个仙人站在死者身后，正是他把死者带到了这个地方。[3]

这块画像砖位于发现它的墓室的后墙上部（图77）。[4]根据发掘报告，这面墙上共有三块画像砖，在图录 138 的两边各有一块，上面分别是随着人首鸟身的羽人一起升起的太阳和月亮（图 78）。这三块砖放在一起阐明了天国和神仙世界的关系，即后者是前者的门径。这座墓葬中的太阳和月亮不是飞向西王母，

而是向上升起，说明天国位于西王母统治的神仙世界之上。[5]（曾蓝莹）

1. 承蒙席文 (Nathan Sivin) 友情提示，汉代的人为西王母创造出了一个配偶，让传统的解释——西方的王母——变得不合时宜了。**2.** 有关汉代艺术中的例证，见 Wu Hung 1987；James 1995；Li Song 2000；Tseng 2011a, pp.211–233。**3.** 对图像的不同解读，见 Lim 1987, p.167；Rawson 1996, p.197。**4.** Feng Hanji 1961. **5.** Tseng 2011a, pp.293–294.

139. 彩绘画像石墓门

东汉（25—220）
石质彩绘：门楣，35.5 厘米 ×193.5 厘米 ×6 厘米；右门柱，122.5 厘米 ×31 厘米 ×6 厘米；左门柱，121 厘米 ×32.5 厘米 ×6 厘米；右门扉，113 厘米 ×48.5 厘米 ×4.5 厘米；左门扉，113.5 厘米 ×48.5 厘米 ×4 厘米
1996 年陕西神木大保当 23 号墓出土
陕西省考古研究院，西安

这五块长方形的石条组成了一个墓门的门楣、两个立柱和两个门扉，墓葬的时代为公元 1 世纪，发现

图 78 图录 138 及周围的砖位置复原线描

139，门楣细部

于神木大保当。[1] 墓门上的图案结合雕刻和绘画两种方法来完成，以达到色彩鲜艳的效果。工匠们先是用墨线勾画出轮廓，接下来把图案轮廓外的地方剔除，使图像平面凸出成浅浮雕，然后再把整个图像用朱砂红或墨黑涂色，最后用墨线进行细部勾勒。[2] 画像石出土并暴露于空气以后，上面的颜料很容易脱落和消失，大保当汉墓的发掘最终让我们有机会一睹汉代画像石上完好的色彩。

墓门上的图像安排集合了死者的多种象征性需求。两种装饰母题用来辟邪：两个巨大的衔环铺首和一对随时准备用尖角攻击的公牛。[发掘报告中称这种动物为"獬豸"，见陕西省考古研究所、榆林地区文物管理委员会：《陕西神木大保当第11号、第23号汉画像石墓发掘简报》，《文物》1997年9月，第26—35页。——译者注] 为了把墓室营造成死者即将升上的天

堂，多种装饰元素被用来表现一个远超人世的所在：门楣上的太阳（右边的圆圈，中间有金乌）和月亮（左边的圆圈），以及两个门柱和右边门扉上的流云。为了使天国显得更加诱人，石墓门上又点缀了珍草瑞兽作为良伴，还刻画了舞蹈狩猎作为休闲娱乐。最有意味的是，为了表现升天的通道，右门扉上刻画了一个仙人，他跟随着一道青云，随时准备接引死者。陪伴他的是两侧门柱底下的车子，车子后来又出现在门楣之上。所有的这些装饰把墓室的入口变成了天堂之门。[3]

（曾蓝莹）

1. Shaanxi 2001, pp.100-107. 2. Ibid., pp.121-122，162-166. 3. Tseng 2011a, pp.205-233.

140

140. "中国大宁" 鎏金青铜镜

汉代（前 206—公元 220）

青铜，直径 18.7 厘米

1952 年湖南长沙伍家岭 211 号汉墓出土

中国国家博物馆，北京

　　这件铜镜背后的图案颇为复杂，其形状来源于六博局盘，中间为正方形，旁边是几个有夹角的图案，形状类似字母 T、L 和 V，因此图录 140 中的铜镜通常也被称为"TLV 镜"。镜子中间为圆钮，有柿蒂纹钮座。柿蒂纹各瓣之间各有一个瞠眼张口的兽头。整个镜的背面几乎全部被夹杂着动物纹的卷云纹所覆盖，它们生动怪诞，为鸟、虎、龟和蛇形，分别含混地指代着四个基本方位。

　　通过铜镜的样式特点可以把它的时代定在新莽时期（9—23）。[1] 一般认为新莽时期政治动荡，但实际上从实力、财富和繁荣程度几方面来看，它都是汉朝历史的高峰。最有意义的是镜子周边的铭文，内容为："圣人之作镜兮，取气于五行。生于道康兮，咸有文章。光象日月，其质清刚。以视玉容兮，辟去不羊（祥）。中国大宁，[2] 子孙益昌。黄常（裳）元吉，有纪刚（纲）。"这段文字清楚地表达了当时的时代精神，在那个时候汉朝所有地方的人都认同自己是"中国人"，而且把中国看作自己共同的家园。（孙志新）

1. Su Qiang 2013. **2.** CASS 1957, p.116, pl.68.1. 关于"中国"概念的讨论，见 Huang Junjie 2016。

论文注释

秦汉时代的政治模式和文化认同的创立

1. 《史记》卷五，第 177 页。

2. 关于非子和周孝王的年代，此处参考了传统纪年。See Bodde，1986，p.31.

3. 2006—2011 年，考古工作者在甘肃省的张家川县进行了四次发掘，发现了数辆马车的遗迹。据推测，马车可能是被该地区的古代游牧民族所用。关于这几次考古发现，参见 Gansu 2008；Zhangjiachuan 2009，2010 and 2012. 关于马车的复原研究，参见 Zhao Wucheng 2010a，2010b。

4. 对秦代政治结构与行政管理的详细讨论，参见本书叶山（Robin D.S.Yates）撰写的章节。

5. M. Lewis 2007, p. 52.

6. Bodde 1986, p. 55.

7. Ibid., pp. 61-62.

8. Ibid., p. 62.

9. Ibid., pp. 57-58.

10. 对"中国"这一概念的讨论，参见 Huang Junjie 2006，pp. 91-92。

11. CASS 1957, p. 116, pl. 68.1；Xinjiang 2000, p.28, figs. 48, 49.

12. 有关早期中国艺术对人的呈现，参见 Nickel 2013，pp. 415-418。

13. Qinshihuangdi 2000, pp. 166-199.

14. Ibid., p. 198. 对汉代百戏者的讨论，参见 Xiao Kangda 1991，pp. 269-358。

15. Nickel 2013.

16. Bayidawulieti and Guo 1983, p. 86；see also Nickel 2013, p. 433.

17. 《史记》卷六，第 239—240 页。

18. 关于中国与南亚、东南亚贸易的讨论，参见 Miksic 2013，pp. 25-33。

19. 《汉书》卷二八下，第 1671 页。

20. Ibid.

21. Hepu 2006, 16, pp. 39-42, 83, colorpls. 42-44.

22. Glover and Bellina 2011，p. 33, fig. 2.16；Dzung 2011, p. 12, fig. 1.2；Chaisuwan 2011, pp.89-92, figs. 4.9, 4.16；Hiebert and Cambon 2008, pp. 283, fig. 131.

23. Glover and Bellina 2011, pp. 40-41.

24. 考古发掘的例证，参见 Hepu 2006, pp. 16, 39-42, 83, colorpls. 42-44；Silk Road 2014, pp. 49-50；Guangzhou 1981, pp. 292, 352, pls 90.5, 114.7；Dingxian Museum 1973, p. 12, fig. 5；

Hebei 1981，p.3；Nanjing Museum 1981，p.7.

25. Jason Sun, in Watt et al. 2004, p.116, cat. no.16.

26. Jason Sun in Ibid., p.115, cat.no.15.

27. Borell 2010, 2012.

28. Huang Qishan 1988, p.270.

29. Genghis Khan 2004，pp. 70-71.

30. Guangzhou 1991，vol. 1, pp. 132, 213, 250, colorpl. 19.3, pls.78.3, 124.1, 156.3；Chenjiang 2003, p.160. 这些珠宝是 1959 年从长沙五里牌李家老屋 59 号墓发掘所得，见 Hepu 2006，colorpls. 44.2-44.3。

31. Cen Rui 1990, pp. 85-87；Bennett 2009；Manguin and Indradjaja 2011, p. 129, fig. 5.16.

32. Marshall 1951, vol.2, pp. 628-629, pls. 192, 193.

33. Prudence O. Harper in Watt et al. 2004, pp. 294-295, cat.no. 187. 新近在阿富汗发现的带有金粟和宝石镶嵌的多面体珠子，有助于进一步确立古代中国与西方的联系，见 Hiebert and Cambon 2008，pp. 240, 253, 282, figs. 54, 78, 129。

秦汉政治体制与行政管理

1. 有关秦汉政治结构的详细分析，见 Loewe 2006；Bielenstein 1980；Loewe 1986；Bielenstein 1986a.

2. Glahn 2016, pp.44-83.

3. Ibid., p. 118.

4. 除了生产兵器外，冶铁业通过鼓风炉和锻铁炉制造出诸如铁犁头等农具，这些农具可开发新型土壤，更具生产效率。See Wagner 2001 and 2008.

5. Loewe 1974, pp. 91-112.

6. Barbieri-Low 2007.

7. 这里列举的并非所有近期发现，而仅仅是最有代表性的。尽管学界为释读这些资料做出了巨大的努力，许多细节依然晦暗难明，每一次新发现与刊布都会带来新信息。

8. 关于师饶墓，参见 Lianyungang 1997. 有关于汉代档案资料，参见 Changsha 2015. 2014 年考古工作者在益阳兔子山的发掘工作中发现了六口古井，时代从战国时期至三国时期，包含写在各种形制木简牍上的一万五千余种档案文书，参见 Tuzishan 2014。

9. Yates 2015. 关于法律形式，参见 Xing Yitian 2011b, pp.450-472。

10. Hulsewé 1985, p. 187, A98；Shuihudi 2001,p. 62, slip.188.

11. Hulsewé（1985, pp.83-85, A92-95）将其名称翻译为"关于持传者食品配额的法令"，参见 Chen Wei 2014, vol.1A, pp.141-143, slip nos. 180-182；Barbieri-Low and Yates（2015, pp.678-691, section 3.12）将其翻译为"驿传的食品配给法规"。这种差异的原因是"传"的字义不明。

12. 关于汉初的相关规定，参见上一注释。

13. 都官是设在地方的中央政府机构，直接受中央各部门的控制，并向其汇报，例如铁官。

14. 王伟最近修订并出版的他精彩的博士论文，是对考古发现及其他途径得到的秦代官员的玺印、职官封泥的全面研究，这些新资料可以用来分析秦中央行政结构、朝廷和地方行政体系。

15. See Barbieri-Low and Yates 2015, pp.951-1083, section 3.26.

16. Zhou Zhenhe 2003；Barbieri-Low and Yates 2015, p. 959.

17. 关于赋税征收，里耶简 16-521 记载："岁并县官见积户数以负筹（算），以为程。● 课省甲十一。"参见 Zhang Chunlong 2009. 关于柑橘等贡物的进奉，参见里耶简 8-856（855），Chen Wei 2012, p.237.（下临沅请定献枳枸程＝ 已（8-855）——译者注）关于衣装，参见里耶简 8-152、8-153、8-154、8-158 以及 8-159（御史问直络帬程书（8-153）——译者注），见 Chen Wei 2012, pp.92-97。

18. Hulsewé 1985, pp.61-62, A58-60. 睡虎地 11 号墓出土的文本《为吏之道》中有"作务员程"一语。See Chen Wei 2014, vol.1A, p.331, 28(row 3).

19. 借助睡虎地 11 号墓出土资料对官吏任命程序的分析可参见 Yates 1995。

20. 对于《仓颉》和《急就》等多种识字文本，学者已有过广泛的研究。这些文本多有发现，不只出土于西部的汉代烽燧遗址，也出土于一些墓葬。See, interalia, Xing Yitian 2011b, pp.595-654, and Greatrex 1994. 最近，一份盗掘于墓葬的《仓颉篇》被北京大学获得并公开发表，参见 Beijing 2015. 关于史童需学习的字数，参见 Yang 1949。

21. 关于《史律》的完整分析与翻译，参见 Barbieri-Low and Yates 2015, pp.1084-1111, 3.27. 如果学生不能履行义务，负责教授课程的导师也要受到惩罚（参见 Ibid., p. 1097, item 5）。

22. You Yifei 2015.

23. Yates 2013.

24. 这个概念是由埃立克·沃尔夫（Eric Wolf）提出并经由施坚雅（G. William Skinner）阐释，参见 Skinner 1971。

25. 另一个事例见于张家山，参见 Barbieri-Low and Yates 2015，pp.1332-1358，4.18，"The Benevolent Magistrate and the Chu Insurgency"。

秦汉武备概说

1. 关于各国"变法"情况，请参阅郭沫若主编《中国史稿》第二册第一章第一节，人民出版社，1979年。

2. 《史记·商君列传》，中华书局点校本，第2241页，中华书局，1959年。

3. 《续汉书·百官志》注引《汉官仪》，中华书局点校本《后汉书》，第3624页，中华书局，1965年。

4. See Beijing 1991.

5. See Beijing 1980.

6. See Zibo 1985, pp. 223-266.

7. See Shizishan 1998, pp. 4-33.

8. See Shuangguccui 1978, pp. 12-31.

9. Guangzhou 1991.

10. Mancheng 1980.

11. Heze 1983, pp. 471-499.

12. Yanghong 2007, pp. 152-176, 177-187.

13. CASS 2005.

14. CASS 1996.

秦汉帝国的都城：
城市建筑的模式和形象构想

1. 与此相关的开创性问题是"城市是什么？"，该问题在 Mumford 196，p.3 中被提出。

2. 对城市空间的总本讨论，参见 Lefebvre 1991；对于空间在中国的概念，参见 C. Liu 2016。

3. 关于传统中国城市的城墙性质，以及其他关于传统中国城市的城市化进程的假设，受到 Mote 1973 的质疑。

4. 关于艺术史研究方法的不确定性，参见 C. Liu 2013。

5. 《史记》卷五，第203页；卷六，第239、256页；卷八，第2232页。

6. 《史记》卷六，第256—257页。

7. Chayet 2004; C. Liu 2010, pp. 48-49.

8. Wang Xueli 2007；Epanggong 2006. 晚近在

现代考古发现基础上对阿房宫的文化史解读，参见 Sanft 2008; Zheng Yan 2011。

9. Chen Xia 2007.

10. Wang Xueli et al. 1979, p. 86.

11. Wu Hung 1995, pp. 105-108.

12. Shaanxi 2004.

13. Juchniewicz and Żuchowska 2012.

14. Tao Fu 1976, p. 31.

15. 例证参见 Pankenier 2011, pp.298-300; Tang Xiaofeng 2015, pp.59-60, map 1.02. 不同的模型之间不一定是相互排斥的，但一种模型往往侧重城市的某一特定方面而忽略其他方面，而且模型之间有重叠。

16. 咸阳城的考古资料整理工作目前还处于起步阶段，部分的原因是其庞大的规模导致需要调查的面积巨大。

17. 这种根深蒂固的旧观念体现在 Chang 1977, p.75 中："在中国人的观念中，城墙对于一个城市是如此重要，以至于在传统上，城市和城墙用同一个汉字'城'来表示。"

18. Tang Xiaofeng 2015, pp. 56-58.

19. A. Liu 2013, p.412, "只有通过减少意义的维度与特性，模型才可揭示意义（通过模式、趋势、形式来辨识）"。关于模型化，参见 Koperski 2006。

20. 至今，学者们的注意力主要集中在体现国家级规划与设计的秦汉都城上，而不是符合居住和公众需求的发展中的城市，这种不均衡或不完整的状况可部分归因于现存资料的性质——更多地强调国家级的工程。考古工作者针对居住区及非宫殿区域所做的工作，目前才刚刚开始，这在未来可能导致对现有都城模式的修正。

21. 关于西汉长安城的介绍，参见 Wang Zhongshu 1982, pp. 1-28；戴梅可（Michael Nylan）的介绍见 Nylan and Vankeerberghen 2015, pp.3-33。

22. 圆形管道可能用于淡水输送，而五边形管道则用于污水，参见 Nylan 2015, pp.106-107. 五边形管道也发现于秦始皇陵，参见 Tokyo 2015, p.101, no.83。

23. CASS 2006.

24. CASS 1996.

25. CASS 2007.

26. 比较不同的重构汉长安城布局、呈现其历史发展的现代地图的过程是很有意思的，它们不仅按时间先后记录了新的考古发现，比如新发现的街巷位置等，同时也突出标记了一些不确定的区域，比如明光宫和北宫的位置等。

27. 《十三经注疏》之《周礼注疏》"匠人"，卷四一，第927页。

28. Pankenier 2011, pp.300-304；Tang

Xiaofeng 2015。唐晓峰详述了将秦咸阳宫殿的布局与星象联系在一起的传说（pp.59-60），他指出学者关于西汉长安城城墙模仿星象的说法，是"后人的附会"（p.72 n.22）。他强调两座都城的动态特征：它们一开始都只是一个松散排列的宫殿群，后来才被重新改造，以满足帝王对皇权和礼仪上的需求。

29. Dilke 1987, p.23. 基于人类中心主义的、情感的、超人类的角度，对于规模与量度的创造性解释以及受众感知的不同观点，参见 Kee and Lugli 2015，感谢洪知希（Jeehee Hong）提示资料。

30. 《孔子家语》卷一《王言解》，9b-10a.

31. 尽管"身为度，称以出"（《史记》卷二《夏本纪》，第51页）通常被理解为是对度量单位源自人体的说明，但根据另一种理解，这句话实际上是比喻君主在进行统治时应该慎重有度。

32. 《史记》卷六《秦始皇本纪》，第239页。

33. 明代三种类型的尺度见于朱载堉《律吕精义》中的记载；参见 Qiu Guangming 2007，亦可参见《钦定续文献通考》卷一〇八，22b-23a。

34. Hansen 2012, p. 8.

35. Kuijt and Finlayson 2009.

36. 这一政策被认为是秦国打败敌国的决定性因素，参见 Wu Xiaoyang 2012, pp. 43-44。

37. Sadao 1986, p. 605; Watson 1993, vol. 2, p.75, n. 11, 82-83.

38. Nylan 2015.

39. 《史记》卷八《高祖本纪》，第385页。

40. 也有记录指出太仓位于城墙外的东南方向；参见 Nylan 2015, p.110 and map3.02. 不同时期的太仓可能有不同的选址。

41. 《汉书》卷四五，第2182页。关于息夫躬的传记，参见 Loewe 2000, pp.611‑612。

42. Nylan 2015, p.108. 对于西汉都城水供应的概览，参见 Ibid., pp.99-108。

43. 在东汉墓葬中，水井模型的陪葬变得很普遍，参见 Q. Guo 2010, pp.114-123。

44. 关于明器的概念，参见 Maspero 1933, pp.249-252; C. Liu 2005。

45. Kidder et al. 2012.

46. Yuoyang 1973; Wang Zhongshu 1982, pp. 29-51.

47. Luoyang 1973, pp. 206-207. 参见 Bielenstein 1986b, p.263, map13. 除这两处设施外，还有一座常满仓位于城墙之外的东边，接近城墙东北角。

48. Yuoyang 2000. 关于另外一个出土有网格地基的粮仓，参见 Shanxi 2005。

49. Rushworth 2009, pp.277-278.

50. See Li Zhengyu 1991 and Wang Xudong et

al. 2010.

51. Shanxi 1990.

52. C. Lewis 1999, pp.89–90.

53. Lin and Wu 1998, p.1576. 关于汉代仓储模型的类型学研究，参见 Q. Guo 2010, pp.86–104。

54.《十三经注疏》之《周礼注疏》，卷四二《匠人》，第 933 页。（作者此处与注疏原文意思不符，按《十三经注疏》，郑注曰："困，圜仓。穿地曰窌。"贾疏曰："地上为之，方曰仓，圜曰困，穿地曰窌。"——译者注）

55. 在后来的隋唐时期，大运河沿岸的主要交通枢纽包含着相当多的地下粮仓，例如河南省的含嘉仓，约占地 1110 平方公里，包含 250 多个地下粮仓。据此推测，在秦汉时代，地下粮仓亦有作为主流仓储形式的可能。参见 Luoyang 1972。

56. 我们可以发现这种类型的秦囷与后世水井模型有相同之处，后者不仅有地上的结构，也有地下的井壁。关于出土的秦囷，参见 Tokyo 2015, pp.92–94。关于湖北凤凰山 8 号墓出土的西汉实例，参见 Hubei 1997, p.49, map 21。

57. Suo Quanxing 1995, pp.397–400, colorpl. 1; Henan 2002, p.23, pp.165–166, no. 9.

58. 或者，陶仓可能只有底层用来存储粮食，而上面各层用作其他用途。

秦汉工艺之巧

1.《西京杂记》卷一，第 41—44 页。《西京杂记》相传为汉代刘歆（约前 45—23）所作，也有认为是 4 世纪时由葛洪（303—363）编纂。尽管对这部书的作者仍有不少争议，但书的内容并非完全杜撰，其中的材料对研究汉代的历史、文化和艺术都有所裨益。对此书的英文讨论，参见 Nienhauser 1978。

2. 陈直在 1950 年代开始论述汉代手工业并研究工匠体系，参见 Chen Zhi 1958a, 1958b；吴荣曾以湖北云梦睡虎地发现的秦简文字研究秦代官营作坊的组织和管理（Wu Rongzeng 1981）；方诗铭通过器物铭文探讨汉代官营作坊的组织和官制的变迁（Fang Shiming 1982）；雷德侯分析了汉代手工作坊中的分工与协作情况（Lothar Ledderose 2000, pp.76–85）；李安敦讨论了早期中国手工业多个部门工匠的生活方式及其他方面（Anthony Barbieri-Low 2007）。

3. 这件青铜戈 1972 年出土于四川（现重庆）涪陵的战国晚期墓葬，参见 Fuling 1974。有关工师的详细讨论，参见 Li Guangjun 1992。

4. 关于工官的发展，参见 Yu and Li 1979。

5. See Umehara Sueji 1944.

6. 故宫博物院在 1952 年入藏时，此套器物的三个钮缺失，原钮可能为鸟形（参见图录 68）。承盘口沿下所铸铭文为："建武廿一年，蜀郡西工造，乘舆一斛承旋，雕蹲熊足，青碧闵瑰饰。铜承旋径二尺二寸。铜涂工崇、雕工业、涷工康、造工业、造护工卒史恽、长汜、承萌、掾巡、令史郎主。"参见 Palace Museum 2010, p.255。

7. 其中一件漆盘上的文字为："永平十二年，蜀郡西工，挟纻，行三丸，治千二百，卢氏作，宜子孙，牢。"另一件与此基本相同，参见 Umehara Sueji 1944, pp.49–50。

8. See Guizhou 1959.

9.《汉书》卷八《宣帝纪》，第 275 页。

10. 20 世纪早期洛阳金村出土的器物是当时质量最高的工艺品，参见 White 1934 及 Umehara Sueji 1937。

11. 该处发掘详情参见 Zibo 1985，有关银盘铭文见 Li Xueqin 1989。

12. See Qin Shihuangdi 2000, pp.174–177.

13. See Qin Shihuangdi 1998, pp.124–127.

14. See Shuihudi 1981, pp.27–37.

15. See Zibo 1985.

16. Fong 1980, pp.330–331.

17. 几何纹样仅见于第二层内棺。另一件木棺上的彩绘图案极富想象力，相关讨论可参见图录 82、84–86；另参见考古报告，Mawangdui 1973, pp.25–27, colorpls. 32。

18. 长沙器是 1950 年代出土于一个西汉晚期墓葬，见 CASS 1957, pp.112–113。邯郸器是 1970 年代出土于河北邯郸南郊的一座汉墓中，该器并无铭文，而在与其相邻的另一座墓中，发掘出一件风格与之相似的酒樽托盘，其铭文显示该物为公元 47 年（建武二十三年）由蜀郡工官所造，这为该器物的制作年代提供了参考信息，见 Hao Zhiliang 1995。

19. See Xu Jianqiang 2014, Ren Pan 2014.

20. See Xu Xiaoping 2014.

21. 发掘共出土 6 只仙鹤、20 只天鹅和 20 只大雁，见 Qin Shihuangdi 2007, pp.109–184。

22. 这件灯具与一组战国晚期的青铜器同出，见 Xianyang 1975。

23. See Shaanxi 1965，英文讨论参见 Fong 1980, p.320。

24. See Mawangdui 1973, pp.13–27.

25. See Fu Juyou 1998, pp.29–31.

26.《西京杂记》，第 59—61 页。

27. Manchen 1980, pp.255–261. 相关英文讨论见 Fong 1980, p.328。

28. 有关这种灯具的详细讨论，见 Sun Ji 2008, pp.410–412。

29. *Archaeological Discoveries* 2014, pp.82–86.

30. See Needham 1965, pp.11–17.

汉代文物体现的大众信仰

1. 关于秦汉时期宗教的深入讨论，参见 Poo 1998; Lagerwey and Kalinowski 2009, vol. 2; Sterckx 2010; Barret 2010.

2. Mawangdui 1973, vol. 1, pp. 5, 28–32.

3. Mancheng 1980, vol. 1, pp. 36–37, 244–246, 344–357.

4. Fan Ye 1982, pp. 483–484.

5. Mancheng 1980, vol. 1, pp. 234–244.

6. Ibid., pp. 30–35.

7. Wu Hung 1997; Wu Hung 2010, pp. 131–141.

8. Poo 2011, J. Guo 2011.

9. 有关汉墓结构的研究，参见 Poo 1993; Huang Xiaofen 2003; Wu Hung 2010.

10. Mawangdui 1973, vol. 1, pp. 3–27.

11. Mancheng 1980, vol. 1, pp. 10–23.

12. Yongcheng 1996, pp. 91–187.

13. Mawangdui 1973, vol. 1, pp. 111–118.

14. Ibid., pp. 76–96.

15. Mancheng 1980, vol. 1, pp. 207–212, 331.

16. Nanchang 2016, pp. 10, 106–107.

17. Mawandui 1973, vol. 1, p. 126.

18. Tseng 2011a.

19. 对帛画图像意涵的不同解释，参见 Mawangdui 1973, vol. 1, pp. 39–45; Loewe 1979, pp. 17–59; Sofukawa Hiroshi 1979; Silbergeld 1982–1983; Wu Hung 1992; He Xilin 2003; Tseng 2011a, pp. 166–205; E. Wang 2011.

20. Cong and Luo 1998; Tseng 2011a, pp. 205–233.

21. 有关汉代艺术中龙璧母题的讨论，参见 Su Jian 1985; Hayashi Minao 1991, pp. 331–350; L Pin 1993; Chen Jiangfeng 2006; Tseng 2011a, pp. 187–194; Wu Hung 2015.

22. 该墓的考古报告，见 Shaanxi 1991。对墓室壁画的探讨，见 Tseng 2011a, pp. 316–336, 344–357.

23. Tseng 2011a, p. 345 n.102.

24. Seidel 1982, 1987a; Poo 1998, pp. 157–178.

25. 汉代艺术中的相关例证，参见 Sofukawa Hiroshi 1993; Wallace 2011.

26. Tseng 2004, pp. 188–189.

27. Ibid., pp. 189–191.

28. 汉代艺术中的相关例证，参见 Wu Hung 1987b; J. James 1995; Li Song 2000.

29. Tseng 2011b, pp. 93–96; Tseng 2014, pp. 47–48.

30. Cong and Luo 1998. 有关汉代艺术中的天门的探讨，参见 Zhao and Yuan 1990, 2004；Tseng 2011a, pp. 205-233；Li Qingquan 2015。

31. Tseng 2012, pp. 124-126. 对于西王母在升天过程中的地位和角色的探讨 见 Tseng 2011a, pp. 211-233。

32. He Zhiguo 2007.

秦汉中国与域外世界

1. 本文采用张仲麟从作者中文原稿翻译的英文稿本。

2. 这时所说的"中国"、"中国人"及"非中国人"仅起到提示作用，并不用来尝试界定民族属性。"中国人"用来指中国中部平原上的文化共同体，而"非中国人"则是与之相对而言。

3. 关于最近的伊塞克湖考古发现，参见 Stark and Rubinson 2012。

4. 1993 年，克孜勒苏柯尔克孜自治州考古所发掘了该墓地四十五座墓葬中的十座。

5. Wang and Du 1997, pp. 440-449. See also Dilinuer 2008. 阿拉沟墓地位于新疆东部的吐鲁番，其中一批木椁墓据碳 14 分析法测定时间为公元前 4 世纪—前 2 世纪。阿拉沟墓地出土的金牌饰，上面刻画的动物图案后腿上翻，用模压和锤打方法制成，与库兰萨日克所发现的类似。巴泽霍克墓地是铁器时代的墓葬，发现于西伯利亚阿尔泰山脉乌科克高原中的巴泽雷克谷地，位于今诺沃斯别斯克市南。这些墓葬时代在公元前 4—前 3 世纪，墓上有冢，下为多层木结构墓室，墓冢由卵石和石头堆积而成。墓主人身上残留有文身，图案为格式化的动物图案，动物的臀部及后腿扭曲变形。

6. 阿拉沟发现的金牌饰上虎的图案，身体变形扭曲，与库兰萨日克和伊塞克湖地区所发现的类似。见 Takahama 2002。

7. 此信息为发掘人吕国恩提供，由罗丰转告，谨致谢忱。

8. 这个金牌饰有一对。见 Ordos Museum 2006, p. 183。

9. 关于更多的此类带饰，包括一对公元前 3 世纪—前 2 世纪的遗物（私人收藏），见 So and Bunker 1995, pp. 53-67, 145-146。

10. 类似的牌饰在宁夏回族自治区的同心倒墩子匈奴墓和辽宁西丰县西岔沟匈奴墓都曾出土，也见于卢芹斋藏品。See Ningxia 1988；Sun Shoudao 1960, pp. 27-28；Salmony 1933, pl. XXVII.3。

11. See Salmony 1933, pl. 3; and Ede 2001, p. 274. See also Guangzhou 1999.

12. Tian and Guo 1986, p. 134.

13. Xinjiang 2014.

14. Li Shuicheng 2005, see also Ruan Qiurong 2014. 与新疆地区古代冶炼工业相关的遗物包括石范和坩埚，参见 Xinjiang 2014, pl. 59, 77, 251。林梅村对塞伊玛－图尔宾诺文化的研究也说明中原古代的冶金术来自欧亚草原；见 Lin Meicun 2015。

15. 西汉中期以后，因西域非蒙古种马匹，如大宛马的输入，工艺上马的造型有新的增加，如 1981 年汉武帝（卒于前 87 年）茂陵 1 号陪葬墓 1 号从葬坑出土的鎏金铜马。但工艺品中以蒙古马为样本的马匹造型仍持续存在。参见 Wang Zhijie 2012。

16. Salmony 1993, pp. 82-83; Nanyue 2008.

17. Luofeng 2010, pp. 61-62.

18. 李零认为外来风格的流行会引起仿效，工匠与买家之间的交流互动也会产生改造，这导致了风格上的混合。See Li Ling 2014, p. 68.

19. Guangzhou 1991, pp. 331-349; Wang and Liang 2007, p.91.

20. 秦人的游牧艺术风格一定与西戎墓地中所见有关，战国时期西戎墓出土大量的金银器就是明证。See Wanghui 2014, p. 68.

21. Hebei 1996, p. 721. 有关长方形牌饰的细部线描图，见 Shi and Wang 1993, p. 117。

22. Bunker 1988.

23. See Huang Zhanyue 1996; Pan Ling 2005; Lu and Shan 2007. 感谢石昇烜提供资料。

24. 这些记录在案的物品当时保存在位于江苏连云港东海县的武库中。

25. See Xing Yitian 2011a, pp. 133-137.

26. Xuzhou 2011, p. 277.

27. 这种母题流行于秦及汉初，对其起源的研究尚不太多。简要的讨论见 Bunder et al. 2002, p. 263.

28. Tokyo 1991, pp.81,141; Schiltz et al. 2001, p.272.

29. 在今巴基斯坦北端的塔克西拉（Taxila）曾出土时代属公元 1 世纪、背面有桥形钮的铜节约，但其正面全无纹饰。See Lebedynsky 2006, p.204.

30. 铜质节约最少自西周（约前 1046—前 771 年）早期即已出现在贵族的车马坑中，也曾出现在夏家店文化（约前 1000- 前 600 年）上层约属西周中晚期的遗址中。例如洛阳北窑早中晚期墓葬都出土了十字形、X 形管状、长方扁形或圆泡形等不同形式的铜节约，多数为极简单的几何纹或兽面纹，少数上面有象头纹。有一件节约上有鸟纹，但未见狮、熊之类。见 Luoyang 1999a; Gu Xuejun et al. 2011; Kogruyǒ 2007, pp. 173-177。

31. 《后汉书》卷二四，第 853 页。

32. He Qinggu 1998, p. 168.

33. Ibid., pp. 195-196.

34. Ibid., p. 216.

35. Ibid., pp. 208-209.

36. Ibid., p. 220.

37. Zhou Tianyou 1986, passim.

38. 《史记》卷一一〇，2899 页。

39. 《西京杂记》。

40. Ibid.

41. Luo Feng 2010, pp. 58-59.

42. Mahboubian 2007.

43. 王纪潮和王玮指出中国在青铜时代的确不存在失蜡法，过去所称以失蜡法所铸造的器物，特别是有透空造型的，都能用泥质合范工艺实际完成。他们更指出即使用失蜡法，也同样需要制作分块的组合范，分块合范铸造才是自二里头文化（前 2000—前 1500）起，先秦青铜器铸造法的主流。今人虽曾以失蜡法实验，复制出了先秦青铜器，但并不能证明先秦镂空青铜器就是以失蜡法制成。See Wang and Wang 2014. 王纪潮（2015）则指出春秋（前 770—前 475）中期，中国青铜铸造技术的重要发展是失蜡法的出现，他列举了数件用失蜡法制作的青铜制品，其中包括河南淅川下寺 2 号楚墓出土的铜盏附件和 2 号墓出土的铜禁。

44. Stark 2012.

45. Schiltz et al. 2001, p. 246; Nileke 2006. 吉林台墓群的年代上限在公元前 6 世纪，下限最晚相当于汉、晋（265—420）时期。

46. Sun Ji 1996, pp. 15-43.

47. Hiebert and Camben 2011, p.271, no. 190.

48. 最近的学者对这种基于模仿之上的再创造给出了不同的解释。卢岩和单月英曾以江苏扬州"姜莫书"木椁墓出土的长方形鎏金铜腰饰牌的边纹和内饰都已失去浮雕动物纹的特征为例，来说明这种长方形动物纹牌饰在西汉晚期逐渐退出历史舞台。See Lu and Shan 2007, pp. 54-55. 但也有学者指出草原动物纹饰对两汉画像石艺术造成了影响并未消失，只是转换了舞台。See Yang Xiaohong 1998. 潘玲（Pan Ling 2005）更提供较多的材料对长方形牌饰进行分类和定年，指出在不同的区域会以原有的牌饰为模型"翻制出新的牌饰"，时代可以晚到晋代（265—420）。

49. Yan Genqi 2001, pp.47-48.

50. Gansu 2014, pp. 24, 86, 93.

51. Ibid., 30.

参考文献

原始文献

Erya

尔 雅 *Erya* [Approaching correctness], 佚 名 anonymous (ca. 3rd century b.c.). 北京 Beijing: 北京大学出版社 Beijing daxue chubanshe, 2000.

Guo yu

国 语 *Guo yu* [Discourses of the states], by 左 丘 明 Zuo Qiuming (ca. 556–451 b.c.). 上 海 Shanghai: 上 海 古 籍 出 版 社 Shanghai guji chubanshe, 1978.

Hanshu

汉 书 *Hanshu* [Book of the former Han], by 班 固 Ban Gu (a.d. 32–92). 北京 Beijing: 中华书局 Zhonghua shuju, 1962; reprints 1983, 1987.

Hou Hanshu

后汉书 *Hou Hanshu* [Book of the later Han], by 范晔 Fan Ye (a.d. 398–445). 北京 Beijing: 中华 书局 Zhonghua shuju, 1965.

Kongzi jiayu

孔子家语 *Kongzi jiayu* [School sayings of Confucius], in 四部丛刊初编 Sibu congkan chubian [Collectaneum of the Four Categories, first series]. 上海 Shanghai: 商务印书馆 Shangwu yinshuguan, 1929–34.

Qinding xu wenxian tongkao

钦定续文献通考 *Qinding xu wenxian tongkao* [Supplement to the *Comprehensive investigations of administrative documents*, by imperial order], in 景印文渊阁四库全书 *Yingyin Wenyuange Siku quanshu* [Facsimile reproduction of Wenyuange's "Comprehensive library of the four treasuries"]. 台北 Taipei: 台湾商务印书馆 Taiwan Shangwu yinshuguan, 1983–1986.

Shiji

史 记 *Shiji* [Records of the Grand Historian], by 司马迁 Sima Qian (ca. 145–86 b.c.), punctuated edition. 北京 Beijing: 中华书局 Zhonghua shuju, 1959; revised edition 1982; reprint 1984.

Shisan jing zhushu

十三经注疏 *Shisan jing zhushu* [Thirteen classics with annotations], compiled by 阮 元 Ruan Yuan (1764– 1849). 北京 Beijing: 中华书局 Zhonghua shuju, 1980.

Shiwu jiyuan

事 物 纪 原 *Shiwu jiyuan* [Origins of things and matters], by 高 承 Gao Cheng (active late 11th century a.d). 北京 Beijing: 中华书局 Zhonghua shuju, 1989.

Taiping yulan

太 平 御 览 Taiping yulan [Imperial readings of the Taiping era], edited by 李 昉 Li Fang (a.d. 925–996). 北京 Beijing: 中华书局 Zhonghua shuju, 1960.

Xijing zaji

西 京 杂 记 Xijing zaji [Miscellaneous records of the western capital], by 刘歆 Liu Xin (ca. 45 b.c.–a.d. 23). 上海 Shanghai: 上海古籍出版社 Shanghai guji chubanshe, 1991.

Yantielun jiaozhu

盐 铁 论 校 注 Yantielun jiaozhu [Discourses on salt and iron, with annotations], compiled by 桓 宽 Huan Kuan (active 1st century b.c.), annotated by 王利器 Wang Liqi. 天津 Tianjin: 天津古籍 出版社 Tianjin guji chubanshe, 1979.

Yiwen leiju

艺 文 类 聚 Yiwen leiju [Collection of literature arranged by categories], edited by 欧 阳 询 Ouyang Xun (a.d. 557–641). 上海 Shanghai: 上 海古籍出版社 Shanghai guji chubanshe, 1965.

二次资料

An Jiayao 1996. 安家瑶 An Jiayao. 镶嵌玻璃 珠的传入及发展 "Xiangqian bolizhu de chuanru ji fazhan" [Glass eye beads in China]. In 十世纪 前的丝绸之路和东西文化交流 Shi shiji qian de sichou zhi lu he dong xi wenhua jiaoliu / Land Routes of the Silk Roads and Cultural Exchanges between the East and West before the 10th Century: Desert Route Expedition International Seminar in Urumqi, August 19–21, 1990, pp. 351–68. 北京 Beijing: 新世界出版社 New World Press, 1996.

An Zhimin 1973. 安志敏 An Zhimin. 金版与金 饼——楚、 汉金币及其有关问题 "Jinban yu jinbing Chu Han jinbi ji qi youguan wenti" [The *jinban* and *jinbing* coins: A study of the gold coins of the Chu State and Han dynasty and some related problems]. 考 古 学 报 *Kaogu xuebao / Acta Archaeologica Sinica,* no. 2 (1973), pp. 61–90.

***Archaeological Discoveries* 2014.** 中国国家文 物局 State Administration of Cultural Heritage, ed. 中国重要考古发现：2013 Zhongguo zhongyao kaogu faxian: 2013 / Major *Archaeological Discoveries in China in 2013.* 北京 Beijing: 文 物出版社 Wenwu chubanshe, 2014.

Aruz et al. 2000. Joan Aruz, Anne Farkas, Andrei Alekseev, and Elena Korolkova, eds. *The Golden Deer of Eurasia: Scythian and Sarmatian Treasures from the Russian Steppes.* Exh. cat. New York: The Metropolitan Museum of Art, 2000.

Bagley 1999. Robert W. Bagley. "Shang Archaeology." In *The Cambridge History of Ancient China: From the Origins of Civilization to 221 b.c.*, edited by Michael Loewe and Edward L. Shaughnessy, pp. 124–231. Cambridge: Cambridge University Press, 1999.

Bai Yunxiang 2014. 白云翔 Bai Yunxiang. 汉 代尺度的考古发现及相关问题研究 "Handai chidu de kaogu faxian ji xiangguan wenti yanjiu" [Archaeological discoveries of the Han rulers and related issues]. 东南文化 *Dongnan wenhua* [Culture of Southeast China], no. 2 (2014), pp. 85–94.

Barbieri-Low 2007. Anthony J. Barbieri-Low. *Artisans in Early Imperial China.* Seattle: University of Washington Press, 2007.

Barbieri-Low and Yates 2015. Anthony J. Barbieri-Low and Robin D. S. Yates. *Law, State, and Society in Early Imperial China: A Study with Critical Edition and Translation of the Legal Texts from Zhangjiashan Tomb No. 247.* Leiden: Brill, 2015.

Barrett 2010. T. H. Barrett. "Religious Change under Eastern Han and Its Successors: Some Current Perspectives and Problems." In Nylan and Loewe 2010, pp. 430–48.

Bayidawulieti and Guo 1983. 巴依达吾列提、郭文清 Bayidawulieti and Guo Wenqing. 伊犁哈萨克自治州新源县出土一批青铜武士俑等珍贵文物 "Yili Hasake zizhzhou Xinyuan xian chutu yipi qingtong wushi yong deng zhengui wenwu" [A group of important works including a bronze figure of a warrior unearthed at Xinyuan, Ili Kazakh Autonomous Prefecture]. 新疆大学学报 Xinjiang daxue xuebao [Journal of Xinjiang University], no. 4 (1983), p. 86.

Beck and Wemmer 1983. Benjamin B. Beck and Christen M. Wemmer, eds. *The Biology and Management of an Extinct Species. Pere David's Deer.* Park Ridge, N.J.: Noyes Publications, 1983.

Beijing 1964. 北京文物工作队 Beijing City Work Team of Cultural Relics. 北京西郊发现汉代石阙清理简报 "Beijing xijiao faxian Handai shique qingli jianbao" [Brief report of the discovery of Han-dynasty stone architecture fragments in the west suburb of Beijing]. 文物 Wenwu [Cultural relics], no. 11 (1964), pp. 13–24.

Beijing 1980. 北京钢铁学院金相实验室 Metallurgical Laboratory of Beijing iron and steel institute. 满城汉墓部分金属器的金相分析报告 "Mancheng Han mu bufen jinshuqi de jinxiang fenxi baogao" [Metallurgical Analysis Report of Part of Metal Works of the Han tomb in Mancheng]. 满城汉墓发掘报告 Mancheng Han mu fajue baogao [Excavation report of the Han tomb in Mancheng], appendix 4. 北京 Beijing: 文物出版社 Wenwu chubanshe, 1980.

Beijng 1991. 北京科技大学冶金史研究室 Research Center for Metallurgical History of University of Science and Technology Beijing. 西汉南越王墓出土铁器鉴定报告 "Xi Han Nanyuewang mu chutu tieqi jianding baogao" [Appraisal Report of Excavated Military Armaments for Xi Han Nanyuewang mu]. 西汉南越王墓 Xi Han *Nanyuewang mu* [Tomb of the king of Nanyue of the Western Han], appendix 4. 北京 Beijing: 文物出版社 Wenwu chubanshe, 1991.

Beijing 2009. 中华世纪坛世界艺术馆 Beijing World Art Museum. 秦汉—罗马文明展 Qin Han—Luoma wenming zhan / Qin-Han and Roman Civilizations. Exh. cat. 北京 Beijing: 文物出版社 Wenwu chubanshe, 2009.

Beijing 2015. 北京大学出土文献研究所 Peking University Research Institute for Excavated Manuscripts, ed. 北京大学藏西汉竹书（壹）Beijing daxue can Xi Han zhu shu (yi) [Bamboo documents held by Beijing University], vol. 1. 北京 Beijing: 北京大学出版社 Beijing daxue chubanshe, 2015.

Bennett 2009. Anna T. N. Bennett. "Gold in Early Southeast Asia." *ArcheoSciences: Revue d'archeometrie* 33 (2009), pp. 99–107.

Bennett 2015. Anna T. N. Bennett, "Gold in Early Southeast Asia." In *Gold in Early Southeast Asia: Selected Papers from the Symposium Gold in Southeast Asia, Yale University Art Gallery, 13–14 May 2011,* edited by Ruth Barnes et al., pp. 99–107. New Haven: Yale University Council on Southeast Asia Studies, 2015.

Berke 2002. Heinz Berke. "Chemistry in Ancient Times: The Development of Blue and Purple Pigments." *Angewandte Chemie International Edition* 41 (2002), pp. 2483–87.

Bielenstein 1980. Hans Bielenstein. *The Bureaucracy of Han Times.* Cambridge: Cambridge University Press, 1980.

Bielenstein 1986a. Hans Bielenstein. "The Institutions of Later Han." In Twitchett and Loewe 1986, pp. 491–519.

Bielenstein 1986b. Hans Bielenstein. "Wang Mang, the Restoration of the Han Dynasty, and Later Han." In Twitchett and Loewe 1986, pp. 223–90.

Bodde 1986. Derk Bodde. "The State and Empire of Ch'in." In Twitchett and Loewe 1986, pp. 20–102.

Borell 2010. Brigitte Borell. "Trade and Glass Vessels along the Maritime Silk Road." In *Glass along the Silk Road from 200 b.c. to a.d. 1000,* edited by Bettina Zorn and Alexandra Hilgner, pp. 127–42. Mainz: Verlag des Romisch-Germanischen Zentralmuseums, 2010.

Borell 2012. Brigitte Borell. 早期北部湾地区的汉代玻璃器皿 "Zaoqi Beibuwan diqu de Handai boli" [Han-period glass vessels in the early Tongking Gulf region]. In 海洋史研究 Haiyang shi yanjiu [Studies of maritime history], edited by 李庆新 Li Qingxin, vol. 4, pp. 27–44. 北京 Beijing: 社会科学文献出版社 Shehui kexue wenxian chubanshe, 2012.

Buck 1975. David D. Buck. "Three Han Dynasty Tombs at Ma-Wang-Tui." *World Archaeology* 7, no. 1 (1975), pp. 30–45.

Bunker 1988. Emma C. Bunker. "Lost Wax and Lost Textile: An Unusual Ancient Technique for Casting Gold Belt Plaques." In *The Beginning of the Use of Metals and Alloys: Papers from the Second International Conference on the Beginning of the Use of Metals and Alloys, Zhengzhou, China, 21–26 October 1986,* edited by Robert Maddin, pp. 222–27. Cambridge, Mass.: MIT Press, 1988.

Bunker et al. 2002. Emma C. Bunker, James C. Y. Watt, and Zhixin Sun. *Nomadic Art of the Eastern Eurasian Steppes: The Eugene V. Thaw and Other New York Collections.* Exh. cat. New York: The Metropolitan Museum of Art, 2002.

CASS 1957. 中国社会科学院考古研究所 CASS Institute of Archaeology, ed. 长沙发掘报告 Changsha fajue baogao [A report on the archaeological excavations in Changsha]. 北京 Beijing: 科学出版社 Kexue chubanshe, 1957.

CASS 1996. 中国社会科学院考古研究所 CASS Institute of Archaeology, ed. 汉长安城未央宫：1980–1989 年考古发掘报告 Han Chang'an cheng Weiyang Gong: 1980–1989 nian kaogu fajue baogao [Weiyang Palace site in Han Chang'an City: Excavations in 1980–1989]. 2 vols. 北京 Beijing: 中国大百科全书出版社 Zhongguo da baikequanshu chubanshe, 1996.

CASS 2005. 中国社会科学院考古研究所 CASS Institute of Archaeology, ed. 汉长安城武库 Han Chang'an cheng wu ku [The Han-dynasty arsenal in Chang'an city]. 北京 Beijing: 文物出版社 Wenwu chubanshe, 2005.

CASS 2006. 中国社会科学院考古研究所 CASS Institute of Archaeology, Han Chang'an City Archaeological Team, eds. 汉长安城遗址研究 Han Chang'an cheng yizhi yanjiu [Research on the city ruins of Han-dynasty Chang'an]. 北京 Beijing: 科学出版社 Kexue chubanshe, 2006.

CASS 2007. 中国社会科学院考古研究所 CASS Institute of Archaeology, ed. 汉长安城桂宫：1996–2001 年考古发掘报告 Han Chang'an cheng Gui Gong: 1996–2001 nian kaogu fajue baogao [Gui palace site in Han Chang'an city: Excavations in 1996–2001]. 北京 Beijing: 文物出版社 Wenwu chubanshe, 2007.

CASS 2011. 中国社会科学院考古研究所 CASS Institute of Archaeology. "Important Discoveries from a Family Cemetery of the Western Han at Fengqiyuan, Xi'an." *Chinese Archaeology,* March 22, 2011, http://www.kaogu.cn/en/backup_new/rew/2013/1026/42782.html. Accessed December 16, 2016.

Cen Rui 1990. 岑蕊 Cen Rui. 试论东汉魏晋墓葬中的多面金珠用途及其源流 "Shilun xi Wei Jin muzang zhong de duomian jinzhu yongtu jiqi yuanliu" [The function and origins of gold polyhedra from Eastern Han, Wei, and Jin tombs]. 考古与文物 Kaogu yu wenwu

[Archaeology and cultural relics], no. 3 (1990), pp. 85–88.

Chaisuwan 2011. Boonyarit Chaisuwan. "Early Contacts between India and the Andaman Coast in Thailand from the Second Century bce to the Eleventh Century ce." In Manguin et al. 2011, pp. 83–112.

Chang 1977. Sen-dou Chang. "The Morphology of Walled Capitals." In *The City in Late Imperial China*, edited by G. William Skinner, pp. 75–100. Stanford: Stanford University Press, 1977.

Chang Lin-sheng 1985. 张临生 Chang Lin-sheng. 汉家法度故宫重器：嘉量 "Hanjia fadu Gugong zhongqi: Jialiang" [Law of the Han and a masterpiece from the Forbidden City: Standard measurement]. 故宫文物月刊 Gugong wenwu yuekan [National Palace Museum monthly of Chinese art] 2, no. 10 (1985), pp. 57–64.

Changsha 2015. 长沙市文物考古研究所（等编）Changsha Municipal Institute of Cultural Relics and Archaeology et al., eds. 长沙五一广场东汉简牍选释 Changsha Wuyi guangchang Dong-Han jiandu *xuanshi* [Selected explanations of the Eastern Han slips and boards found at Wuyi Square, Changsha]. Shanghai: Zhongxi shuju, 2015.

Chayet 2004. Anne Chayet. "Architectural Wonderland: An Empire of Fictions." In *New Qing Imperial History: The Making of Inner Asian Empire at Qing Chengde*, edited by James Millward et al., pp. 33–52. New ed. London: Routledge Curzon, 2004.

Chen Jiangfeng 2006. 陈江风 Chen Jiangfeng. 汉画玉璧图像的文化象征 "Han hua yubi tuxiang de wenhua xiangzheng" [The cultural symbol of the image of jade bi disks in Han pictorial art]. In 汉画研究 Han hua yanjiu [Studies on Han pictorial art], edited by Zheng Xianxing, pp. 72–77. 武汉 Wuhan: 湖北人民出版社 Hubei renmin chubanshe, 2006.

Chen Jianming 2003. 陈建明（主编）Chen Jianming, ed. 湖南博物馆文物精粹 *Hunan sheng bowuguan wenwu jingcui* [Treasures from the Hunan Provincial Museum]. 上海 Shanghai: 上海书店出版社 Shanghai shudian chubanshe, 2003.

Chen Qiyou 2002. 陈奇猷 Chen Qiyou. 吕氏春秋新校释 Lu shi chunqiu xin jiaoshi [Annotated annals of Lu Buwei]. 上海 Shanghai: 上海古籍出版社 Shanghai guji chubanshe, 2002.

Chen Songchang 2009. 陈松长 Chen Songchang. 岳麓书院藏秦简中的行书律令初论 "Yuelu shuyuan cang Qinjian zhong de Xingshu luling chulun" [A preliminary study of the legal rules in running script in the Qin-dynasty bamboo slips preserved at Yuelu Academy]. 中国史研究 Zhongguo shi yanjiu [Journal of Chinese historical studies], no. 3 (2009), pp. 31–37.

Chen Wei 2012. 陈伟（编）Chen Wei, ed. 里耶秦简牍校释．第一卷 Liye Qin jiandu jiaoshi: Diyi—juan [Collations and explanations of the Qin slips and boards from Liye], vol. 1. 武汉 Wuhan: 武汉大学出版社 Wuhan daxue chubanshe, 2012.

Chen Wei 2014. 陈伟（编）Chen Wei, ed. 秦简牍合集 Qin jiandu heji [Combined collection of Qin slips and boards]. 6 vols. Wuhan: Wuhan daxue chubanshe, 2014.

Chen Xia 2007. Chen Xia. "Archeologist Claims Legendary Qin Palace Didn't Exist." *China.org. cn*, October 23, 2007, http://www.china.org.cn/english/culture/229363.htm. Accessed December 16, 2016.

Chen Zhi 1958a. 陈直 Chen Zhi. 关于两汉的手工业 "Guanyu liang Han de shougongye" [On the crafts and industries of the Han dynasty]. In 两汉经济史料论丛 Liang Han Jingjishi liao luncong [Studies on the economic history of the Han dynasty], pp. 71–195. 西安 Xi'an: 陕西人民出版社 Shaanxi renmin chubanshe, 1958.

Chen Zhi 1958b. 陈直 Chen Zhi. 两汉工人的类别 "Liang Han gongren de leibie" [Categories of craftsmen of the Han dynasty]. In 两汉经济史料论丛 Liang Han Jingjishi liao luncong [Studies on the economic history of the Han dynasty], pp. 196–237. 西安 Xi'an: 陕西人民出版社 Shaanxi renmin chubanshe, 1958.

Chen Zhi 1961. Chen Zhi. 甘肃武威磨嘴子汉墓出土王杖十简通考 "Gansu Wuwei Mozuizi Han mu chutu wangzhang shijian tongkao" [Study of the imperial edict on ten wood slips excavated from a Han tomb at Mozuizi, Wuwei, Gansu]. 考古 Kaogu [Archaeology], no. 3 (1961), pp. 160–62.

Cheng Liquan et al. 2004. 程林泉、韩国河、张翔宇（编）Cheng Liquan, Han Guohe, and Zhang Xiangyu, eds. 长安汉墓 Chang'an Han mu [Han tombs found in Chang'an]. 2 vols. 西安 Xi'an: 陕西人民出版社 Shaanxi renmin chubanshe, 2004.

Cheng Te-k'un 1946. Cheng Te-k'un. "The Slate Tomb Culture of Li-fan." *Harvard Journal of Asiatic Studies* 9, no. 2 (1946), pp. 63–80.

Cong and Luo 1998. 丛德新、罗志宏 Cong Dexin and Luo Zhihong. 重庆巫山县东汉鎏金铜牌饰的发现与研究 "Chongqing Wushan xian Dong-Han liujin tong paishi de faxian yu yanjiu" [Discovery of and research on the Eastern Han gilt-bronze plaques from Wushan, Chongqing]. 考古 Kaogu [Archaeology], no. 12 (1998), pp. 77–86.

Cong Wenjun 1995. 丛文俊 Cong Wenjun. 古代弋射与士人修身 "Gudai yishe yu shiren xiushen" [Corded-arrow hunting and the self-cultivation of elites in early China]. 中国典籍与文化 Zhongguo dianji yu wenhua [Chinese classics and culture], no. 4 (1995), pp. 35–39.

Dai and Sun 1983. 戴应新、孙嘉祥 Dai Yingxin and Sun Jiaxiang. 陕西神木县出土匈奴文物 "Shaanxi Shenmu xian chutu Xiongnu wenwu" [The Xiongnu artifacts excavated at Shenmu, Shaanxi]. 文物 Wenwu [Cultural relics], no. 12 (1983), pp. 23–30.

Dang Shunmin 1994. 党顺民 Dang Shunmin. 外文铅饼新探 "Waiwen qianbing xintan" [A new study of lead disks with foreign inscriptions]. 考古与文物 Kaogu yu wenwu [Archaeology and cultural relics], no. 9 (1994), pp. 84–88.

Dayunshan 2012. 南京博物院、盱眙县文广新局 Nanjing Museum and Xuyi Bureau of Culture. 江苏盱眙县大云山汉墓 "Jiangsu Xuyi xian Dayunshan Han mu" [The Han tombs at Dayunshan, Xuyi, Jiangsu]. 考古 Kaogu [Archaeology], no. 7 (2012), pp. 53–59.

Dayunshan 2013a. 南京博物院、盱眙县文广新局 Nanjing Museum and Xuyi Bureau of Culture. 江苏盱眙县大云山西汉江都王陵一号墓 "Jiangsu Xuyi xian Dayunshan Xi Han Jiangdu wangling yihao mu" [Tomb no. 1 of the mausoleum of the prince of Jiangdu at Dayunshan, Xuyi, Jiangsu]. 考古 Kaogu [Archaeology], no. 10 (2013), pp. 3–68.

Dayunshan 2013b. 南京博物院、盱眙县文广新局 Nanjing Museum and Xuyi Bureau of Culture. 江苏盱眙大云山江都王陵二号墓发掘简报 "Jiangsu Xuyi Dayunshan Jiangdu wangling erhao mu fajue jianbao" [Brief excavation report of tomb no. 2 of the mausoleum of the prince of Jiangdu at Dayunshan, Xuyi, Jiangsu]. 文物 Wenwu [Cultural relics], no. 1 (2013), pp. 25–66.

Dilinuer 2008. 迪丽努尔 Dilinuer. 浅谈库兰萨日克墓地出土的两件金器 "Qiantan Kulansarike mudi chutu de liangjian jinqi" [Two pieces of goldware unearthed from Kulansarike cemetery in Aheqi]. 新疆文物 Xinjiang wenwu [Cultural relics of Xinjiang], nos. 1–2 (2008), pp. 72–73.

Dilke 1987. O. A. W. Dilke. *Mathematics and Measurement.* Berkeley: University of California Press, 1987.

Dingxian Museum 1973. 定县博物馆 Dingxian Museum, ed. 河北定县 43 号汉墓发掘简报 "Hebei Dingxian 43 hao Han mu fajue jianbao" [Excavation of Han tomb no. 43 in Ding, Hebei]. 文物 *Wenwu* [Cultural relics], no. 11 (1973), pp. 8–20.

Doufucun 2013. 陕西考古研究院、宝鸡市考古研究所、凤翔县博物馆 Shaanxi Provincial Institute of Archaeology, Baoji Municipal Institute of Archaeology, and Fengxiang County Museum. 秦雍城豆腐村战国制陶作坊遗址 Qin Yongcheng Doufucun Zhanguo zhitao zuofang yizhi [The site of the pottery workshop of the Warring States period at Doufucun village, Qin Yongcheng]. 北京 Beijing: 科学出版社 Kexue chubanshe, 2013.

Duan Qingbo 2007. Duan Qingbo. "Entertainment for the Afterlife." In Portal 2007, pp. 192–201.

Dzung 2011. Lam Thi My Dzung. "Central Vietnam during the Period from 500 bce to ce 500." In Manguin et al. 2011, pp. 3–16.

Ede 2001. Charles Ede. *Ancient Bronzes.* London: Charles Ede, 2001.

Elvin 2006. Mark Elvin. *The Retreat of the Elephants: An Environmental History of China.* New Haven: Yale University Press, 2006.

Epanggong 2006. Epanggong Joint Archaeological Team of the Institute of Archaeology. "Archaeological Investigations and Excavations of the Front Hall Ruin of the Epanggong Palace." *Chinese Archaeology* 6, no. 1 (2006), pp. 23–32.

Erickson 1992. Susan N. Erickson. "Boshanlu—Mountain Censers of the Western Han Period: A Typological and Iconological Analysis." *Archives of Asian Art* 45 (1992), pp. 6–28.

Erickson 1994. Susan N. Erickson. "Money Trees of the Eastern Han Dynasty." *Bulletin of the Museum of Far Eastern Antiquities*, no. 66 (1994), pp. 5–115.

Erickson 2010. Susan N. Erickson. "Han Dynasty Tomb Structures and Contents." In Nylan and Loewe 2010, pp. 13–82.

Falkenhausen 1993. Lothar von Falkenhausen. *Suspended Music: Chime-Bells in the Culture of Bronze Age China.* Berkeley: University of California Press, 1993.

Fan Haitao 2007. 樊海涛 Fan Haitao. 从缚牛扣饰看滇国的斗牛活动 "Cong funiu koushi kan Dianguo de douniu huodong" [Bullfighting activities in the Dian kingdom depicted on ornamental plaques]. 四川文物 *Sichuan wenwu* [Sichuan cultural relics], no. 3 (2007), pp. 61–70.

Fang Shiming 1982. 方诗明 Fang Shiming. 从出土文物看汉代"工官"的一些问题 "Cong chutu wenwu kan Handai Gongguan de yixie wenti" [Observations of Han government workshops from excavated works]. 上海博物馆集刊 *Shanghai bowuguan jikan* [Shanghai Museum journal], no. 2 (1982), pp. 136–45.

Feng and Tong 1973. 冯汉骥 Feng Hanji and Tong Enzheng. 岷江上游的石棺葬 "Minjiang shangyou de shiguanzang" [Slate tombs of the upper Min River]. 考古学报 *Kaogu xuebao / Acta Archaeologica Sinica,* no. 2 (1973), pp. 41–60.

Feng Hanji 1961a. 冯汉骥 Feng Hanji. 四川的画像砖墓及画像砖 "Sichuan de huaxiangzhuanmu ji huaxiangzhuan" [Pictorial brick tombs and pictorial bricks from Sichuan]. 文物 *Wenwu* [Cultural relics], no. 11 (1961), pp. 35–42.

Feng Hanji 1961b. 冯汉骥 Feng Hanji. 云南晋宁石寨山出土文物的族属问题试探 "Yunnan Jinning Shizhaishan chutu wenwu de zushu wenti shitan [Discussion of issues on ethnic identities as proposed by artifacts excavated at the Shizhaishan site, Jinning, Yunnan]. 考古 *Kaogu* [Archaeology], no. 9 (1961), pp. 469–87.

Feng Shi 2006. 冯时 Feng Shi. 新莽封禅玉牒研究 "Xin Mang fengshan yudie yanjiu" [A study of the jade ritual tablet of the Xin dynasty]. 考古学报 *Kaogu xuebao / Acta Archaeologica Sinica,* no. 1 (2006), pp. 31–58.

Fong 1980. Wen C. Fong, ed. *The Great Bronze Age of China.* Exh. cat. New York: The Metropolitan Museum of Art, 1980.

Fong and Watt 1996. Wen C. Fong and James C. Y. Watt. *Possessing the Past: Treasures from the National Palace Museum, Taipei.* Exh. cat. New York: The Metropolitan Museum of Art; and Taipei: National Palace Museum, 1996.

Fu Juyou 1986. 傅举有 Fu Juyou. 论秦汉时期的博具、博戏兼及博局纹镜 "Lun Qin Han shiqi de boju, boxi jianji bojuwen jing" [Studies on game boxes, the game of *liubo*, and TLV mirrors in the Qin and Han dynasties]. 考古学报 *Kaogu xuebao / Acta Archaeologica Sinica,* no. 1 (1986), pp. 21–42.

Fu Juyou 1998. 傅举有（编）Fu Juyou ed. 中国漆器全集 第3卷 汉 *Zhongguo qiqi quanji 3 Han* [Comprehensive collection of Chinese lacquerwares, vol. 3, Han]. 福州 Fuzhou: 福建美术出版社 Fujian meishu chubanshe, 1998.

Fuling 1974. 四川博物院（等）Sichuan Provincial Museum et al. 四川涪陵地区小田溪战国土坑墓清理简报 "Sichuan Fuling diqu Xiaotianxi Zhanguo tukengmu qingli jianbao" [Brief report of Warring States tombs at Xiaotianxi, Fuling district, Sichuan]. 文物 *Wenwu* [Cultural relics], no. 5 (1974), pp. 61–80.

Gansu 1960. 甘肃省博物馆（编）Gansu Provincial Museum, ed. 甘肃武威磨嘴子汉墓发掘 "Gansu Wuwei Mozuizi Han mu fajue" [The excavation of Han tombs at Mozuizi, Wuwei, Gansu]. 考古 *Kaogu* [Archaeology], no. 9 (1960), pp. 15–28.

Gansu 2008. 甘肃省文物考古研究所、张家川回族自治县博物馆 Gansu Provincial Institute of Archaeology and Zhangjiashan Huizu Autonomous Region Museum. 2006 年度甘肃张家川回族自治县马家塬战国墓地发掘简报 "2006 niandu Gansu Zhangjiachuan Huizu zizhixian Majiayuan Zhanguo mudi fajue jianbao" [Report of the 2006 season of excavations of a Warring States cemetery at Majiayuan, Zhangjiachuan, Gansu]. 文物 *Wenwu* [Cultural relics], no. 9 (2008), pp. 4–28.

Gansu 2014. 甘肃省文物考古研究所（编著）Gansu Provincial Institute of Archaeology, ed. 西戎遗珍：马家塬战国墓地出土文物 *Xirong yizhen: Majiayuan Zhanguo mudi chutu wenwu* [Treasures of the Xirong nomads: artifacts from the Warring States cemetery at Majiayuan]. Beijing: Wenwu chubanshe, 2014.

Garner 1979. Sir Harry Garner. *Chinese Lacquer.* London: Faber & Faber, 1979.

Ge Le 1987. 格勒 Ge Le. 新龙谷日的石棺葬及其族属问题 "Xinlong Guri de shiguanzang jiqi zusu wenti" [Stone-slab tombs at Guri, Xinlong, and their ethnic attribution]. 四川文物 *Sichuan wenwu* [Sichuan cultural relics], no. 3 (1987), pp. 11–15.

Genghis Khan 2004. 中华世纪坛艺术馆、内蒙古自治区博物馆（编）Beijing World Art Museum and Inner Mongolia Autonomous Museum. 成吉思汗：中国古代北方草原游牧文化 *Chengjisi han: Zhongguo gudai beifang caoyuan youmu wenhua* [Genghis Khan: the nomadic culture of ancient northern China]. 北京 Beijing: 北京出版社 Beijing chubanshe, 2004.

Glahn 2016. Richard von Glahn. *The Economic History of China: From Antiquity to the Nineteenth Century*. Cambridge: Cambridge University Press, 2016.

Glover and Bellina 2011. Ian C. Glover and Berenice Bellina. "Ban Don Ta Phet and Khao Sam Kaeo: The Earliest Indian Contacts Reassessed." In Manguin et al. 2011, pp. 17–45.

Greatrex 1994. Roger Greatrex. "An Early Western Han Synonymicon: The Fuyang Copy of the *Cang jie pian*." In *Outstretched Leaves on His Bamboo Staff*, edited by N. G. Malmqvist and Joakim Enwall, pp. 97–113. Stockholm:Association of Oriental Studies, 1994.

Gu Fang 2005. 古方 Gu Fang. 中国出土玉器全集 Zhongguo chutu yuqi quanji [The complete collection of jades unearthed in China]. 15 vols. 北京 Beijing: 科学出版社 Kexue chubanshe, 2005.

Gu Xuejun et al. 2011. 顾学军（等）Gu Xuejun et al. 洛阳北窑西周车马坑发掘简报 "Luoyang Beiyao Xizhou chemakeng fajue jianbao" [Excavation report on the Western Zhou horse and chariot pit in Beiyao, Luoyang]. 文物 *Wenwu* [Cultural relics], no. 8 (2011), pp. 4–12.

Guangdong 1978. 广东省博物馆 Guangdong Provincial Museum. 广东曲江石峡墓葬发掘简报 "Guangdong Qujiang Shixia muzang fajue jianbao" [Brief report of the excavations of Shixia tombs in Qujiang, Guangdong]. 文物 *Wenwu* [Cultural relics], no. 7 (1978), pp. 1–15.

Guangxi 1972. 广西壮族自治区文物考古协作小组 Guangxi Zhuang Autonomous Region Cultural Relics Management Committee. 广西合浦西汉木椁墓 "Guangxi Hepu Xi Han muguo mu" [A Western Han wood chamber tomb at Hepu, Guangxi]. 考古 *Kaogu* [Archaeology], no. 5 (1972), pp. 20–30.

Guangxi 1988. 广西壮族自治区博物馆（编）Guangxi Zhuang Autonomous Region Museum, ed. 广西贵县罗泊湾汉墓 *Guangxi Guixian Luobowan Han mu* [Handynasty tombs in Luobowan, Gui, Guangxi]. Beijing: Wenwu chubanshe, 1988.

Guangxi 2006. 中国国家博物馆、广西壮族自治区博物馆 National Museum of China and Guangxi Zhuang Autonomous Region Museum. 瓯骆遗粹：广西百越文化文物精品集 Ouluo yicui: Guangxi baiyue wenhua wenwu jingpinji [Masterpieces from the Baiyue culture of Guangxi Zhuang Autonomous Region]. 北京 Beijing: 中国社会科学院出版社 Shehui kexue chubanshe, 2006.

Guangzhou 1981. 广州市文物管理委员会、广州市社会科学院考古研究所、广州市博物馆 Guangzhou City Council of Cultural Relics, Guangzhou Academy of Social Science Institute of Archaeology, and Guangzhou Museum, eds. 广州汉墓 *Guangzhou Han mu* [Excavation of the Han tombs in Guangzhou]. 北京 Beijing: 文物出版社 Wenwu chubanshe, 1981.

Guangzhou 1991. 广州市文物管理委员会 Guangzhou City Council of Cultural Relics. 西汉南越王墓 Xi Han Nanyuewang mu [Tomb of the king of Nanyue of the Western Han]. 2 vols. 北京 Beijing: 文物出版社 Wenwu chubanshe, 1991.

Guangzhou 1999. 广州文化局（编）Guangzhou Municipal Bureau of Culture, ed. 广州秦汉考古三大发现 Guangzhou Qin-Han Kaogu *sanda faxian /Three Archaeological Finds of the Qin and Han Periods in Guangzhou*. 广州 Guangzhou: 广州出版社 Guangzhou chubanshe, 1999.

Guixian 1957. 广西省文物管理委员会 Guangxi Provincial Civil and Military Administrative Committee. 广西贵县汉墓的清理 "Guangxi Guixian hanmu de qingli" [Report on the Han tombs excavated at Gui, Guangxi]. 考古学报 Kaogu *xuebao / Acta Archaeologica Sinica*, no. 1 (1957), pp. 155–62.

Guizhou 1959. 贵州省博物馆 Guizhou Provincial Museum. 贵州清镇平坝汉墓发掘报告 "Guizhou Qingzhen Pingba Hanmu fajue baogao" [Excavation report of the Han tomb at Pingba, Qingzhen, Guizhou]. 考古学报 *Kaogu xuebao / Acta Archaeologica Sinica*, no. 1 (1959), pp. 85–103.

J. Guo 2011. Jue Guo. "Concepts of Death and the Afterlife Reflected in Newly Discovered Tomb Objects and Texts from Han China." In *Mortality in Traditional Chinese Thought*, edited by Amy Olberding and Philip J. Ivanhoe, pp. 85–116. Albany: State University of New York Press, 2011.

Q. Guo 2010. Qinghua Guo. *The Mingqi Pottery Buildings of Han Dynasty China, 206 bc–ad 220: Architectural Representations and Represented Architecture*. Brighton: Sussex Academic Press, 2010.

Guo Peng 1995. 郭鹏 Guo Peng. 漫话茱萸 "Manhua zhuyu" [A survey of cornelian cherry]. 文史知识 *Wenshi zhishi* [Chinese literature and history], no. 5 (1995), pp. 50–54.

Guo Yong 1963. 郭勇 Guo Yong. 山西省右玉县出土的西汉铜器 "Shanxisheng Youyuxian chutu de Xi Han tongqi" [Western Han bronzes unearthed in Youyu, Shanxi]. 文物 *Wenwu* [Cultural relics], no. 11 (1963), pp. 4–12.

Han Changsong et al. 2010. 韩长松、罗火金、冯春燕 Han Changsong, Luo Huojin, and Feng Chunyan. 焦作李河汉墓出土七层连阁彩绘陶仓试析 "Jiaozuo Lihe Han mu chutu qiceng liange caihui taocang shixi" [On the seven-storied pottery architectural model unearthed from a Han tomb in Lihe, Jiaozuo. 中国历史文物 *Zhongguo lishi wenwu* [Journal of the National Museum of Chinese History], no. 1 (2010), pp. 54–60, 96–97.

Han Huchu 2011. 韩湖初 Han Huchu. 合浦汉代文物谈 Hepu Han dai wenwu tan [Han-dynasty works from Hepu]. 桂林 Guilin: 广西师范大学出版社 Guangxi shifan daxue chubanshe, 2011.

Han Xiang 1982. 韩翔 Han Xiang. 焉耆国都、焉耆都督府治所与焉耆镇城 "Yanqi guodu, Yanqi dudufu zhisuo yu Yanqi zhencheng" [The capital of the state of Yanqi, the commandery and town of Yanqi] 文物 *Wenwu* [Cultural relics], no. 4 (1982), pp. 8-12.

Hansen 2012. Valerie Hansen. *The Silk Road:A New History*. Oxford: Oxford University Press, 2012.

Hao Zhiliang 1995. 郝良真 Hao Zhiliang. 邯郸出土的蜀西工造酒樽 "Handan chutu de Shuxigong zao jiuzun" [A wine container *zun* made in the West Official Workshop of Shu Commandery unearthed in Handan]. 文物 *Wenwu* [Cultural relics], no. 10 (1995), pp. 80–83.

Harper et al. 1984. Prudence O. Harper et al. "Ancient Near Eastern Art." *Bulletin of The Metropolitan Museum of Art* 41, no. 4 (Spring 1984).

Hayashi Minao 1991. Hayashi Minao. 中国古玉の研究 *Chūgoku kogyoku no kenkyū* [Studies of ancient Chinese jades]. Tokyo: Yoshikawa Kōbunkan, 1991.

He Qinggu 1998. 何清谷 He Qinggu, ed. 三辅黄图校注 Sanfu huangtu jiaozhu [Maps of the three metropolitan areas]. 2nd ed. 西安 Xi'an: 三秦出版社 Sanqin chubanshe, 1998.

He Xilin 2003. 贺西林 He Xilin. 从长沙楚墓帛画到马王堆一号汉墓漆棺画与帛画 "Cong Changsha Chu mu bohua dao Mawangdui yihao Han mu qiguan hua yu bohua" [From the Chu silk paintings of Changsha to the silk painting and the paintings on the lacquered coffins in tomb no. 1 at Mawangdui]. 艺术史研究 *Yishushi yanjiu* [Study of art history], no. 5 (2003), pp. 143–68.

He Xingliang 1992. 何星亮 He Xingliang. 中国自然神与自然崇拜 *Zhongguo ziranshen yu ziran chongbai* [Nature deities and nature worship in China]. Shanghai: Sanlian shudian, 1992.

He Zhiguo 2007. 何志国 He Zhiguo. 汉魏摇钱树初步研究 *Han Wei yaoqianshu chubu yanjiu* [Research on Han and Wei money trees]. Beijing: Kexue chubanshe, 2007.

Hebei 1981. 河北省文物考古研究院 Hebei Provincial Institute of Cultural Relics. 河北定县 40 号汉墓发掘简报 "Hebei Dingxian 40-hao Han mu fajue jianbao" [Brief excavation report of Han tomb no. 40 in Ding, Hebei]. 文物 *Wenwu* [Cultural relics], no. 8 (1981), pp. 1–10.

Hebei 1995. 河北省文物研究所（编著）Hebei Provincial Institute of Cultural Relics, ed. 厝墓：战国中山国国王之墓 *Cuo mu: Zhanguo Zhongshanguo guowang zhi mu* [Tomb of Cuo: King of Zhongshan state of the Warring States period]. 2 vols. 北京 Beijing: 文物出版社 Wenwu chubanshe, 1995.

Hebei 1996. 河北省文物考古研究院 Hebei Provincial Institute of Cultural Relics. 燕下都 *Yan Xia du* [Lower capital of the Yan state]. 北京 Beijing: 文物出版社 Wenwu chubanshe, 1996.

Henan 2002. 河南博物院（编著）Henan Provincial Museum, ed. 河南出土汉代建筑明器 *Henan chutu Han dai jianzhu mingqi* [Architectural models of the Han dynasty unearthed from Henan]. 郑州 Zhengzhou: 大象出版社 Daxiang chubanshe, 2002.

Hepu 2006. 广西壮族自治区文物工作队、合浦县博物馆（编著）Guangxi Zhuang Autonomous Region Cultural Relics Management Committee and Hepu County Museum, eds. 合浦风门岭汉墓 *Hepu Fengmenling Han mu* [The Han-period burial site at Fengmenling, Hepu]. 北京 Beijing: 科学出版社 Kexue chubanshe, 2006.

Heze 1983. 山东菏泽地区汉墓发掘小组 Han Dynasty Excavation Team of Heze District, Shandong. 巨野红土山西汉墓 "Juye Hongtushan Xi Han mu" [Western Han tombs at Hongtushan, Juye]. 考古学报 *Kaogu xuebao / Acta Archaeologica Sinica*, no. 4 (1983), pp. 471–99.

Hiebert and Cambon 2008. Fredrik Hiebert and Pierre Cambon, eds. *Afghanistan: Hidden Treasures from the National Museum, Kabul.* Exh. cat. Washington, D.C.: National Geographic Society, 2008.

Hiebert and Cambon 2011. Fredrik Hiebert and Pierre Cambon, eds. *Afghanistan: Crossroads of the Ancient World.* Exh. cat. London: British Museum Press, 2011.

Higham 1995. Charles Higham. *The Bronze Age of Southeast Asia.* Cambridge: Cambridge University Press, 1995.

Hsu Chung-shu 1932. 徐中舒 Hsu Chung-shu. 弋射与弩之溯源及关于此类名物之考释 "Yishe yu nu zhi suyuan ji guanyu cilei mingwu zhi kaoshi" [On corded-arrow hunting, the crossbow, and their related Chinese terms]. 中央研究院历史语言研究所集刊 *Zhongyang yanjiuyuan lishi yuyan yanjiusuo jikan* [Bulletin of the Institute of History and Philology, Academia Sinica], no. 4 (1932), pp. 417–78.

Hu Shunli 1989. 胡顺利 Hu Shunli. 新都县梓潼村出土东汉乘舆画像砖的附记 "Xindu xian Zitong cun chutu Dong Han chengyu huaxiang zhuan de fuji" [Additional notes on the molded brick with chariot riders excavated from Zitong village, Xindu]. 四川文物 *Sichuan wenwu* [Sichuan cultural relics], no. 5 (1989), pp. 73–74.

Hu Yifang et al. 2004. 胡一方、党顺民、赵晓明 Hu Yifang, Dang Shunmin, and Zhao Xiaoming. 陕西出土秦半两铜钱范相关问题探讨 "Shaanxi chutu Qin banliang tong qianfan xiangguan wenti tantao" [The bronze mold for Qin *banliang* coins unearthed in Shaanxi province and related issues]. 中国钱币 *Zhongguo qianbi* [China numismatics], no. 2 (2004), pp. 15–18.

Huang Derong 2003. 黄德容 Huang Derong. 蛇在滇国青铜器中的作用 "She zai Dianguo qingtongqi zhong de zuoyong" [On the functions of snakes in Dian bronzes]. In 云南文明之光：滇王国文物展 *Yunnan wenming zhiguang: Dian wangguo wenwu jingpinji* [The light of civilization in Yunnan: Exhibition of cultural relics of the Dian kingdom], pp. 41–44. 北京 Beijing: 中国社会科学出版社 Zhongguo shehui kexue chubanshe, 2003.

Huang Juan 2014. 黄娟 Huang Juan. 近三十年来秦汉钱币研究的进展 "Jin sanshi nianlai Qin Han qianbi yanjiu de jinzhan" [Thirty years of research on Qin and Han coins]. 中国钱币 *Zhongguo qianbi* [China numismatics], no. 6 (2014), pp. 19–26.

Huang Junjie 2006. 黄俊杰 Huang Junjie. 论中国经典中"中国"概念的涵义及其在近世日本与现代台湾的转化 "Lun zhongguo jingdian zhong 'zhongguo' gainian de hanyi jiqi zai jinshi riben yu xiandai Taiwan de zhuanhua" [On the concept of *zhongguo* in Chinese classics and its transformation in modern Taiwan and Japan]. 台湾东亚文明研究学刊 *Taiwan dongya wenming yanjiu xuekan* [Taiwan journal of East Asian studies], no. 12 (2006), pp. 91–100.

Huang Qishan 1988. 黄启善 Huang Qishan. 广西古代玻璃制品的发现及其研究 "Guangxi gudai boli zhipin de faxian jiqi yanjiu" [The discovery and study of ancient glasswares of Guangxi]. 考古 *Kaogu* [Archaeology], no. 3 (1988), pp. 264–76.

Huang Xiaofen 2003. 黄晓芬 Huang Xiaofen. 汉墓的考古学研究 *Han mu de kaoguxue yanjiu* [An archaeological approach to Han tombs]. 长沙 Changsha: 岳麓书社 Yuelu shushe, 2003.

Huang Zhanyue 1996. 黄展岳 Huang Zhanyue. 关于两广出土北方动物纹牌饰问题 "Guanyu liangguang chutu beifang dongwu wen paishi wenti" [The plaques with "animal style" designs unearthed from Guangdong and Guangxi]. 考古与文物 *Kaogu yu wenwu* [Archaeology and cultural relics], no. 2 (1996), pp. 55–60.

Hubei 1974. 长江流域第二期文物考古工作人员训练班 Second Archaeological Training Team of the Yangzi River. 湖北江陵凤凰山西汉墓发掘简报 "Hubei Jiangling Fenghuangshan Xi-Han mu fajue jianbao" [Preliminary excavation report of a Western Han tomb at Fenghuangshan, Jiangling, Hubei]. 文物 *Wenwu* [Cultural relics], no. 6 (1974), pp. 41–61.

Hulsewe 1981. A. F. P. Hulsewe. "Weights and Measures in Ch'in Law." In *State and Law in East Asia: Festschrift Karl Bunger*, edited by Dieter Eikemeier and Herbert Franke, pp. 25–39. Wiesbaden: Otto Harrassowitz, 1981.

Hulsewe 1985. A. F. P. Hulsewe. *Remnants of Ch'in Law: An Annotated Translation of the Ch'in Legal and Administrative Rules of the 3rd Century b.c., Discovered in Yun-meng Prefecture, Hu-pei Province, in 1975.* Leiden: Brill, 1985.

Hunan 2000. 湖南省博物馆（编）Hunan Provincial Museum, ed. 长沙楚墓 *Changsha Chu mu* [Chu state tombs in Changsha]. 2 vols. 北京 Beijing: 文物出版社 Wenwu chubanshe 2000.

James 1995. Jean M. James. "An Iconographic Study of Xiwangmu during the Han Dynasty." *Artibus Asiae* 55, nos. 1–2 (1995), pp. 17–41.

Jia Yingyi 1984. 贾应逸 Jia Yingyi. 新疆尼雅

遗址出土 "司禾府印" "Xinjiang Niya yizhi chutu 'sihefu yin'" [Seal of Agricultural Office unearthed from the site of Niya, Xinjiang]. 文物 *Wenwu* [Cultural relics], no. 9 (1984), p. 87.

Jiang and Peng 2002. 蒋廷瑜、彭书琳 Jiang Tingyu and Peng Shulin. 汉代合浦及其海上交通的几个问题 "Han dai Hepu ji qi haishang jiaotong de jige wenti" [Issues of Hepu and maritime transportation during the Han dynasty]. In 桂岭考古论文集 *Guiling kaogu lunwen ji* [Collected essays on archaeology in Guiling], pp. 199-207. 北京 Beijing: 科学出版社 Kexue chubanshe, 2009.

Jiang and Qin 2004. 姜宝莲、秦建明 Jiang Baolian and Qin Jianming, eds. 汉锺官铸钱遗址 Han Zhongguan zhuqian yizhi [The Han dynasty Zhongguan coin-casting site]. 北京 Beijing: 科学出版社 Kexue chubanshe, 2004.

Jiang Ruoshi 1997. 蒋若是 Jiang Ruoshi. 秦汉钱币研究 Qin *Han qianbi yanjiu* [Studies on Qin and Han coins]. 北京 Beijing: 中华书局 Zhonghua shuju, 1997.

Jiang Tingyu 1984. 蒋廷瑜 Jiang Tingyu. 羊角钮钟初论 "Yangjiao niuzhong chu lun" [Preliminary study of the goat-horn bells]. 文物 *Wenwu* [Cultural relics], no. 5 (1984), pp. 66–69.

Jiang Tingyu 1989. 蒋廷瑜 Jiang Tingyu. 羊角钮钟补述 "Yangjiao niuzhong bushu" [Additional notes on the goat-horn bells]. 广西民族研究 *Guangxi minzu yanjiu* [Ethnographic research in Guangxi], no. 4 (1989), pp. 102–8.

Jiang Tingyu 2009. 蒋廷瑜 Jiang Tingyu. 桂岭考古论文集 Guiling *kaogu lunwen ji* [Collected essays on archaeology in Guiling]. 北京 Beijing: 科学出版社 Kexue chubanshe, 2009.

Jiao and Ma 2008. 焦南峰、马永嬴 Jiao Nanfeng and Ma Yongying. 汉阳陵帝陵 DK11-21 号外藏坑性质推定 "Han Yangling diling DK11–21 hao waicangkeng xingzhi tuiding" [Nature of the DK11-21 burial pits at the Han imperial mausoleum of Yangling]. In 汉长安城考古与汉文化 *Han Chang'an cheng kaogu yu Han wenhua* [Archaeology of the Han city of Chang'an and Han culture], pp. 299–306. 北京 Beijing: 科学出版社 Kexue chubanshe, 2008.

Jililong 1986. 四川省文物管理委员会、甘孜张族自治州文化馆 Sichuan Provincial Council of Cultural Relics and Ganzi Tibetan Autonomous Prefectural Institute of Culture. 四川甘孜县吉里龙古墓葬 "Sichuan Ganzixian Jililong gumuzang" [Ancient tombs from Jililong, Ganzi, Sichuan]. 考古 *Kaogu* [Archaeology], no. 1 (1986), pp. 28–36.

Juchniewicz and Żuchowska 2012. Karol Juchniewicz and Marta Żuchowska. "Water Supply in Palmyra: A Chronological Approach." In *The Archaeology of Water Supply*, edited by Marta Żuchowska, pp. 61–73. Oxford: Archaeopress, 2012.

Kaogu 1960. 武威磨嘴子汉墓出土王杖十简释文 "Wuwei Mozuizi Han mu chutu wangzhang shijian shiwen" [Study of the imperial edict on the ten wood slips unearthed at a Han tomb in Muozuizi, Wuwei]. 考古 *Kaogu* [Archaeology], no. 9 (1960), pp. 29–30.

Kee and Lugli 2015. Joan Kee and Emanuele Lugli. "Scale to Size: An Introduction." *Art History* 38, no. 2 (2015), pp. 250–66.

Kern 2007. Martin Kern. "Imperial Tours and Mountain Inscriptions." In Portal 2007, pp. 104–13.

Kidder et al. 2012. Tristram R. Kidder, Haiwang Liu, and Minglin Li. "Sanyangzhuang: Early Farming and a Han Settlement Preserved Beneath Yellow River Flood Deposits." *Antiquity* 86 (2012), pp. 30–47.

Kishibe Shigeo 1948. Kishibe Shigeo. 东洋の楽器とその歴史 *Tōyō no gakki to sono rekishi* [East Asian musical instruments and their history]. Tokyo: Kōbundō Shobō, 1948.

Knechtges and Tong 2014. David R. Knechtges and Tong Xiao. *Wen xuan, or, Selections of Refined Literature*, vol. 1, *Rhapsodies on Metropolises and Capitals*. Princeton: Princeton University Press, 2014.

Koguryŏ 2007. Koguryŏ Research Foundation. *Hagajŏm Sangch'ŭng Munhuwa-ŭi Ch'ŏngdonggi* [Bronzeware in the upper Xiajiadian culture]. Seoul: Koguryŏ Research Foundation, 2007.

Koperski 2006. Jeffrey Koperski. "Models." In *Internet Encyclopedia of Philosophy*, http://www.iep.utm.edu/models. Accessed December 16, 2016.

Kuijt and Finlayson 2009. Ian Kuijt and Bill Finlayson. "Evidence for Food Storage and Predomestication Granaries 11,000 Years Ago in the Jordan Valley." *PNAS Online* 106, no. 27 (July 7, 2009), http://www.pnas.org/content/106/27/10966.full.pdf. Accessed December 16, 2016.

Kwan 2001. 关善明 Simon Kwan. 中国古代玻璃 Zhongguo gudai boli / Early Chinese Glass. 香港 Hong Kong: 香港中文大学文物馆 Chinese University of Hong Kong Art Museum, 2001.

Lagerwey and Kalinowski 2009. John Lagerwey and Marc Kalinowski, eds. *Early Chinese Religion*. 2 vols. Leiden: Brill, 2009.

Lebedynsky 2006. Iaroslav Lebedynsky. *Les Saces: Les "Scythes" d'Asie, VIIIe siecle av. J.-C.–IVe siecle apr. J.-C.* Paris: Errance, 2006.

Ledderose 2000. Lothar Ledderose. *Ten Thousand Things: Module and Mass Production in Chinese Art*. Princeton: Princeton University Press, 2000.

Ledderose and Schlombs 1990. Lothar Ledderose and Adele Schlombs, eds. *Jenseits der grossen Mauer: Der Erste Kaiser von China und seine Terrakotta-Armee*. Gutersloh: Bertelsmann Lexikon Verlag, 1990.

Lefebvre 1991. Henri Lefebvre. *The Production of Space*. Translated by Donald Nicholson-Smith. Malden, Mass.: Blackwell, 1991.

Legge 1967. James Legge, trans. *Li Chi; Book of Rites: An Encyclopedia of Ancient Ceremonial Usages, Religious Creeds, and Social Institutions*. 2 vols. New Hyde Park, N.Y.: University Books, 1967.

C. Lewis 1999. Candace J. Lewis. "Pottery Towers of Han Dynasty, China." PhD diss., Institute of Fine Arts, New York University, 1999.

M. Lewis 2007. Mark Edward Lewis. *The Early Chinese Empires: Qin and Han*. Cambridge, Mass.: Harvard University Press, 2007.

Li Fang 2013. 李放 Li Fang. "汉归义羌长" 印考释 "Han guyi qiangzhang yin kaoshi" [Study of the seal of "Han surrendered Qiang chieftain"]. 潍坊学院学报 *Weifang xueyuan xuebao* [Journal of Weifang University], no. 2 (2013), pp. 61–62.

Li Guangjun 1992. 李光军 Li Guangjun. 秦工师考 "Qin gongshi kao" [A study of Qin official artisans]. 文博 *Wenbo* [Cultural relics and museums], no. 3 (1992), pp. 59–64.

Li Ling 2001. 李零 Li Ling. 论中国的有翼神兽 "Lun Zhongguo de youyi shenshou" [On winged mythological animals in China]. 中国学术 *Zhongguo xueshu* [China scholarship], no. 5(2001), pp. 62–133.

Li Ling 2007. 李零 Li Ling. 铄古铸今：考古发现和复古艺术 *Shuogu zhujin: Kaogu faxian he fugu yishu* [Smelting antiquity and casting modernity: Archaeological discoveries and archaistic art]. 北京 Beijing: 三联书店 Sanlian shudian, 2007.

Li Ling 2014. 李零 Li Ling. 论西辛战国墓裂瓣纹银豆 "Lun Xixin Zhanguo mu liebanwen yin dou" [On the silver multilobed *dou* stem bowl unearthed from the Warring States–period tomb at Xixin]. 文 物 *Wenwu* [Cultural relics], no. 9 (2014), pp. 58–70.

Li Manli 2011. 李曼丽 Li Manli. 汉阳陵出土陶牛的葬仪内涵 "Han Yangling chutu taoniu de zangyi neihan" [The symbolic meanings of the burial of pottery oxen in Yangling mausoleum]. 考古与文物 *Kaogu yu wenwu* [Archaeology and cultural relics], no. 4 (2011), pp. 67–71.

Li Qingquan 2015. 李清泉 Li Qingquan. 天门寻踪 "Tianmen xunzong" [In search of the Gate of Heaven]. 古代墓葬美术研究 *Gudai muzang meishu yanjiu* [Studies on ancient tomb art], no. 3 (2015), pp. 27–48.

Li Shuicheng 2005. 李水城 Li Shuicheng. 西北与中原早期冶铜业的区域特征及交互作用 "Xibei yu Zhongyuan zaoqi yetongye de quyu tezheng ji jiaohu zuoyong" [Regional characteristics and interaction of early bronze metallurgy in the Northwest and the Central Plain]. 考 古 学 报 *Kaogu xuebao / Acta Archaeologica Sinica,* no. 3 (2005), pp. 239–78.

Li Song 2000. 李淞 Li Song. 论汉代艺术中的西王母图像 Lun Han dai yishu zhong de Xiwangmu tuxiang / A Study of the Images of the Queen Mother of the West in Han Dynasty Art. 长沙 Changsha: 湖南教育出版社 Hunan jiaoyu chubanshe, 2000.

Li Wenying 2012. Li Wenying. "Silk Artistry of the Qin, Han, Wei, and Jin Dynasties." In *Chinese Silks,* edited by Dieter Kuhn, pp. 115–65. New Haven: Yale University Press, 2012.

Li Xiaocen 1999. 李晓岑 Li Xiaocen. 云南青铜时代金属制作技术 "Yunnan qingtong shidai jinshu zhizuo jishu" [Metallurgy in the Bronze Age Yunnan region]. 考 古 与 *Kaogu yu wenwu* [Archaeology and cultural relics], no. 2 (1999), pp 52–57.

Li Xueqin 1989. Li Xueqin. 齐王墓器物坑铭文试析 "Qiwang mu qiwukeng mingwen shixi" [A study of the inscriptions from the burial pit in the mausoleum of the Western Han Prince of Qi]. 海岱考古 *Haidai kaogu* [Shandong archaeology], no. 1 (1989), pp. 351–57.

Li Xueqin 1997. 李学勤 Li Xueqin. 西汉晚期宗庙编磬考释 "Xi Han wanqi zongmiao bianqing kaoshi" [A study of imperial lithophones *qing*

of the late Western Han period]. 文 物 *Wenwu* [Cultural relics], no. 5 (1997), pp. 24–26.

Li Zhengyu 1991. 李正宇 Li Zhengyu. 敦煌大方盘城及河仓城新考 "Dunhuang Dafangpan Cheng ji Hecang Cheng xinkao" [New studies on the Big Fangpan Fortress and Hecang Fortress at Dunhuang]. 敦 煌 研 究 *Dunhuang yanjiu* [Dunhuang studies], no. 4 (1991), pp. 72–80.

Lianyungang 1997. 连云港市博物馆（等编）Lianyungang Municipal Museum et al., eds. 尹湾汉墓简牍 Yinwan Han mu jiandu [Wood tablets and slips from the Han tombs at Yinwan]. 北京 Beijing: 中华书局 Zhonghua shuju, 1997.

Lim 1987. Lucy Lim, ed. *Stories from China's Past: Han Dynasty Pictorial Tomb Reliefs and Archaeological Objects from Sichuan Province, PRC.* Exh. cat. San Francisco: Chinese Culture Center, 1987.

Lin 2012. James C. S. Lin, ed. *The Search for Immortality: Tomb Treasures of Han China.* New Haven: Yale University Press, 2012.

Lin and Wu 1998. Lin Zaiyun and Wu Lina. "Underground Grain Storage Engineering." In *Grain Storage in China: Proceedings of the 7th International Working Conference on Stored-Product Protection,* vol. 2, pp. 1576–80. Chengdu: Sichuan Publishing House of Science and Technology, 1998.

Lin Meicun 2015. 林梅村 Lin Meicun. 塞伊玛——图尔宾诺文化与史前丝绸之路 "Saiyima Tu'erbinnuo wenhua yu shiqian sichou zhilu" [Seima-Turbino culture and the prehistoric Silk Road]. 文物 *Wenwu* [Cultural relics], no. 10 (2015), pp. 49–63.

Lin Shengzhi 2012. 林圣智 Lin Shengzhi. 东汉墓葬中的灯具：兼论与道教灯仪的可能关联 "Dong Han mu zang zhong de dengju: Jianlun daojiao dengyi de keneng guanlian" [Lamps in Eastern Han tombs: Possible connections to the Daoist lighting ritual]. 艺 术 史 研 究 *Yishushi yanjiu*[Study of art history], no. 14 (2012), pp. 265–97.

Lingtai 1977. 灵台县博物馆 Lingtai County Museum. 甘肃灵台发现外国铭文铅饼 "Gansu Lingtai faxian waiguo mingwen qianbing" [Lead disks with inscriptions in foreign characters discovered at Lingtai, Gansu]. 考 古 *Kaogu* [Archaeology], no. 6 (1977), p. 427.

A. Liu 2013. Alan Liu. "The Meaning of the Digital Humanities." *PMLA* 128, no. 2 (2013), pp. 409–23.

C. Liu 2005. Cary Y. Liu. "The Concept of 'Brilliant Artifacts' in Han-Dynasty Burial Objects and Funerary Architecture: Embodying the Harmony of the Sun and the Moon." In *Recarving China's Past: Art, Archaeology, and Architecture of the "Wu Family Shrines,"* pp. 205–21. Exh. cat. Princeton: Princeton University Art Museum, 2005.

C. Liu 2010. Cary Y. Liu. "Archive of Power: The Qing Dynasty Imperial Garden-Palace at Rehe." 国立台湾大学美术史研究集刊 *Guoli Taiwan daxue meishushi yanjiu jikan/ Taida Journal of Art History* 28 (March 2010), pp. 43–82.

C. Liu 2013. Cary Y. Liu. "Art History: Comparative Methodology, Pragmatism, and the Seeds of Doubt." In *A Scholarly Review of Chinese Studies in North America,* edited by Haihui Zhang et al., pp. 455–66. Ann Arbor: Association for Asian Studies, 2013, http://www.asian-studies.org/publications/Chinese-Studies. Accessed December 16, 2016.

C. Liu 2016. Cary Y. Liu. "Concepts of Architectural Space in Historical Chinese Thought." In *A Companion to Chinese Art,* edited by Martin J. Powers and Katherine R. Tsiang, pp. 195–211. Hoboken, N.J.: John Wiley and Sons, 2016.

Liu Qingzhu 1994. 刘庆柱 Liu Qingzhu. 战国秦汉瓦当研究 "Zhanguo Qin Han wadang yanjiu" [A study of tile ends of the Warring States, Qin, and Han periods]. In 汉唐与边疆考古研究 *Han Tang yu bianjiang kaogu yanjiu* [Study of Han and Tang frontier archaeology], vol. 1, pp. 1–30. 北京 Beijing: 科 学 出 版 社 Kexue chubanshe, 1994.

Liu Yang 2012. Liu Yang. *China's Terracotta Warriors: The First Emperor's Legacy.* Exh. cat. Minneapolis: Minneapolis Institute of Arts, 2012.

Loewe 1974. Michael Loewe. *Crisis and Conflict in Han China, 104 bc to ad 9.* London: Allen & Unwin, 1974.

Loewe 1979. Michael Loewe. *Ways to Paradise: The Chinese Quest for Immortality.* London: Allen and Unwin, 1979.

Loewe 1986. Michael Loewe. "The Structure and Practice of Government." In Twitchett and Loewe 1986, pp. 463–90.

Loewe 2000. Michael Loewe. *A Biographical Dictionary of the Qin, Former Han and Xin Periods (221 bc–ad 24).* Leiden: Brill, 2000.

Loewe 2006. Michael Loewe. *The Government of the Qin and Han Empires: 221 bce–220 ce*. Indianapolis: Hackett Publishing, 2006.

Lu and Shan 2007. 卢岩、单月英 Lu Yan and Shan Yueying. 西汉墓葬出土的动物纹腰饰牌 "Xi Han muzang chutu de dongwuwen yaoshipai" [On belt plaques with animal motifs in Western Han tombs]. 考古与文物 *Kaogu yu wenwu* [Archaeology and cultural relics], no. 4 (2007), pp. 45–55.

Lu Jiaxi 2001. 卢嘉锡（主编）Lu Jiaxi, ed. 中国科学技术史：数学卷 Zhongguo kexue jishu shi: Duliangheng juan [History of Chinese science and technology: Weights and measures]. 北京 Beijing: 科学出版社 Kexue chubanshe, 2001.

Lu Pin 1993. 吕品 Lu Pin. "盖天说" 与汉画中的悬璧图 "'Gaitian shuo' yu Han hua zhong de xuanbi tu" [The theory of Canopy Heaven and the image of suspended *bi* disks in Han pictorial art]. 中原文物 *Zhongyuan wenwu* [Cultural relics of central China], no. 2 (1993), pp. 1–9.

Luo and Tang 1958. 罗福颐、唐兰 Luo Fuyi and Tang Lan. 新莽始建国元年铜方斗 "Xin Mang Shijianguo yuannian tong fangdou" [The bronze measure *dou* of the first year of the Shijianguo reign of the Xin dynasty]. 故宫博物院院刊 *Gugong bowuyuan yuankan* [Palace Museum journal], no. 1 (1958), pp. 50–51.

Luo Feng 2010. 罗丰 Luo Feng. 中原制造：关于北方动物纹金属牌饰 "Zhongyuan zhizao: Guanyu beifang dongwuwen jinshu paishi" [On nomadic-style metal plaques with animal patterns]. 文物 *Wenwu* [Cultural relics], no. 3 (2010), pp. 56–63, 96.

Luo Xizhang 1976. 罗西章 Luo Xizhang. 扶风姜塬发现汉代外国铭文铅饼 "Fufeng Jiangyuan faxian Handai waiguo mingwen qianbing" [Discovery of Han-dynasty lead disks with foreign inscriptions in Jiangyuan, Fufeng]. 考古 *Kaogu* [Archaeology], no. 4 (1976), pp. 275–76.

Luoyang 1972. 洛阳市博物馆、河南省博物馆（编）Luoyang City Museum and Henan Provincial Museum, eds. 洛阳隋唐含嘉仓的发掘 "Luoyang Sui-Tang Hanjia cang de fajue" [Excavation of the Sui- and Tang-dynasty Hanjia granary at Luoyang]. 文物 *Wenwu* [Cultural relics], no. 3 (1972), pp. 49–62.

Luoyang 1973. 中国科学院考古研究所洛阳工作队 Luoyang Archaeological Team of the Institute of Archaeology. 汉魏洛阳城初步勘查 "Han Wei Luoyang cheng chubu kancha" [Preliminary survey of Han- and Wei-dynasty Luoyang]. 考古 *Kaogu* [Archaeology], no. 4 (1973), pp. 198–208.

Luoyang 1989. 洛阳市文物工作队 Luoyang Archaeological Work Team. 洛阳曹魏正始八年墓发掘报告 "Luoyang Cao Wei Zhengshi banian mu fajie baogao" [Brief report on the excavation of a Luoyang tomb dated the eighth year (247) of the Zhengshi reign during the Cao Wei dynasty]. 考古 *Kaogu* [Archaeology], no. 4 (1989), pp. 314–18.

Luoyang 1999a. 洛阳市文物工作队 Luoyang Cultural Relics Work Team. 洛阳北窑西周墓 *Luoyang Beiyao Xizhou mu* [Western Zhou tombs at Beiyao, Luoyang]. Beijing: Wenwu chubanshe, 1999.

Luoyang 1999b. 洛阳市文物工作队 Luoyang Cultural Relics Work Team. 洛阳市西工区 C1M3943 战国墓 "Luoyang shi Xigong qu C1M3943 Zhanguo mu" [The Warring States tomb C1M3943 at Xigong district, Luoyang]. 文物 *Wenwu* [Cultural relics], no. 8 (1999), pp. 4–13.

Luoyang 2000. 洛阳市第二文物工作队 Second Archaeological Team of Luoyang City. 黄河小浪底盐东村汉函谷关仓库建筑遗址发掘简报 "Huanghe Xiaolangdi Yandongcun Han Hangu Guan cangku jianzhu yizhi fajue jianbao" [Preliminary excavation report of a Han-dynasty storehouse at the Hangu Pass in Yandong village, Xiaolangdi, by the Yellow River]. 文物 *Wenwu* [Cultural relics], no. 10 (2000), pp. 12–25.

Luozhuang 2004. 济南市考古研究所（等）Jinan City Institute of Archaeology et al. 山东章丘市洛庄汉墓陪葬坑的清理 "Shandong Zhangqiushi Luozhuang Hanmu peizangkeng de qingli" [Excavation of the burial pits of the Han tomb at Luozhuang, Zhangqiu, Shandong]. 考古 *Kaogu* [Archaeology], no. 8 (2004), pp. 3–16.

Ma Saiping et al. 2015. Ma Saiping, Marcos Martinon-Torres, and Li Zebin. "Identification of Beeswax Excavated from the Han-Period Mausoleum M1 of the King of Jiangdu, Jiangsu, China." *Journal of Archaeological Science: Reports* 4 (December 2015), pp. 552–58.

Machida 1987. Machida Akira. 古代東アジアの装飾墓 *Kodai Higashi Ajia no sōshokubo* [An ancient decorative tomb in East Asia]. Kyoto: Dōhōsha, 1987.

Maenchen-Helfen 1952. Otto Maenchen-Helfen. "A Parthian Coin-Legend on a Chinese Bronze." *Asia Major* 3 (1952), pp. 1–6.

Mahboubian 2007. Houshang Mahboubian. *Art of Ancient Iran: Copper and Bronze*. London: Philip Wilson, 2007.

Malleret 1959–63. Louis Malleret. *L'archeologie du delta du Mekong*. 4 vols. Paris: Ecole Francaise d'Extreme-Orient, 1959–63.

Mancheng 1980. 中国社会科学院考古研究所、河北省文物管理处（编）CASS Institute of Archaeology and Hebei Provincial Institute of Cultural Relics. 满城汉墓发掘报告（上下）Mancheng Han mu fajue baogao [Excavation report of the Han tomb in Mancheng]. 2 vols. 北京 Beijing: 文物出版社 Wenwu chubanshe, 1980.

Manguin and Indradjaja 2011. Pierre-Yves Manguin and Augustijanto Indradjaja. "The Batujaya Site: New Evidence of Early Indian Influence in West Java." In Manguin et al. 2011, pp. 113–36.

Manguin et al. 2011. Pierre-Yves Manguin, A. Mani, and Geoff Wade, eds. *Early Interactions between South and Southeast Asia: Reflections on Cross-Cultural Exchange*. Singapore: Institute of Southeast Asian Studies, 2011.

Marshall 1951. John Marshall. *Taxila: An Illustrated Account of Archaeological Excavations Carried Out at Taxila under the Orders of the Government of India between the Years 1913 and 1934*. 3 vols. Cambridge: Cambridge University Press, 1951.

Maspero 1933. Henri Maspero. "Le mot *ming*." *Journal asiatique* 223, no. 2 (1933), pp. 249–97.

Mawangdui 1973. 湖南省博物馆、中国科学院考古研究所 Hunan Provincial Museum and CASS Institute of Archaeology. 长沙马王堆一号汉墓 Changsha Mawangdui yihao Han mu [Han-dynasty tomb no. 1 in Mawangdui, Changsha]. 3 vols. Beijing: Wenwu chubanshe, 1973.

Mawangdui 2004. 湖南省博物馆、湖南省文物考古研究所 Hunan Provincial Museum and Hunan Provincial Institute of Archaeology. 长沙马王堆二、三号汉墓 Changsha Mawangdui er san hao Han mu [Han-dynasty tomb nos. 2 and 3 in Mawangdui, Changsha]. Beijing: Wenwu chubanshe, 2004.

Miksic 2013. John N. Miksic. *Singapore and the Silk Road of the Sea, 1300–1800*. Singapore: NUS Press, 2013.

Mote 1973. Frederick W. Mote. "A Millennium of Chinese Urban History: Form, Time, and Space Concepts in Soochow." In *Four Views of*

China, edited by Robert A. Kapp, pp. 35–65. Houston: William Marsh Rice University, 1973.

Mumford 1961. Lewis Mumford. *The City in History: Its Origins, Its Transformations, and Its Prospects*. New York: Harcourt, Brace and World, 1961.

Musee Guimet 2014. *Splendeur des Han: Essor de l'empire Celeste*. Exh. cat. Issy-les-Moulineaux: Beaux-Arts, 2014.

Nakata Yūjirō 1954. Nakata Yūjirō. 中国书道全集 *Chūgoku shodō zenshū* [Complete collection of Chinese calligraphy], vol. 1. Tokyo: Heibonsha, 1954.

Nanchang 2016. 江西省文物考古研究所、首都博物馆 Jiangxi Provincial Institute of Archaeology and the Capital Museum. 五色炫曜：南昌汉代海昏侯国考古成果 Wuse xuanyao: Nanchang Handai Haihun houguo kaogu chengguo [Splendid finds: The archaeological excavation of the Han marquis of Haihun's tomb complex in Nanchang]. 南昌 Nanchang: 江西人民出版社 Jiangxi renmin chubanshe, 2016.

Nanjing Museum 1981. 南京博物院 Nanjing Museum, ed. 江苏邗江甘泉二号汉墓 "Jiangsu Hanjiang Ganquan erhao Han mu" [Han tomb no. 2 at Ganquan, Hanjiang, Jiangsu]. 文物 *Wenwu* [Cultural relics], no. 11 (1981), pp. 1–10.

Nanjing Museum 2013. 南京博物院 Nanjing Museum. 长毋相忘：读盱眙大云山江都王陵 Chang wu xiangwang: Du Xuyi Dayunshan Jiangdu wangling / Forget Me Not: The Mausoleum of the Jiangdu Kingdom at Dayun Hill in Xuyi County. 南京 Nanjing: 译林出版社 Yilin chubanshe, 2013.

Nanyue 2008. 南越王宫博物馆筹建处，广州市文物考古研究所 Nanyue Palace Museum Excavation Team and Guangzhu Municipal Institute of Cultural Relics and Archaeology. 南越宫苑遗址：1995, 1997 年考古发掘报告 *Nanyue gongyuan yizhi: 1995–1997 nian Kaogu fajue baogao* [Site of the garden of the Nanyue Kingdom: Report on archaeological excavations in 1995 and 1997]. 北京 Beijing: 文物出版社 Wenwu chubanshe, 2008.

Needham 1965. Joseph Needham. *Science and Civilisation in China*, vol. 4, *Physics and Physical Technology*, pt. 2, *Mechanical Engineering*. Cambridge: Cambridge University Press, 1965.

Nickel 2007. Lukas Nickel. "The Terracotta Army." In Portal 2007, pp. 158–79.

Nickel 2012. Lukas Nickel. "The Nanyue Silver Box." *Arts of Asia* 42, no. 3 (2012), pp. 98–107.

Nickel 2013. Lukas Nickel. "The First Emperor and Sculpture in China." *Bulletin of the School of Oriental and African Studies* 76, no. 3 (2013), pp. 413–47.

Nienhauser 1978. William H. Nienhauser Jr. "Once Again, the Authorship of the *Hsi-Ching Tsa-Chi* (Miscellanies of the Western Capital)." *Journal of the American Oriental Society* 98, no. 3 (1978), pp. 219–36.

Nileke 2006. 新疆维吾尔自治区文物考古研究所、伊犁哈萨克斯坦自治州文物局 Xinjiang Institute of Archaeology and Changji Hui Autonomous Prefecture Cultural Relics Bureau. 尼勒克县加勒克司卡茵特山北麓墓葬发掘简报 "Nileke Xi'an jialekesi kayinteshan beilu muzang fajue jianbao" [Excavation report on Jialekesi kayinte cemetery in Nileke]. 新疆文物 *Xinjiang wenwu* [Cultural relics of Xinjiang], nos. 3–4 (2006), pp. 1–28.

Ningxia 1988. 宁夏回族自治区文物考古研究所 Ningxia Hui Autonomous Region Institute of Archaeology et al. 宁夏同心倒墩子匈奴墓地 "Ningxia Tongxin Daodunzi Xiongnu mudi" [Xiongnu graves at Daodunzi, Tongxin, Ningxia]. 考古学报 *Kaogu xuebao / Acta Archaeologica Sinica*, no. 3 (1988), pp. 333–56.

Niya 1999. Sino-Japanese Collaborative Team of the Expedition at Niya Site. 中日日中共同尼雅遗迹学术调查报告书．第 2 卷 *Chū-Nichi nitchū kyōdō Niya iseki gakujutsu chōsa hōkokusho, dai 2-kan* [Report of the Sino-Japan collaborative investigation of the Niya site], vol. 2. Kyoto: Chū-nichi nitchū kyōdō Niya iseki gakujutsu chōsatai, 1999.

Nylan 2015. Michael Nylan. "Supplying the Capital with Water and Food." In Nylan and Vankeerberghen 2015, pp. 99–130.

Nylan and Loewe 2010. Michael Nylan and Michael Loewe, eds. *China's Early Empires: A Reappraisal*. Cambridge: Cambridge University Press, 2010.

Nylan and Vankeerberghen 2015. Michael Nylan and Griet Vankeerberghen, eds. *Chang'an 26 bce: An Augustan Age of China*. Seattle: University of Washington Press, 2015.

Odagi 2005. Odagi Harutaro. 北方系长方形带饰板の展开—西安北郊秦墓出土铸型の分析から "Hoppō-kei chōhōkei obikazariban no tenkai: Shīan hokkō shin-bo shutsudo igata no bunseki kara" [On northern-style rectangular belt plaques: An analysis of casting models unearthed from a Qin tomb in the north suburb of Xi'an]. 中国考古学 *Chūgoku kōkogaku* [Chinese archaeology], no. 5 (2005), pp. 79–94.

Ono and Hibino 1946. Ono Katsutoshi and Hibino Takeo. 蒙疆考古记 *Mō-kyō kōkoki* [Archaeological survey in the frontier of Mongolia]. Tokyo: Hoshino Shoten, 1946.

Ordos Museum 2006. 鄂尔多斯博物馆 Ordos Museum. 鄂尔多斯青铜器 *E'erduosi qingtongqi/ Ordos Bronze Wares*. Beijing: Wenwu chubanshe, 2006.

Palace Museum 2010. 故宫博物院（编） Palace Museum, ed. 故宫青铜器图典 Gugong qingtongqi tudian / Bronzes of the Forbidden City. 北京 Beijing: 紫禁城出版社 Zijincheng chubanshe, 2010.

Pan Ling 2005. 潘玲 Pan Ling. 矩形动物纹牌饰的相关问题研究 "Juxing dongwu wen paishi de xiangguan wenti yanjiu" [Research on problems related to animal-style rectangular plaques]. 边疆考古研究 Bianjiang kaogu yanjiu [Research of China's frontier archaeology], no. 3 (2005), pp. 126–45.

Pankenier 2011. David W. Pankenier. "The Cosmic Center in Early China and Its Archaic Resonances." In *Archaeoastronomy and Ethnoastronomy: Building Bridges Between Cultures*, edited by Clive L. N. Ruggles, pp. 298–307. Cambridge: Cambridge University Press, 2011.

Pillsbury et al. 2015. Joanne Pillsbury, Patricia Joan Sarro, James Doyle, and Juliet Wiersema. *Design for Eternity: Architectural Models from the Ancient Americas*. Exh. cat. New York: The Metropolitan Museum of Art, 2015.

Pirazzoli-t'Serstevens 1988. Michele Pirazzolit' Serstevens. "The Emperor Qianlong's European Palaces." *Orientations* 19, no. 11 (1988), pp. 161–71.

Poo 1993. 蒲慕州 Mu-chou Poo. 墓葬与生死：中国古代宗教之省思 *Muzang yu shengsi: Zhonghuo gudai zongjiao zhi xiangsi* [Burials, life, and death: Thoughts on ancient Chinese religion]. 台北 Taipei: 联经出版事业公司 Lianjing, 1993.

Poo 1998. Mu-chou Poo. *In Search of Personal Welfare: A View of Ancient Chinese Religion*. Albany: State University of New York Press, 1998.

Poo 2011. Mu-chou Poo. "Preparation for the Afterlife in Ancient China," In *Mortality in Traditional Chinese Thought*, edited by Amy

Olberding and Philip J. Ivanhoe, pp. 13–36. Albany: State University of New York Press, 2011.

Portal 2007. Jane Portal, ed. *The First Emperor: China's Terracotta Army*. London: British Museum Press, 2007.

Qin Shihuangdi 1988. 陕西省考古研究所、始皇陵秦俑坑考古发掘队（编著）Shaanxi Provincial Institute of Archaeology and Excavation Team of the Terracotta Army Pits of the First Emperor, eds. 秦始皇陵兵马俑坑一号坑发掘报告：1974–1984 *Qin Shihuangdi ling bingmayong keng yihao keng fajue baogao: 1974–1984* [Archaeological report on the excavation of pit no. 1 of the Terracotta Army pits in the mausoleum of Qin Shihuangdi]. 2 vols. Beijing: Wenwu chubanshe, 1988.

Qin Shihuangdi 1998. 陕西省考古研究所、秦始皇兵马俑博物馆 Shaanxi Provincial Institute of Archaeology and Museum of the Terracotta Army of Qin Shihuangdi, eds. 秦始皇陵铜车马发掘报告 *Qin Shihuangdi ling tongchema fajue baogao* [Excavation report on the bronze chariots and horses in the mausoleum of Qin Shihuangdi]. 北京 Beijing: 文物出版社 Wenwu chubanshe, 1998.

Qin Shihuangdi 2000. 陕西省考古研究所、秦始皇兵马俑博物馆（编著）Shaanxi Provincial Institute of Archaeology and Museum of the Terracotta Army of Qin Shihuangdi, eds. 秦始皇帝陵园考古报告 1999 *Qin Shihuangdi lingyuan kaogu baogao 1999* [Excavation report on the mausoleum of Qin Shihuangdi, 1999]. 北京 Beijing: 科学出版社 Kexue chubanshe, 2000.

Qin Shihuangdi 2006. 陕西省考古研究所、秦始皇兵马俑博物馆（编著）Shaanxi Provincial Institute of Archaeology and Museum of the Terracotta Army of Qin Shihuangdi, eds. 秦始皇帝陵园考古报告 *Qin Shihuangdi lingyuan kaogu baogao (2000)* [Excavation report on the mausoleum of Qin Shihuangdi (2000)]. 北京 Beijing: 文物出版社 Wenwu chubanshe, 2006.

Qin Shihuangdi 2007. 陕西省考古研究所、秦始皇兵马俑博物馆（编著）Shaanxi Provincial Institute of Archaeology and Museum of the Terracotta Army of Qin Shihuangdi, eds. 秦始皇帝陵园考古报告 *Qin Shihuangdi lingyuan kaogu baogao (2001–2003)* [Archaeological report on the excavation of the mausoleum of Qin Shihuangdi (2001–2003)]. 北京 Beijing: 文物出版社 Wenwu chubanshe, 2007.

Qin Shihuangdi 2009. 秦始皇兵马俑博物馆 Museum of the Terracotta Army of Qin Shihuangdi. 秦始皇帝陵 Qin Shihuangdi ling [Mausoleum of Qin Shihuangdi]. 北京 Beijing: 文物出版社 Wenwu chubanshe, 2009.

Qiu Guangming 1992. 丘光明 Qiu Guangming. 中国历代度量衡考 *Zhongguo lidai duliangheng kao* [A study of the measurement system of historical China]. 北京 Beijing: 科学出版社 Kexue chubanshe, 1992.

Qiu Guangming 2007. 丘光明 Qiu Guangming. 中国古尺 "Zhongguo guchi" [Ancient Chinese rulers], http://www.chinabaike.com/article/1/78/433/2007/20070520113374.html.

Rawson 1996. Jessica Rawson, ed. *Mysteries of Ancient China: New Discoveries from the Early Dynasties*. Exh. cat. London: British Museum Press, 1996.

Rawson 2006. Jessica Rawson. "The Chinese Hill Censer, *boshan lu*: A Note on Origins, Influences and Meanings." *Arts asiatiques* 61 (2006), pp. 75–86.

Rawson 2007. Jessica Rawson. "The First Emperor's Tomb: The Afterlife Universe." In Portal 2007, pp. 115–51.

Ren Pan 2014. 任攀 Ren Pan. 东汉元和二年蜀郡西工造 " 鎏金银铜舟补正：兼说彤字 "Dong Han Yuanhe ernian Shujunxigong zao liujinyin tongzhou buzheng: Jianshuo tong zi" [An amendment to "A gold and silver gilded bronze zhou vessel made in the West Official Workshop of Shu commandery in the second year of the Yuanhe reign of the Eastern Han dynasty" and discussion of the character *tong*]. 出土文献与古文字研究 *Chutu wenxian yu guwenzi yanjiu* [Unearthed texts and paleography], no. 6 (2014), pp. 633–41.

Ruan Qiurong 2014. 阮秋荣 Ruan Qiurong. 新疆库车县提克买克冶炼遗址和墓地初步研究 "Xinjiang Kuche xian Tikemaike yelian yizhi he mudi chubu yanjiu" [On the metallurgy site and cemetery in Tikemaike in Kuche, Xinjiang Uyghur Autonomous Region]. In 汉代西域考古与汉文化 *Handai Xiyu Kaogu yu Han wenhua* [The archaeology of the Han-dynasty Western Regions], pp. 136–49. 北京 Beijing: 科学出版社 Kexue chubanshe, 2014.

Rushworth 2009. Alan Rushworth. *Housesteads Roman Fort: The Grandest Station*. 2 vols. Swindon: English Heritage, 2009.

Sadao 1986. Nishijima Sadao. "The Economic and Social History of Former Han." In Twitchett and Loewe 1986, pp. 545–607.

Salmony 1933. Alfred Salmony. *Sino-Siberian Art in the Collection of C. T. Loo*. Paris: C. T. Loo, 1933.

Sanft 2008. Charles Sanft. "The Construction and Deconstruction of Epanggong: Notes from the Crossroads of History and Poetry." *Oriens extremus* 47 (2008), pp. 160–76.

Sanft 2014. Charles Sanft. *Communication and Cooperation in Early Imperial China: Publicizing the Qin Dynasty*. Albany: State University of New York Press, 2014.

Schiltz et al. 2001. Veronique Schiltz, Gilles Beguin, and Vincent Lefevre. *L'or des Amazones: Peuples nomades entre Asie et Europe, VIe siecle av. J.-C.–IVe siecle apr. J.-C.* Exh. cat. Musee Cernuschi; Musee des Arts de l'Asie de la Ville de Paris. Paris: Paris-Musees, 2001.

Schlombs 1990. Adele Schlombs. "Die Herstellung der Terrakotta-Armee." In Ledderose and Schlombs 1990, pp. 88–97.

Seidel 1982. Anna Seidel. "Tokens of Immortality in Han Graves." *Numen*, no. 29 (July 1982), pp. 79–122.

Seidel 1987. Anna Seidel. "Post-mortem Immortality, or: The Taoist Resurrection of the Body." In *Gilgul: Essays on Transformation, Revolution, and Permanence in the History of Religions*, edited by Shaul Shaked et al., pp. 223–37. Leiden: Brill, 1987.

Shaanxi 1965. 陕西省考古研究所（编）Shaanxi Provincial Institute of Archaeology, ed. 陕西兴平县出土的古代嵌金铜犀尊 "Shaanxi Xingping xian chutu de gudai qianjin tongxizun" [An ancient bronze rhinoceros vessel inlaid with gold unearthed in Xingping, Shaanxi]. 文物 *Wenwu* [Cultural relics], no. 7 (1965), pp. 12–16.

Shaanxi 1990. 陕西省考古研究所（编）Shaanxi Provincial Institute of Archaeology, ed. 西汉京师仓 *Xi-Han Jingshi cang* [Capital Granary of the Western Han]. 北京 Beijing: 文物出版社 Wenwu chubanshe, 1990.

Shaanxi 1991. 陕西省考古研究所 Shaanxi Provincial Institute of Archaeology. 西安交通大学西汉壁画墓 *Xi'an Jiaotong daxue Xi Han bihua mu* [The Western Han tomb with murals at Jiaotong University in X'ian]. 西安 Xi'an: 西安交通大学出版社 Xi'an Jiaotong daxue chubanshe, 1991.

Shaanxi 2001. 陕西省考古研究所 Shaanxi Provincial Institute of Archaeology. 神木大保当：汉代城址与汉代墓葬考古报告 *Shenmu Dabaodang: Han dai chengzhi yu muzang kaogu* *baogao*[Dabaodang in Shenmu: A report on the excavation of Han city sites and tombs]. Beijing: Kexue chubanshe, 2001.

Shaanxi 2004. 陕西省考古研究所（编著）Shaanxi Provincial Institute of Archaeology, comp. 秦都咸阳考古报告 Qindu Xianyang kaogu baogao [Archaeological report on the investigations and excavations at the ancient Qin capital of Xianyang]. 北京 Beijing: 科学出版社 Kexue chubanshe, 2004.

Shaanxi 2005. 陕西省考古研究所 Shaanxi Provincial Institute of Archaeology. 陕西凤翔县长青西汉沂河码头仓储建筑遗址 "Shaanxi Fengxiang xian Changqing Xi-Han Qianhe matou cangchu jianzhu yizhi" [Architectural remains of a Western Han wharf granary by the Qianhe River at Changqing, Fengxiang, Shaanxi]. 考古 Kaogu [Archaeology], no. 7 (2005), pp. 21–28.

Shaanxi 2006. 陕西省考古研究所 Shaanxi Provincial Institute of Archaeology. 西安北郊秦墓 Xi'an beijiao Qin mu [Qin tombs in the north suburb of Xi'an]. 西安 Xi'an: 三秦出版社 Sanqin chubanshe, 2006.

Shandong 1965. 中国科学院考古研究所山东工作队 Shandong Work Team, CASS Institute of Archaeology. 山东邹县滕县古城址调查 "Shandong Zouxian Tengxian gucheng zhi diaocha" [Investigation of ancient city-sites in Zou and Teng counties, Shandong]. 考古 Kaogu [Archaeology], no. 12 (1965), pp. 622–35.

Shangwang 1997. 淄博市博物馆、齐故城博物馆 Zibo Municipal Museum and Museum of the Former Qi City Site. 临淄商王墓地 Linzi Shangwang mudi [Tombs at Shangwang, Linzi]. 济南 Jinan: 齐鲁书社 Qilu shushe, 1997.

Shen Yunyan 2006. 申云艳 Shen Yunyan. 中国古代瓦当研究 Zhongguo gudai wadang yanjiu [A study of ancient Chinese tile ends]. 北京 Beijing: 文物出版社 Wenwu chubanshe, 2006.

Shi and Wang 1993. 石永士、王素芳 Shi Shiyong and Wang Sufang. 燕文化简论 "Yan wenhua jianlun" [On Yan culture]. 内蒙古文物考古 Neimenggu wenwu kaogu wenwu [Inner Mongolia cultural relics and archaeology], nos. 1–2 (1993), pp. 115–26.

Shi Shuqing 1962. 史树青 Shi Shuqing. 谈新疆民丰尼雅遗址 "Tan Xinjiang Minfeng Niya yizhi" [The ancient site of Niya in Minfeng, Xinjiang]. 文物 Wenwu [Cultural relics], nos. 7–8 (1962), pp. 20–27.

Shuanggudui 1978. 安徽省文物工作队 Anhui Provincial Cultural Relics Work Team, Fuyang District Museum, and Fuyang County Cultural Bureau, eds. 阜阳双古堆西汉汝阴侯墓发掘简报 "Fuyang Shuanggudui Xi Han Ruyin hou mu fajue jianbao" [Report on the excavation of the marquis of Ruyin's tomb at Shuanggudui, Fuyang]. 文物 Wenwu [Cultural relics], no. 8 (1978), pp. 12–31.

Shuihudi 1981. 云梦睡虎地秦墓编写组 Committee for the Publication of Qin Tombs at Shuihudi, ed. 云梦睡虎地秦墓 Yunmeng Shuihudi Qin mu [Qin tombs at Shuihudi, Yunmeng]. 北京 Beijing: 文物出版社 Wenwu chubanshe, 1981.

Shuihudi 2001. 睡虎地秦墓竹简整理小组 Committee for the Publication of Bamboo Slips from Qin Tomb at Shuihudi, ed. 睡虎地秦墓竹简 Shuihudi Qin mu zhujian [Bamboo slips from the Qin tomb at Shuihudi]. 北京 Beijing: 文物出版社 Wenwu chubanshe, 1990; reprint 2001.

Shizishan,1998. 狮子山楚王陵考古发掘队 Excavation Team of Shizishan Chuwang tomb. 徐州狮子山西汉楚王陵发掘简报 "Xuzhou shizishan Xi Han chuwangling fajue jianbao" [Brief report of the excavation on Shizishan Chuwang tomb]. 文物 Wenwu [Cultural relics], no. 8 (1998), pp. 4–33.

Silbergeld 1982–83. Jerome Silbergeld. "Mawangdui, Excavated Materials, and Transmitted Texts: A Cautionary Note." *Early China* 8 (1982–83), pp. 79–92.

Silk Road 2014. 国家文物局（编）State Administration of Cultural Heritage, ed. 海上丝绸之路 Haishang sichou zhilu [Silk Road of the sea]. 北京 Beijing: 文物出版社 Wenwu chubanshe, 2014.

Skinner 1971. G. William Skinner. "Chinese Peasants and the Closed Community: An Open and Shut Case." *Comparative Studies in Society and History* 13 (July 1971), pp. 270–81.

So and Bunker 1995. Jenny F. So and Emma C. Bunker. *Traders and Raiders on China's Northern Frontier.* Exh. cat., Smithsonian Institution, Arthur M. Sackler Gallery, Washington, D.C. Seattle: University of Washington Press, 1995.

Sofukawa Hiroshi 1979. Sofukawa Hiroshi. 昆仑山と升仙図 "Konronsan to Shōsenzu" [The Kunlun Mountains and the images of reaching immortality]. 东方学报 Tōhō gakuhō [Journal of Oriental studies], no. 51 (1979), pp. 83–185.

Sofukawa Hiroshi 1993. Sofukawa Hiroshi. 汉代画像石における升仙図の系谱 "Kandai kazōseki ni okeru shōsenzu no keifu" [Scenes of ascending to the world of legendary wizards on Han stone carvings]. 东方学报 Tōhō gakuhō [Journal of Oriental studies], no. 65 (1993), pp. 23–221.

Song Zhaolin 1981. 宋兆麟 Song Zhaolin. 战国弋射图及弋射溯源 "Zhanguo yishe tu ji yishe suyuan" [Warring States–period depictions of the corded-arrow hunt and its origin]. 文物 Wenwu [Cultural relics], no. 6 (1981), pp. 75–77.

Stark 2012. Soren Stark. "Nomads and Networks: Elites and Their Connections to the Outside World." In Stark and Rubinson 2012, pp. 107–39.

Stark and Rubinson 2012. Soren Stark and Karen S. Rubinson, eds. *Nomads and Networks: The Ancient Art and Culture of Kazakhstan.* Princeton: Princeton University Press, 2012.

Stein 1933. Aurel Stein. *On Ancient Central-Asian Tracks: Brief Narrative of Three Expeditions in Innermost Asia and North-Western China.* London: MacMillan, 1933.

Sterckx 2009. Roel Sterckx. "The Economics of Religion in Warring States and Early Imperial China." In Lagerwey and Kalinowski 2009, vol. 2, pp. 839–80.

Sterckx 2010. Roel Sterckx. "Religious Practices in Qin and Han." In Nylan and Loewe 2010, pp. 415–29.

Su Beihai 1989. 苏北海 Su Beihai. 古代塞种在哈萨克草原的活动 "Gudai saizhong zai hasake caoyuan de huodong" [Activities of the ancient Scythians on the Kazakh steppe]. 西北民族研究 Xibei minzu yanjiu [Research in northwest national minorities], no. 1 (1989), pp. 184–98.

Su Jian 1985. 苏健 Su Jian. 汉画中的神怪御蛇和龙璧图考 "Han hua zhong de shenguai yushe he longbi tu kao" [Study of spirits commanding snakes and dragons with *bi* disks in Han pictorial art]. 中原文物 Zhongyuan wenwu [Cultural relics of central China], no. 4 (1985), pp. 81–88.

Su Qiang 2013. 苏强 Su Qiang. 国博馆藏西汉新莽铜镜的类型与分期 "Guobo guancang Xi Han Xin Mang tongjing de leixing yu fenqi" [A stylistic study of bronze mirrors of the Western Han and Xin dynasties in the collection of the National Museum of China]. 中国国家博物馆馆刊 Zhongguo guojia bowuguan guankan [Journal of the National Museum of China], no. 5 (2013), pp. 124–40.

Sun and Zhang 1997. 孙铁山、张海云 Sun Tieshan and Zhang Haiyun. 巨当新品 "Judang xinpin" [New discovery of large tile ends]. 考 古 与 文 物 *Kaogu yu wenwu* [Archaeology and cultural relics], no. 4 (1997), pp. 66–67.

Sun Ji 1982. 孙机 Sun Ji. 古文物中所见之犀牛 "Guwenwu zhong suojian zhi xiniu" [The rhinoceros as seen in ancient cultural relics]. 文物 *Wenwu* [Cultural relics], no. 8 (1982), pp. 80–84.

Sun Ji 1985. 孙机 Sun Ji. 玉具剑与璏式佩剑法 "Yujujian yu weishi peijian fa" [Jade-fitted swords and the method of wearing by the *wei* slide]. 考 古 与 文 物 *Kaogu yu wenwu* [Archaeology and cultural relics], no. 1 (1985), pp. 80–84.

Sun Ji 1991. 孙机 Sun Ji. 汉代物质文化资料图说 *Han dai wuzhi wenhua ziliao tushuo* [Material culture of the Han dynasty]. 北京 Beijing: 文物出版社 Wenwu chubanshe, 1991.

Sun Ji 1994. 孙机 Sun Ji. 先秦、汉、晋腰带用金银带扣 "Xian Qin, Han, Jin yaodai yong jin yin daikou" [Gold and silver buckles from the pre-Qin, Han, and Jin dynasties]. 文 物 *Wenwu* [Cultural relics], no. 1 (1994), pp. 50–64.

Sun Ji 1996. 孙机 Sun Ji. 中国圣火 *Zhongguo shenghuo* [Sacred fire of China]. Shenyang: Liaoning jiaoyu chubanshe, 1996.

Sun Ji 2008. 孙机 Sun Ji. 汉代物质文化资料图说（增订本）*Handai wuzhi wenhua ziliao tushuo (zengdingben) / Illustrated Explanations of the Material Culture of the Han Dynasty (with Additional Notes)*. 上海 Shanghai: 上海古籍出版社 Shanghai guji chubanshe, 2008.

Sun Shoudao 1960. 孙守道 Sun Shoudao. 匈奴西岔沟文化古墓群的发现 "Xiongnu Xichagou wenhua gumuqun de faxian" [Excavation of a group of ancient tombs representing the Xichagou culture of the Xiongnu people]. 文 物 *Wenwu* [Cultural relics], nos. 8–9 (1960), pp. 25–35.

Suo Dehao et al. 2012. 索德浩、毛求学、汪健 Suo Dehao, Mao Qiuxue, and Wang Jian. 四川汉代俳优俑：从金堂县出土的俳优俑谈起 "Sichuan Handai paiyou yong: Cong Jintangxian chutu de paiyouyong tanqi" [Han-dynasty *paiyou* figures from Sichuan: A discussion of discoveries from Jintang]. 华夏考古 *Huaxia kaogu* [Huaxia archaeology], no. 4 (2012), pp. 116–26.

Suo Quanxing 1995. 索 全 星 Suo Quanxing. 河南焦作白庄 6 号东汉墓 "Henan Jiaozuo Baizhuang 6-hao Dong Han mu" [Eastern Han tomb no. 6 at Baizhuang, Jiaozuo, Henan]. 考 古 *Kaogu* [Archaeology], no. 5 (1995), pp. 396–402.

Taipei 2009. 台北"国立"历史博物馆 National Museum of History, Taipei. 微 笑 彩俑：汉景帝的地下王国 *Weixiao caiyong: Han Jingdi de dixia wangguo / The Smiling Kingdom: The Terracotta Warriors of Han Yang Ling*. Exh. cat. 台北 Taipei："国立"历史博物馆 National Museum of History, 2009.

Takahama 2002. Takahama Shigeru. 新疆における黄金文化 "Shinkyō ni okeru ōgon bunkagu" [Gold culture in the Xinjiang region]. In シルクロード，絹と黄金の道 *Shirukurōdo, kinu to ō gon no michi / Brocade and Gold from the Silk Road*, pp. 184–90. Tokyo: Tokyo National Museum, 2002.

Tang Changshou 1994. 唐长寿 Tang Changshou. 乐山崖墓和彭山崖墓 Leshan yamu he Pengshan yamu [The rock-cut tombs in Leshan and Pengshan]. 成都 Chengdu: 电子科技大学出版社 Dianzi keji daxue chubanshe, 1994.

Tang Xiaofeng 2015. Tang Xiaofeng. "The Evolution of Imperial Urban Form in Western Han Chang'an." In Nylan and Vankeerberghen 2015, pp. 55–74.

Tao Fu 1976. 陶复 Tao Fu (Yang Hongxun). 秦咸阳宫第一号遗址复原问题的初步探讨 "Qin Xianyang gong diyi hao yizhi fuyuan wenti de chubu tantao" [Notes on the restoration of palace no. 1 at the Qin capital of Xianyang]. 文物 *Wenwu* [Cultural relics], no. 11 (1976), pp. 31–41.

Thierry 1997. Francois Thierry. *Monnaies chinoises*, vol. 1, *L'antiquite preimperiale*. Paris: Bibliotheque Nationale de France, 1997.

Tian and Guo 1986. 田广金、郭素新 Tian Guangjin and Guo Suxin. 鄂尔多斯式青铜器 E'erduosi shi qingtongqi [Ordos-style bronzes]. 北京 Beijing: 文物出版社 Wenwu chubanshe, 1986.

Tian Shi 1975. 天石 Tian Shi. 西汉度量衡略说 "Xi Han dulianggheng lueshuo" [A note on Western Han length, measurement, and weight systems]. 文 物 *Wenwu* [Cultural relics], no. 12 (1975), pp. 79–89.

Tokyo 1991. 南ロシア騎馬民族の遺宝展：ヘレニズム文明との出会 *Minami Roshia kiba minzoku no ihō ten / The Treasures of Nomadic Tribes in South Russia*. Exh. cat., Ancient Orient Museum, Tokyo. Tokyo: Asahi shinbunsha, 1991.

Tokyo 2015. Tokyo National Museum. 始 皇帝と大兵馬俑特別展 *Shikotei to dai heibayo Tokubetsuten / The Great Terracotta Army of China's First Emperor: Special Exhibition*. Exh. cat. Tokyo: NKH, 2015.

Tonghuagou 2000. 河南省文物考古研究所 Henan Cultural Relics Archaeological Institute. 河南济源市桐花沟十号汉墓 "Henan Jiyuan shi Tonghuagou shihao Han mu" [Han tomb no. 10 at Tonghuagou, Jiyuan, Henan]. 考古 *Kaogu* [Archaeology], no. 2 (2000), pp. 78–88.

Tseng 2004. Lillian Lan-ying Tseng. "Representation and Appropriation: Rethinking the TLV Mirror in Han China." *Early China* 29 (2004), pp. 163–215.

Tseng 2011a. Lillian Lan-ying Tseng. *Picturing Heaven in Early China*. Cambridge, Mass.: Harvard University Asia Center, 2011.

Tseng 2011b. Lillian Lan-ying Tseng. "Positioning the Heavenly Horses on Han Mirrors." In *The Lloyd Cotsen Study Collection of Chinese Bronze Mirrors*, vol. 2, *Studies*, edited by Lothar von Falkenhausen, pp. 90–99. Los Angeles: UCLA Cotsen Institute of Archaeology Press, 2011.

Tseng 2012. Lillian Lan-ying Tseng. "Funerary Spatiality: Wang Hui's Sarcophagus in Han China." *Res: Anthropology and Aesthetics* 61–62 (2012), pp. 116–31.

Tseng 2014. 曾 蓝 莹 Lillian Lan-ying Tseng. 仙马、天马与车马：汉镜流变拾遗 "Xian ma, tian ma yu che ma: Han jing liubian shiyi" [Immortal horses, heavenly horses, and chariot horses: Notes on the decoration of mirrors in Han China." In 艺术史中的汉晋与唐宋之变 *Yishu shi zhong de Han Jin yu Tang Song zhi bian* [Medieval transitions in the history of art], edited by 石守青、颜娟英 Shih Shouqian and Yan Juanying, pp. 35–62. 台北 Taipei: 石头出版股份有限公司 Institute of History and Philology, Academia Sinica, 2014. Republished in 古 代墓葬美术研究 *Gudai muzang meishu yanjiu* [Studies on ancient tomb art], no. 3 (2015), pp. 49–71.

Tuzishan 2014. "Enormous Inscribed Wood and Bamboo Slips Discovered in Ancient Wells at the Tuzishan Site, S[outh] China." *Chinese Archaeology*, April 22, 2014, http://www.kaogu.cn/en/News/New_discoveries/2014/0422/45938.html. Accessed December 16, 2016.

Twitchett and Loewe 1986. Denis Twitchett and Michael Loewe, eds. *The Cambridge History of China*, vol. 1, *The Ch'in and Han Empires, 221 b.c.–a.d. 220*. Cambridge: Cambridge University Press, 1986.

Umehara Sueji 1937. Umehara Sueji. 洛阳金村古墓聚英 *Rakuyō Kin-son Kobo shūei* [Treasures from the ancient tombs at Jincun, Luoyang].

Kyoto: Kobayashi shashin seihanjo shuppanbu, 1937.

Umehara Sueji 1944. Umehara Sueji. 支那汉代纪年铭漆器图说 Shina kandai kinenmei shikki zusetsu [Illustrated study of Han lacquerwares with dated inscriptions]. 2nd ed. Kyoto: Kuwana bunseidō, 1944.

Umehara Sueji 1960. Umehara Sueji. 蒙古ノイン・ウラ发见の遗物 Mōko Noin-Ura hakken no ibutsu [Studies of Noin-Ula finds in northern Mongolia]. Tokyo: Tōyō bunko, 1960.

Wagner 2001. Donald B. Wagner. *The State and the Iron Industry in Han China*. Copenhagen: Nordic Institute of Asian Studies, 2001.

Wagner 2008. Donald B. Wagner. *Science and Civilisation in China*, vol. 5, *Chemistry and Chemical Technology*, pt. 11, *Ferrous Metallurgy*. Cambridge: Cambridge University Press, 2008.

Wallace 2011. Leslie V. Wallace. "Betwixt and Between: Depictions of Immortals (*Xian*) in Eastern Han Tomb Reliefs." *Ars Orientalis* 41 (2011), pp. 73–101.

Wang 2011. Eugene Y. Wang. "Ascend to Heaven or Stay in the Tomb? Paintings in Mawangdui Tomb 1 and the Visual Ritual of Revival in Second-Century bce China." In *Mortality in Traditional Chinese Thought*, edited by Amy Olberding and Philip J. Ivanhoe, pp. 37–84. Albany: State University of New York Press, 2011.

Wang and Du 1997. 王炳华、杜根成（编）Wang Binghua and Du Gencheng, eds. 新疆文物考古新收获·续, 1990–1996 Xinjiang wenwu kaogu xinshoulhuo (xu) 1990–1996 [New achievements in archaeological research in Xinjiang, 1990–1996]. 乌鲁木齐 Urumqi: 新疆美术摄影出版社 Xinjiang meishu sheying chubanshe, 1997.

Wang and Du 1999. 王琦、杜静薇 Wang Qi and Du Jingwei. 秦权 "Qin quan" [A Qin weight]. 档案 Dang'an [Archives], no. 1 (1999), pp. 42–43.

Wang and Xiao 2011. 王育龙、萧健一 Wang Yulong and Xiao Jianyi. 西安新出土的汉代金牌饰 "Xi'an xin chutu de Han dai jin pai shi" [A gold plaque recently excavated at Xi'an]. 收藏家 Shoucang jia [Collectors], no. 11 (2011), pp. 2–5.

Wang and Wang 2014. 王金潮、王玮 Wang Jinchao and Wang Wei. 实验考古：中国青铜时代镂空青铜器泥范铸造工艺求实 "Shiyan kaogu: Zhongguo qingtong shidai loukong qingtongqi nifan zhuzao gongyi qiushi" [A case

of experimental archaeology: The clay-mold casting technology of ancient Chinese openwork bronzes]. 古今论衡 Gujin lunheng / Disquisitions on the Past and Present 26 (2014), pp. 3–34.

Wang Binghua 1985. 王炳华 Wang Binghua. 古代新疆塞人历史钩沉 "Gudai Xinjiang sairen lishi gouchen" [Study of the Saka in ancient Xinjiang]. 新疆社会科学 Xinjiang shehui kexue [Social sciences in Xinjiang] no. 1 (1985), pp. 48–64.

Wang Hui 2014. 王辉 Wang Hui. 马家塬战国墓地综述 "Majiayuan Zhanguo mudi zongshu" [Introduction to the Majiayuan cemetery of the Warring States period]. In Gansu 2014, pp. 10–31.

Wang Jichao 2015. 王继潮 Wang Jichao. [铸鼎镕金：先秦时期中国青铜技术成就和动因] "Zhuding rongjin: Xian Qin shiqi Zhongguo qingtong jishu chengjiu he dongyin" [Accomplishment of bronze casting technology in pre-Qin China and its causes]. In 鼎立三十 Dingli Sanshi [Exhibition of the thirtieth anniversary of the National Museum of Natural Science; The wisdom of the ancients: Bronze and metalware productions], pp. 7–51. 台中 Taichung: "国立"自然科学博物馆 National Museum of Natural Science Press, 2015.

Wang Mingzhe 1985. 王明哲 Wang Mingzhe. 伊犁河流域塞人文化初探 "Yili he liuyu sairen wenhua chutan" [Preliminary study of the Scythians in the Ili River valley]. 新疆社会科学 Xinjiang shehui kexue [Social sciences in Xinjiang], no. 1 (1985), pp. 59–64.

Wang Wei 2014. 王伟 Wang Wei. 秦玺印封泥职官地理研究 Qin xiyin fengni zhiguan dili yanjiu [A study of the bureaucratic posts and geography as seen in Qin seals and sealing clays]. 北京 Beijing: 中国社会科学出版社 Shehui kexue chubanshe, 2014.

Wang Xiantang 1936. 王献唐 Wang Xiantang. 汉琅邪相刘君墓表 "Han Langya xiang Liu jun mubiao" [The tomb column of Han administrator Liu of Langya]. 山东省立图书馆季刊 Shandong shengli tushuguan jikan [Journal of Shandong Provincial Library] 1 (1936), pp. 1–4. Reprint, 台北 Taipei: 台湾学生书局 Taiwan xuesheng shuju, 1970.

Wang Xudong et al. 2010. Wang Xudong, Li Zuixiong, and Zhang Lu. "Condition, Conservation, and Reinforcement of the Yumen Pass and Hecang Earthen Ruins near Dunhuang." In *Conservation of Ancient Sites on the Silk Road: Proceedings of the Second International

Conference on the Conservation of Grotto Sites, Mogao Grottoes, Dunhuang, People's Republic of China, June 28–July 3, 2004*, edited by Neville Agnew, pp. 351–57. Los Angeles: Getty Conservation Institute, 2010.

Wang Xueli 1981. 王学理 Wang Xueli. 汉南陵从葬坑的初步清理：兼谈大熊猫头骨及犀牛骨骼出土的有关问题 "Han Nanling congzangkeng de chubu qingli: Jiantan daxiongmao tougu ji xiniu guge chutu de youguan wenti" [Preliminary excavation of the burial pits of the Nanling mausoleum of the Han dynasty: Some notes on unearthed panda skulls and rhinoceros skeletons]. 文物 Wenwu [Cultural relics], no. 11 (1981), pp. 24–29.

Wang Xueli 1992. 王学理 Wang Xueli. 中国汉阳陵彩俑 Zhongguo Han Yangling caiyong / The Coloured Figurines in Yang Ling Mausoleum of Han in China. Xi'an: Shaanxi luyou chubanshe, 1992.

Wang Xueli 2007. 王学理 Wang Xueli. 阿房宫、阿房前殿与前殿阿房的考古学解读 "Epang Gong, Epang Qiandian, yu Qiandian Epang de kaoguxue jiexu" [An archaeological consideration of the Epang Palace, Epang Front Hall, and Halls prior to the Epang]. 文博 Wenbo [Cultural relics and museums], no. 1 (2007), pp. 34–41.

Wang Xueli et al. 1979. 王学理（等）Wang Xueli et al. 秦都咸阳发掘报道的若干补正意见 "Qindu Xianyang fajue baodao de ruogan buzheng yijian" [Supplemental ideas on the excavation reports on Qin Xianyang]. 文物 Wenwu [Cultural relics], no. 2 (1979), pp. 85–86.

Wang Zhenduo 1963. 王振铎 Wang Zhenduo. 再论汉代酒樽 "Zailun Handai jiuzun" [A study of Han-dynasty wine *zun* vessels]. 文物 Wenwu [Cultural relics], no. 11 (1963), pp. 13–15.

Wang Zhijie 2012. 王志杰 Wang Zhijie. 茂陵文物鉴赏图志 Maoling Wenwu jianshang tuzhi / Cultural Relics of Maoling Mausoleum by Pictures and Stories. 西安 Xi'an: 三秦出版社 Sanqin chubanshe, 2012.

Wang Zhongshu 1982. Wang Zhongshu. *Han Civilization*. Translated by K. C. Chang et al. New Haven: Yale University Press, 1982.

Wang Zichu 2003. 王子初 Wang Zichu. 中国音乐考古学 Zhongguo yinyue kaoguxue [Archaeology of Chinese music]. 福州 Fuzhou: 福建教育出版社 Fujian jiaoyu chubanshe, 2003.

Watson 1993. Burton Watson, trans. *Records of the Grand Historian*. 3 vols. New York:

Renditions–Columbia University Press, 1993.

Watt and Ford 1991. James C. Y. Watt and Barbara Brennan Ford. *East Asian Lacquer: The Florence and Herbert Irving Collection.* Exh. cat. New York: The Metropolitan Museum of Art, 1991.

Watt et al. 2004. James C. Y. Watt et al. *China:Dawn of a Golden Age, 200–750 a.d.* Exh. cat. New York: The Metropolitan Museum of Art, 2004.

Wei and Rong 2002. 韦壮凡，容小宁（主编）Wei Zhuangfan and Rong Xiaoning, eds. 广西文物珍品 Guangxi wenwu zhenpin [Gems of cultural relics in Guangxi]. 南宁 Nanning: 广西美术出版社 Guangxi meishu chubanshe, 2002.

Wei and Yuan 2006. 魏学峰、袁曙光 Wei Xuefeng and Yuan Shuguang. 中国画像砖全集：四川汉画像砖 Zhongguo huaxiangshi zhuan quanji 1: Sichuan Han huaxiangzhuan [Comprehensive collection of Chinese pictorial bricks 1: Han pictorial bricks from Sichuan]. 成都 Chengdu: 四川美术出版社 Sichuan meishu chubanshe, 2006.

Wei Xuefeng 2002. 魏雪峰 Wei Xuefeng. 四川汉代画像砖的艺术价值论 "Sichuan Handai huaxiangzhuan de yishu jiazhilun" [On the aesthetics of Han-dynasty tomb bricks from Sichuan]. 四川文物 Sichuan wenwu [Sichuan cultural relics], no. 4 (2002), pp. 22–25.

White 1934. William Charles White. *Tombs of Old Lo-Yang.* Shanghai: Kelly and Walsh, 1934.

Wright 1977. Arthur F. Wright. "The Cosmology of the Chinese City." In *The City in Late Imperial China*, edited by G. William Skinner, pp. 33–74. Stanford: Stanford University Press, 1977.

Wu and Li 2007. 李林娜 Wu Lingyun and Li Linna. 西汉南越王博物馆珍品图录 Xi Han nanyuewang bowuguan zhenpin tulu / Treasures from the Museum of the Nanyue King. 北京 Beijing: 文物出版社 Wenwu chubanshe, 2007.

Wu Hung 1979. 巫鸿 Wu Hung. 秦权研究 "Qin quan yanjiu" [On Qin weights]. 故宫博物院院刊 Gugong bowuyuan yuankan [Palace Museum journal], no. 4 (1979), pp. 33–47.

Wu Hung 1987. Wu Hung. "Xiwangmu, the Queen Mother of the West." *Orientations* 18, no. 4 (1987), pp. 24–33.

Wu Hung 1992. Wu Hung. "Art in a Ritual Context: Rethinking Mawangdui." *Early China* 17 (1992), pp. 111–44.

Wu Hung 1995. Wu Hung. *Monumentality in Early Chinese Art and Architecture.* Stanford: Stanford University Press, 1995.

Wu Hung 1997. Wu Hung. "The Prince of Jade Revisited: The Material Symbolism of Jade as Observed in Mancheng Tombs." In *Chinese Jades: Colloquies on Art and Archaeology in Asia No. 18*, edited by Rosemary E. Scott, pp. 147–69. London: Percival David Foundation of Chinese Art, 1997.

Wu Hung 2010. Wu Hung. *The Art of the Yellow Springs: Understanding Chinese Tombs.* Honolulu: University of Hawai'i Press, 2010.

Wu Hung 2015. 巫鸿 Wu Hung. 马王堆一号汉墓中的龙、璧图像 "Mawangdui yihao Han mu zhong de long bi tuxiang" [On the images of the dragon and bi disk in Han tomb no. 1 at Mawangdui]. 文物 Wenwu [Cultural relics], no. 1 (2015), pp. 54–60.

Wu Rongzeng 1981. 吴荣曾 Wu Rongzeng. 秦的官府手工业 "Qin de guanfu shougongye" [Qin government-managed crafts and industries]. 云梦秦简研究 Yunmeng Qin jian yanjiu [Studies on Qin bamboo slips from Yunmeng], pp. 38–52. 北京 Beijing: 中华书局 Zhonghua shuju, 1981.

Wu Xiaoping 2005. 吴小平 Wu Xiaoping. 汉代青铜容器的考古学研究 Handai qingtong rongqi de kaoguxue yanjiu [An archaeological study of Han bronze vessels]. 长沙 Changsha: 岳麓书社 Yuelu shushe, 2005.

Wu Xiaoping 2014. 吴小平 Wu Xiaoping. 汉代中原系刻纹铜器研究 "Handai zhongyuanxi kewen tongqi yanjiu" [A study of Han bronzes with engraved patterns]. 考古与文物 Kaogu yu wenwu [Archaeology and cultural relics], no. 4 (2014), pp. 68–72.

Wu Xiaoyang 2012. 吴晓阳 Wu Xiaoyang. 秦汉墓葬中随葬陶仓、囷现象浅析 "Qin-Han muzang zhong suizang tao cang qun xianxiang qianxi" [Analysis of funerary articles of pottery barns and *qun*s in Qin and Han tombs]. 古今农业 Gujin nongye [Ancient and modern agriculture], no. 2 (2012), pp. 41–46.

Wu Yongqi 2007. Wu Yongqi. "A Two-thousandyear-old Underground Empire." In Portal 2007, pp. 152–57.

Xia Nai 1961. 夏鼐 Xia Nai [Zuoming]. 外国字铭文的汉代铜饼 "Waiguozi mingwen de Handai Tongbing" [Han-dynasty bronze disks bearing foreign inscriptions]. 考古 Kaogu [Archaeology], no. 5 (1961), pp. 272–76.

Xi'an 1977. 西安考古研究所资料室 Library of the Xi'an Institute of Archaeology. 西安汉城故址出土一批带铭文的铅饼 "Xi'an Hancheng guzhi chutu yipi daimingwen de qianbing" [A group of inscribed lead disks unearthed at the site of the Han city in Xi'an]. 考古 Kaogu [Archaeology], no. 6 (1977), p. 428.

Xi'an 2003. 西安市文物保护考古所 Xi'an Institute of Archaeology. 西安北郊枣园大型西汉墓发掘简报 "Xi'an beijiao Zaoyuan daxing Xi Han mu fajue jianbao" [Brief report of the excavation on a large-scale Western Han tomb at Zaoyuan]. 文物 Wenwu [Cultural relics], no. 12 (2003), pp. 29–38.

Xi'an 2004. 西安市文物局考古研究所（编）Xi'an Municipal Institute for Cultural Property, ed. 西安文物精华：玉器 Xi'an wenwu jinghua: Yuqi [Gems of cultural relics from Xi'an: Jade]. 西安 Xi'an: 世界图书出版西安公司 Shijie tushu chuban Xi'an gongsi, 2004.

Xi'an Museum 2013. 西安博物院编著 Xi'an Museum, ed. 西安博物院藏金银器玉器精粹 Xi'an Bowuyuan cang jinyinqi yuqi jingcui [Masterpieces of gold, silver, and jade in the collection of the Xi'an Museum]. Exh. cat. 北京 Beijing: 文物出版社 Wenwu chubanshe, 2013.

Xianyang 1975. 咸阳市博物馆 Xianyang Municipal Museum. 陕西咸阳塔儿坡出土的铜器 "Shaanxi Xianyang Ta'erpo chutu de tongqi" [Bronzes unearthed from a Qin tomb at Ta'erpo, Xianyang, Shaanxi]. 文物 Wenwu [Cultural relics], no. 6 (1975), pp. 69–75.

Xiao Kangda 1991. 萧亢达 Xiao Kangda. 汉代乐舞百戏艺术研究 Handai yuewu baixi yishu yanjiu [Music, dance, and acrobatics in the Han dynasty]. 北京 Beijing: 文物出版社 Wenwu chubanshe, 1991.

Xiao Minghua 1999. 萧明华 Xiao Minghua. 青铜时代滇人的青铜扣饰 "Qingtong shidai Dianren de qingtong koushi" [Ornamental plaques of the Dian people in the Bronze Age]. 考古学报 Kaogu xuebao / Acta Archaeologica Sinica, no. 4 (1999), pp. 421–36.

Xiao Minghua 2006. Xiao Minghua. "Bronze Cowry-Containers of the Dian Culture." *Chinese Archaeology* 6 (2006), pp. 168–73.

Xie Chong'an 2005. 谢崇安 Xie Chong'an. 略论西南地区早期平底双耳罐的源流及其族属问题 "Luelun xinan diqu zaoqi pingdi shuang'erguan de yuanliu jiqi zushu wenti" [A study of the origin and ethnic attributes of early two-handled jars with flat bases]. 考古学报 Kaogu xuebao / Acta Archaeologica Sinica, no. 2 (2005), pp. 127–60.

Xing Yitian 2011a. 邢义田 Xing Yitian [I-tien Hsing]. 地不爱宝：汉代的简牍 *Di bu ai bao: Handai de jiandu* [The earth hides no treasures: Han bamboo and wood slips]. 北京 Beijing: 中华书局 Zhonghua shuju, 2011.

Xing Yitian 2011b. 邢义田 Xing Yitian [I-tien Hsing]. 治国安邦：法制，行政与军事 *Zhiguo anbang: Fazhi, xingzheng yu junshi* [Managing the country and keeping the state safe: The legal system, administration, and military affairs]. 北京 Beijing: 中华书局 Zhonghua shuju, 2011.

Xinjiang 1960. 新疆维吾尔自治区博物馆 Xinjiang Uyghur Autonomous Regional Museum. 新疆民丰县北大沙漠中古遗址墓葬区东汉合葬墓清理简报 "Xinjiang Minfengxian bei dashamo zhong guyizhi muzangqu Dong Han hezangmu qingli jianbao" [Brief report of the excavation of a tomb at an ancient burial site in the desert north of Minfeng, Xinjiang]. 文物 *Wenwu* [Cultural relics], no. 6 (1960), pp. 9–12.

Xinjiang 1999a. 新疆维吾尔自治区文物考古研究所 Xinjiang Institute of Archaeology. 新疆尉犁县营盘墓地 15 号墓发掘简报 "Xinjiang Weili xian Yingpan mudi 15 hao mu fajue jianbao" [Brief report of the excavation of tomb no. 15 at Yingpan, Weili, Xinjiang]. 文物 *Wenwu* [Cultural relics], no. 1 (1999), pp. 4–16.

Xinjiang 1999b. 新疆维吾尔自治区文物考古研究所 Xinjiang Institute of Archaeology. 尼雅 95 一号墓地 3 号墓发掘报告 "Niya 95 yihao mudi 3 hao mu fajue baogao" [Excavation report of tomb no. 3 at tomb complex no. 1 of the Niya site, 1995]. 新疆文物 *Xinjiang wenwu* [Cultural relics of Xinjiang], no. 2 (1999), pp. 1–26.

Xinjiang 2000. 新疆维吾尔自治区文物考古研究所 Xinjiang Institute of Archaeology. 新疆民丰县尼雅遗址 95MN1 号墓地 M8 发掘简报 "Xinjiang Minfeng xian Niya yizhi 95MN1 hao mudi M8 fajue jianbao" [Excavation of tomb no. 8 in cemetery 95MN1 at Niya, Minfeng, Xinjiang]. 文物 *Wenwu* [Cultural relics], no. 1 (2000), pp. 4–40.

Xinjiang 2002. 新疆维吾尔自治区文物局 Xinjiang Uyghur Autonomous Region Bureau of Cultural Relics. 天山古道西北风：新疆丝绸之路文物特辑 *Tianshan gudao dongxifeng: Xinjiang sichouzhilu wenwu teji* [Special collection of antiques from the Silk Road in Xinjiang]. Exh. cat., Museum of Chinese History, Beijing. Beijing: Zhongguo shehui kexue chubanshe, 2002.

Xinjiang 2014. 新疆昌吉回族自治州文物局编 Changji Hui Autonomous Prefecture Cultural Relics Bureau, Xinjiang Uyghur Autonomous Region, ed. 丝绸之路天山廊道：新疆昌吉古代遗址与馆藏文物精品 *Sichou zhi lu Tianshan langdao: Xinjiang Changji gudai yizhi yu guancang wenwu jingpin* [The Tianshan corridor of Silk Roads: Ancient sites and collection highlights of the Changji museums in Xinjiang]. Beijing: Wenwu chubanshe, 2014.

Xiong Zhaoming 2006. 熊昭明 Xiong Zhaoming. 铜牛补正及其余 "Tongniu buzheng ji qiyu" [Notes and corrections regarding the bronze bulls]. In 广西博物馆文集 *Guangxi bowuguan wenji* [Collected essays of the Guangxi Museum]. 桂林 Guilin: 广西人民出版社 Guangxi renmin chubanshe, 2006, vol. 3, pp. 135–39.

Xu Jianqiang 2014. 许建强 Xu Jianqiang. 东汉元和二年"蜀郡西工造"鎏金银铜舟 "Dong Han Yuanhe ernian Shujun xigong zao liujinyin tongzhou" [A gold- and silver-gilt bronze *zhou* vessel made in the West Official Workshop of Shu commandery in the second year of the Yuanhe reign of the Eastern Han dynasty]. 文物 *Wenwu* [Cultural relics], no. 1 (2014), pp. 88–92.

Xu Jin 2000. 徐进 Xu Jin. 记西安北郊谭家乡出土的汉代金饼 "Ji Xi'an beijiao Tanjiaxiang chutu de Han dai jinbing" [The Han-dynasty gold ingots unearthed from Tanjiaxiang in the north suburb of Xi'an]. 文物 *Wenwu* [Cultural relics], no. 6 (2000), pp. 50–59.

Xu Longguo 2004. 徐龙国 Xu Longguo. 山东临淄战国西汉墓出土银器及相关问题 "Shandong linzi zhanguo Xi Han mu chutu yinqi ji xiangguan wenti" [Some issues on the silver wares from the tombs of the Warring States and Western Han dynasties in Linzi, Shandong]. 考古 *Kaogu* [Archaeology], no. 4 (2004), pp. 68–77.

Xuzhou 1986. 徐州博物馆 Xuzhou Museum. 徐州狮子山汉兵马俑坑第一次发掘简报 "Xuzhou Shizishan Han bingmayong keng diyici fajue jianbao" [Excavation of the pits of Han terracotta warriors and horses at Lion Hill, Xuzhou]. 文物 *Wenwu* [Cultural relics], no. 12 (1986), pp. 1–16.

Xuzhou 2011. 徐州博物馆 Xuzhou Museum. 古彭遗珍 *Gupeng yizhen* [The legacy of ancient Pengcheng]. 北京 Beijing: 国家图书馆出版社 Guojia tushuguan, 2011.

Yan Genqi 2001. 阎根齐 Yan Genqi. 芒砀山西汉梁王墓地 *Mangdangshan Xi Han Liangwang mudi* [The Western Han prince of Liang's mausoleums at Mount Mangdang]. 北京 Beijing: 文物出版社 Wenwu chubanshe, 2001.

Yang 1949. Lien-sheng Yang. "Numbers and Units in Chinese Economic History." *Harvard Journal of Asiatic Studies* 12 (June 1949), pp. 216–25.

Yang Hong 2007. 杨鸿 Yang Hong. 中国古兵与美术考古论集 *Zhongguo gu bing yu mei shu kao gu lun ji* [Essays on ancient Chinese weaponry, art, and archaeology]. 北京 Beijing: 文物出版社 Wenwu chubanshe, 2007.

Yang Shiting 1998. 杨式挺 Yang Shiting. 岭南文物考古论集 *Lingnan wenwu kaogu lunji* [Essays on the archaeology of the Lingnan region]. 广州 Guangzhou: 广东省地图出版社 Guangdong sheng ditu chubanshe, 1998.

Yang Xiaochun 2006. 杨晓春 Yang Xiaochun. 南朝陵墓神道石刻渊源研究 "Nanchao lingmu shendao shike yuanyuan yanjiu" [Stone sculptures on the spirit path of tombs of the Southern dynasties]. 考古 *Kaogu* [Archaeology], no. 8 (2006), pp. 74–82.

Yang Xiaohong 1998. 杨孝鸿 Yang Xiaohong. 欧亚草原动物纹饰对汉代艺术的影响 "Ouya caoyuan dongwu wenshi dui Handai yishu de yingxiang: Cong Xuzhou Shizishan Xi Han chuwangling chutu de jin daikou tanqi" [The influence of Eurasian animal motifs on the arts in Han dynasty]. 艺苑：美术版 *Yiyuan: Meishuban* [Journal of the Nanjing Arts Institute: Fine arts and design], no. 1 (1998), pp. 32–38.

Yangling 1994. 陕西省考古研究所汉陵考古队 Shaanxi Provincial Institute of Archaeology. 汉景帝阳陵南区从葬坑发掘第二号简报 "Han Jingdi Yangling nanqu congzangkeng fajue di'er hao jianbao" [Report on the second excavation of the southern burial pits at the Western Han Yangling mausoleum of Emperor Jing]. 文物 *Wenwu* [Cultural relics], no. 6 (1994), pp. 4–23, 30.

Yates 1995. Robin D. S. Yates. "State Control of Bureaucrats under the Qin: Techniques and Procedures." *Early China* 20 (1995), pp. 331–65.

Yates 2007. Robin D. S. Yates. "The Rise of Qin and the Military Conquest of the Warring States." In Portal 2007, pp. 30–57.

Yates 2013. 叶山 Robin D. S. Yates [Ye Shan], 解读里耶秦简：秦代地方行政制度 "Jiedu Liye Qin jian: Qin dai difang xingzheng zhidu" [Reading the Qin slips and boards from Liye: The local administrative system of the Qin dynasty]. 简帛 *Jianbo* [Bamboo and silk] 8 (2013), pp. 89–137.

Yates 2015. 叶山 Robin D. S. Yates [Ye Shan]. 迁陵县档案中秦法的证据：初步的研究

"Qianling xian dang'an zhong Qin fa de zhengju: Chubu de yanjiu" [Evidence for Qin law in the Qianling archive: A preliminary study]. 简帛 Jianbo[Bamboo and silk] 10 (2015), pp. 123–43.

Ye Xiaoyan 1983. 叶小燕 Ye Xiaoyan. 战国秦汉的灯及有关 问题 "Zhanguo Qin Han de deng ji youguan wenti" [Lamps of the Warring States, Qin, and Han periods]. 文物 Wenwu [Cultural relics], no. 7 (1983), pp. 78–86.

Yongcheng 1984. 陕西省雍城考古队 Yongcheng Archaeological Team of Shaanxi Province. 一九八二年凤翔雍城秦汉遗址调查简报 "1982 nian Fengxiang Yongcheng Qin Han yizhi diaocha jiabao" [Brief report of the investigation at the Qin-Han site of Yongcheng in Fengxiang, 1982]. 考古与文物 Kaogu yu wenwu [Archaeology and cultural relics], no. 2 (1984), pp. 23–31.

Yongcheng 1996. 河南省文物考古研究所编 Henan Provincial Institute of Cultural Relics, ed. 永城西汉梁国王陵与寝园 Yongcheng Xi Han Liang guo wangling yu qinyuan [Excavations in the Liang mausoleum precinct, Yongcheng, dating from the Western Han dynasty]. Zhengzhou: Zhongzhou guji chubanshe, 1996.

You Yifei 2015. 游逸飞 You Yifei. 里耶秦简所见的洞庭郡：战国秦汉郡县制个案研究之一 "Liye Qin jian suojian de Dongting jun: Zhanguo Qin Han junxian zhi ge'an yanjiu zhi yi" [Bamboo manuscripts of the Dongting commandery in Liye Qin: A study of one instance of commandery and county institutions in early China]. 中国文化研究所学报 Zhongguo wenhua yanjiusuo xuebao [Journal of Chinese studies] 61 (2015), pp. 29–66.

Yu and Li 1979. 俞伟超、李家浩 Yu Weichao and Li Jiahao. 马王堆一号汉墓出土漆器制地诸问题：从成都市府作坊到蜀郡工官作坊的历史变化 "Mawangdui yihao Hanmu chutu qiqi zhidi zhu wenti: Cong Chengdu shifu zuofang dao Shujun gongguan zuofang de lishi bianhua" [Issues regarding the sites of production of lacquerwares excavated from Mawangdui tomb no. 1: Tracing the historic development from the city workshops of Chengdu to the central government workshops of Shu commandery]. In 马王堆汉墓研究 Mawangdui Hanmu yanjiu [Studies of the Han tombs at Mawangdui], edited by Chen Jianming, pp. 358–64. Changsha: Yuelu shushe, 1979.

Yu Tianchi 2005. 于天池 Yu Tianchi. 两汉俳优解 "Liang Han paiyou jie" [A study of Han-period paiyou]. 中国典籍与文化 Zhongguo dianji yu wenhua [Chinese classics and culture], no. 2 (2005), pp. 95–103.

Yu Weichao 1979. 俞伟超 Yu Weichao. 马王堆一号汉墓用鼎制度考 "Mawangdui yihao Hanmu yongding zhidu kao" [A study of ritual tripod ding from Han tomb no. 1 at Mawangdui]. In 马王堆汉墓研究 Mawangdui Hanmu yanjiu [Studies of the Han tombs at Mawangdui], edited by Chen Jianming, pp. 365–66. 长沙 Changsha: 岳麓书社 Yuelu shushe, 1979.

Yuan Shuguang 2002. 袁曙光 Yuan Shuguang. 四川汉画像砖的分区与分期 "Sichuan Han huaxiangzhuan de fenqu yu fenqi" [The typology and geographical distribution of Han pictorial bricks]. 四川文物 Sichuan wenwu [Sichuan cultural relics], no. 4 (2002), pp. 26–31.

Yuan Zhongyi 2001. Yuan Zhongyi. "Frisuren, Panzer und Kleidung der Terrakottaarmee / Hairstyles, Armour and Clothing of the Terracotta Army." In Catharina Blansdorf et al., eds. *Die Terrakottaarmee des ersten chinesischen Kaisers: Qin Shihuangdi / The Terracotta Army of the First Chinese Emperor:Qin Shihuangdi*, pp. 145–271. Munich: Bayerisches Landesamt fur Denkmalpflege, 2001.

Yuan Zhongyi 2003. 袁仲一 Yuan Zhongyi. 秦兵马俑坑 Qin bingmayong keng [The Terracotta Army pits in the mausoleum of Qin Shihuangdi]. 北京 Beijing: 文物出版社 Wenwu chubanshe, 2003.

Yun-Kremer 1990. Myong-ok Yun-Kremer. "Waffen." In Ledderose and Schlombs 1990, pp. 306–9.

Yunnan 1959. 云南省博物馆 Yunnan Provincial Museum. 云南晋宁石寨山古墓群发掘报告 Yunnan Jinning Shizhaishan gumuqun fajue baogao [Excavation report of the ancient tombs at Shizhaishan, Jinning, Yunnan]. 2 vols. 北京 Beijing: 文物出版社 Wenwu chubanshe, 1959.

Zang and Ye 2005. 臧振华、叶美珍（主编）Zang Zhenhua and Ye Meizhen. 馆藏卑南遗址玉器图录 Guancang Beinan yizhi yuqi tulu [Illustrated catalogue of jades from the Beinan sites in the museum'scollection]. 台北 Taipei: "国立"台湾史前文化博物馆 National Museum of Prehistory, 2005.

Zeng Zhaoyu et al. 1956. 曾昭燏、蒋宝庚、黎忠义 Zeng Zhaoyu, Jiang Baogeng, and Li Zhongyi. 沂南古画像石墓发掘报告 Yi'nan gu huaxiang shi mu fajue baogao [Report on the excavation of the ancient tomb with engraved stones at Yi'nan]. 北京 Beijing: 文化部文物管理局 Wenhua bu wenwu guanliju, 1956.

Zhangjiachuan 2009. 早期秦文化联合考古队、张家川回族自治县博物馆 Archaelogicial Team on Early Qin Culture and Zhangjiachuan Huizu Autonomous Region Museum. 张家川马家塬战国墓地2007–2008年度发掘简报 "Zhangjiachuan Majiayuan Zhanguo mudi 2007–2008 niandu fajue jianbao" [Report of the 2007–2008 season of excavations at Majiayuan, Zhangjiachuan]. 文物 Wenwu [Cultural relics], no. 10 (2009), pp. 25–51.

Zhangjiachuan 2010. 早期秦文化联合考古队、张家川回族自治县博物馆 Archaelogicial Team on Early Qin Culture and Zhangjiachuan Huizu Autonomous Region Museum. 张家川马家塬战国墓地2008–2009年度发掘简报 "Zhangjiachuan Majiayuan Zhanguo mudi 2008–2009 niandu fajue jianbao" [Report of the 2008–2009 season of excavations at Majiayuan, Zhangjiachuan]. 文物 Wenwu [Cultural relics], no. 10 (2010), pp. 4–26.

Zhangjiachuan 2012. 早期秦文化联合考古队、张家川回族自治县博物馆 Archaelogicial Team on Early Qin Culture and Zhangjiachuan Huizu Autonomous Region Museum. 张家川马家塬战国墓地2010–2011年度发掘简报 "Zhangjiachuan Majiayuan Zhanguo mudi 2010–2011 niandu fajue jianbao" [Report of the 2010–2011 season of excavations at Majiayuan, Zhangjiachuan]. 文物 Wenwu [Cultural relics], no. 8 (2012), pp. 4–26.

Zhang and Wang 1975. 张增祺，王大道 Zhang Zengqi and Wang Dadao. 云南江川李家山古墓群发掘报告 "Yunnan Jiangchuan Lijiashangu gumu qun fajue baogao" [Excavation of an ancient cemetery at Lijiashan in Jiangchuan, Yunnan." 考古学报 Kaogu xuebao / Acta Archaeologica Sinica, no. 2 (1975), pp. 97–156.

Zhang Chunlong 2009. 张春龙 Zhang Chunlong. 里耶秦简所见的户籍和人口管理 "Liye Qin jian suojian de huji he renkou guanli" [The management of household registers and the population as seen in the Qin slips from Liye]. In 里耶古城；秦简与秦文化研究：中国里耶古城 Liye gucheng; Qin jian yu Qin wenhua yanjiu: Zhongguo Liye gucheng [The ancient town of Liye; Studies on Qin slips and Qin culture: Proceedings of the international academic conference on the ancient town of Liye], pp. 188–95. 北京 Beijing: 科学出版社 Kexue chubanshe, 2009.

Zhang Haiyun 1987. 张海云 Zhang Haiyun. 陕西临潼油王村发现秦半两铜母范 "Shaanxi Lintong Youwang cun faxian Qin 'banliang' tong mufan" [Molds for Qin-dynasty *banliang* coins unearthed in Youwangcun, Lintong, Shaanxi]. 中国钱币 Zhongguo qianbi [China numismatics], no. 4 (1987), pp. 19–20.

Zhang Xiande 1985. 张先德 Zhang Xiande. 记各地出土的圆形金饼：兼论汉代麟趾金、马蹄金 "Ji gedi chutu de yuanxing jinbing: jianlun Han dai linzhijin matijin" [Notes on circular gold disks unearthed from various locations: On the *qilin*- and horse-hoof shapes]. 文物 *Wenwu* [Cultural relics], no. 12 (1985), pp. 39–49.

Zhao and Yu 2000. 赵丰、于志勇（编）Zhao Feng and Yu Zhiyong, eds. 沙漠王子遗寶：丝绸之路尼雅遗址出土文物 *Shamo wangzi yibao: Sichou zhilu Niya yizhi chutu wenwu / Legacy of the Desert King: Textiles and Treasures Excavated at Niya on the Silk Road*. Exh. cat. 杭州 Hangzhou: 中国丝绸博物館 China National Silk Museum, 2000.

Zhao and Yuan 1990. 赵殿增、袁曙光 Zhao Dianzeng and Yuan Shuguang. 天门考 "Tianmen kao" [Study of the Gate of Heaven]. 四川文物 *Sichuan wenwu* [Sichuan cultural relics], no. 6 (1990), pp. 3–11.

Zhao and Yuan 2004. 赵殿增、袁曙光 Zhao Dianzeng and Yuan Shuguang. 天门续考 "Tianmen xu kao" [Supplement to "Study of the Gate of Heaven"]. 中国汉画研究 *Zhongguo Han hua yanjiu* [Painting of the Han dynasty], no. 1 (2004), pp. 27–34.

Zhao Feng 2004. Zhao Feng. "The Evolution of Textiles along the Silk Road." In Watt et al. 2004, pp. 67–77.

Zhao Fuxue 2008. 赵富学 Zhao Fuxue. 弋射探 "Yishe tan" [On corded-arrow hunting]. 体育文化导刊 Tiyu wenhua dao*kan* [Sports culture guide], no. 7 (2008), pp. 121–22.

Zhao Liguang 2012. 赵力光 Zhao Liguang, ed. 峄山刻石 Yishan keshi [On the stele on Mount Yi]. 上海 Shanghai: 上海古籍出版社 Shanghai guji chubanshe, 2012.

Zhao Wucheng 2010a. 赵吴成 Zhao Wucheng. 甘肃马家塬战国墓马车的复原 "Gansu Majiayuan Zhanguo mu mache de fuyuan" [Reconstruction of the chariots from Warring States tombs at Majiayuan, Gansu]. 文物 *Wenwu* [Cultural relics], no. 6 (2010), pp. 75–83.

Zhao Wucheng 2010b. 赵吴成 Zhao Wucheng. 甘肃马家塬战国墓马车的复原，续 1 "Gansu Majiayuan Zhanguo mu mache de fuyuan, xu 1" [Reconstruction of the chariots from Warring States tombs at Majiayuan, Gansu, supplement 1]. 文物 *Wenwu* [Cultural relics], no. 11 (2010), pp. 84–96.

Zheng and Fang 2007. 郑中、方建军 Zheng Zhong and Fang Jianjun. 洛庄汉墓 14 号陪葬坑编钟、编磬测音报告 "Luozhuang Hanmu 14 hao peizangkeng bianzhong bianqing ceyin baogao" [Acoustic testing report of chime-bells and chimelithophones from pit no. 14 of the Han tomb at Luozhuang]. 中央音乐学院学报 *Zhongyang yinyuexueyuan xuebao* [Journal of the Central Conservatory of Music], no. 3 (2007), pp. 56–61.

Zheng Yan 2011. 郑岩 Zheng Yan. 阿房宫：记忆与想象 "Epanggong: Jiyi yu xiangxiang" [Epang Palace: Memory and imagination]. 美术研究 Meishu yanjiu [Art research] (2011), pp. 55–69.

Zhou and Wang 1985. 周苏平、王子今 Zhou Suping and Wang Zijin. 汉长安城西北区陶俑作坊遗址 "Han Chang'an Cheng xibei qu taoyong zuofang yizhi" [Site of the pottery-figure workshop northwest of the Han-dynasty city of Chang'an]. 文博 Wenbo [Cultural relics and museums], no. 3 (1985), pp. 1–4.

Zhou Tianyou 1986. 周天游 Zhou Tianyou. 八家后汉书辑注 Bajia "Hou Hanshu" jizhu [Eight editions of the "Book of the later Han," with annotations]. 上海 Shanghai: 上海古籍出版社 Shanghai guji chubanshe, 1986.

Zhou Zhenhe 2003. 周振鹤 Zhou Zhenhe. 二年律令 · 秩律的历史地理意义（修订）"Ernian luling · Zhi lu de lishi dili yiyi (xiuding)." [Corrections on "The significance of the historical geography of the Statutes on Salaries and Ordinances of the second year"]. 简帛研究网站 Jianbo yanjiu wangzhan [Website of inscribed bamboo and wood slips and silk manuscripts studies], November 23, 2003, http://www.jianbo.org/admin3/list.asp?id=1049. Accessed December 16, 2016.

Zhu and Hei 1964. 朱捷元、黑光 Zhu Jieyuan and Hei Guang. 陕西省兴平县念流寨和临潼县武家屯出土古代金饼 "Shaanxi sheng Xingping Xian Nianliuzhai he Lintong Xian Wujiatun chutu gudai jinbing" [Ancient gold ingots unearthed from Nianliuzhai, Xingping, Shaanxi, and from Wujiatun, Lintong, Shaanxi]. 文物 *Wenwu* [Cultural relics], no. 4 (1963), pp. 35–38.

Zhu Xilu 1992. 朱锡禄（编）Zhu Xilu, ed. 嘉祥汉画像石 Jiaxiang Han huaxiang shi [Engraved Han stones at Jiaxiang]. 济南 Jinan: 山东美术出版社 Shandong meishu chubanshe, 1992.

Zibo 1985. 山东省淄博市博物館 Zibo Municipal Museum. 西汉齐王墓随葬器物坑 "Xi Han Qiwangmu suizang qiwukeng" [Utensils in the burial pit at the tomb of the Western Han prince of Qi]. 考古学报 *Kaogu xuebao / Acta Archaeologica Sinica*, no. 2 (1985), pp. 223–66.

文物来源

本书涉及的文物均来自中国各地的博物馆和文物机构，具体如下：

中国国家博物馆

甘肃省
甘肃省文物考古研究所
甘肃省博物馆
甘肃灵台县博物馆

广西壮族自治区
广西文物保护与考古研究所
广西壮族自治区博物馆
广西合浦县博物馆

河北省
河北省文物研究所
河北博物院

河南省
河南省文物考古研究院
河南博物院

湖南省
湖南省博物馆

江苏省
南京博物院
徐州博物馆

江西省
江西省文物考古研究院

陕西省
汉景阳陵博物院
秦始皇帝陵博物院
陕西省考古研究院
西安博物院

山东省
济南市考古研究所
齐文化博物院
山东博物馆
章丘市博物馆
淄博市博物馆

四川省
四川省甘孜藏族自治州民族博物馆
四川省广汉市文物管理所
四川绵阳市博物馆
四川博物院

新疆维吾尔自治区
新疆文物考古研究所
新疆维吾尔自治区博物馆

云南省
云南李家山青铜器博物馆
云南省博物馆

图片来源

本书图片无特殊说明，均来自全国各地的博物馆（见"文物来源"部分）。本书图片版权问题的顺利解决，得益于中国各地的博物馆以及美国纽约大都会艺术博物馆的大力支持。同时，中国文物交流中心也从中做了大量协调工作，在此深表谢意。

图片版权的具体情况如下（关于部分图片版权的缩略引用，完整信息请见本书"参考文献"部分）。

TPG Images：图 6；

TPG Images：图 4；

National Museum of Afghanistan：图 66a，b；

成都博物馆：图 43；

胡锤：图录 104，107；

Cong and Luo 1998, p.79：图 49，图 55；

Wikimedia Commons：文前祁连山；

Fong 1980, fig.112：图 46；

甘肃省文物考古研究所：图 1；

河北博物院：图 3，图 7，图 8，图 42，图 62；

Hiebert and Cambon 2011 p.279：图 68；

John Hill：图 26；

湖北省博物院：图 61；

湖南省文物考古研究所，《里耶发掘报告》，长沙：岳麓书社，2007：图 12；

湖南省博物馆：图 35，图 36，图 41，图 47，图 73；

lmaging Department President and Fellows of Harvard College：图 72；

内蒙古自治区文物考古研究所 / 刘小放：图 13；

内蒙古博物院 / 孔群：图 9；

Jiang and Qin 2004：图 11；

李蔼昌：图 2；

Luoyang 1973, p 206：图 23；

Luoyang 2000, p.14：图 24；

Mancheng 1980, p.159：图 44，p.329：图录 42，图录 75；

Mawangdui 1973, fig.6：图 45；

The Metropolitan Museum of Art：图 69，图 70；

The Metropolitan Museum of Art/Paul Lachenauer：图录 18；

The Metropolitan Museum of Art/ 李蔼昌：图 30，图 59；

The Metropolitan Museum of Art/Peter Zeray：图 63；

西汉南越王博物馆：图 37a b；

南越王宫博物馆：图 64；

南阳汉代画像石委员会，《南阳汉代画像石》，北京：文物出版社，1985，pl.76：图 51；

中国国家博物馆：图 10，图 31，图 40；

Ordos Museum 2006, p.183：图 58；

彭浩等，《二年律令与奏谳书：张家山二四七号墓出土法律文献释读》，上海：上海古籍出版社，2007：图 14；

秦始皇帝陵博物院：图 32，图 33，图 38，图 49；

邱子渝：图录 19a，b；20a-c；21a-d；22，23a，b；129a-d；

Shaanxi 1990, cover：图 27；

陕西省考古研究院：图 71；

Tokyo 1991, p.111：图 65；

Tokyo 2015, no. 92：图 28；

Wang Xueli 2007, pl. 4：图 19；

Wang Zhongshu 1982, figs.2, 42：图 21，图 22；

Wei and Yuan 2006, fig. 5, pls. 157, 166, 167：图 77，图 78，

Bruce M. White, Caldwell, N.J：图 29；

咸阳博物院：图 39；

Xinjiang 2014, pl.459a：图 60；

新疆维吾尔自治区文物考古研究所：图 5，图 56，图 57，图 74；

新疆维吾尔自治区博物馆：图 67；

杨泓：图 15—18；

杨鸿勋，《建筑考古学论文集》，北京：清华大学出版社，1987, pl. 156b：图 20；

Yu Ningchuan：图录 14，图录 58，图录 105，图录 136；

《中国青铜器全集》，北京：文物出版社，1993，第十六卷，第 56 页：图 34；

《中国画像石全集》，郑州：河南美术出版社，2000，vol.2, pls.114，124：图 76a，b

图书在版编目（CIP）数据

秦汉文明：历史、艺术与物质文化 / 孙志新主编；
刘鸣，徐畅译 . -- 北京：社会科学文献出版社，2020.12
书名原文：Age of Empires：Art of the Qin and
Han Dynasties
ISBN 978 - 7 - 5201 - 6388 - 0

Ⅰ. ①秦… Ⅱ. ①孙… ②刘… ③徐… Ⅲ. ①文化史
- 中国 - 秦汉时代 Ⅳ. ①K232.03

中国版本图书馆 CIP 数据核字（2020）第 046986 号

秦汉文明
—— 历史、艺术与物质文化

主　　编 / 孙志新
译　　者 / 刘　鸣　徐　畅
校　　者 / 徐　畅

出 版 人 / 谢寿光
组稿编辑 / 董风云
责任编辑 / 李　洋
文稿编辑 / 赵　薇

出　　版 / 社会科学文献出版社·甲骨文工作室（分社）（010）59366432
　　　　　　地址：北京市北三环中路甲 29 号院华龙大厦　邮编：100029
　　　　　　网址：www.ssap.com.cn
发　　行 / 市场营销中心（010）59367081　59367083
印　　装 / 北京盛通印刷股份有限公司

规　　格 / 开本：889mm × 1194mm　1/16
　　　　　　印张：18.5　字数：385 千字
版　　次 / 2020 年 12 月第 1 版　2020 年 12 月第 1 次印刷
书　　号 / ISBN 978 - 7 - 5201 - 6388 - 0
著作权合同
登 记 号 / 图字 01 - 2017 - 5951 号
定　　价 / 188.00 元